EL TRABAJO NOS ESTÁ MATANDO

Jeffrey Pfeffer
Prólogo de Nuria Chinchilla

EL TRABAJO NOS ESTÁ MATANDO

LID

MADRID | CIUDAD DE MÉXICO | LONDRES
NUEVA YORK | BUENOS AIRES
BOGOTÁ | SHANGHÁI | NUEVA DELHI

Colección Acción Empresarial de LID Editorial Empresarial, S.L.
Sopelana 22, 28023 Madrid, España - Tel. 913729003 - Fax 913728514
info@lidbusinessmedia.com - lidbusinessmedia.com

A member of:
BPR
businesspublishersroundtable.com

Título original: *Dying for a Paycheck*, HarperCollins Publishers, 2018

EAN-ISBN13: 9788417277994
Directora editorial: Laura Madrigal
Editora: Lucía Beniel
Traducción: Lourdes Yagüe Lobo
Maquetación: produccioneditorial.com
Diseño de portada: Juan Ramón Batista
Impresión: Cofás, S.A.
Depósito legal: M-34666-2019

Impreso en España / *Printed in Spain*

Primera edición: febrero de 2020

Te escuchamos. Escríbenos con tus sugerencias, dudas, errores que veas o lo que tú quieras. Te contestaremos, seguro: info@lidbusinessmedia.com

ÍNDICE

PRÓLOGO

Es un gran honor para mí prologar este libro del prolífico profesor Jeffrey Pfeffer, gran investigador y maestro, con quien me crucé por primera vez en los pasillos de la escuela de negocios de Stanford en 1985 y con quien volví a coincidir en IESE veinte años después.

En 2008, Jeff escribió el caso «Nuria Chinchilla: The Power to Change Workplaces» sobre mi trabajo como pionera en diversos países como investigadora y asesora de empresas y gobiernos hacia la flexibilidad y la conciliación trabajo-familia. Recuerdo con emoción una de las primeras videoconferencias a altas horas de la madrugada desde el campus del IESE en Barcelona para poder contestar en directo a las preguntas de los participantes de su famoso curso electivo Poder e Influencia, que estaba teniendo lugar en la costa oeste de Estados Unidos. Desde entonces, año tras año, durante sus estancias como profesor visitante en nuestra escuela, hemos ido hilvanando una gran amistad a través de conversaciones que continúan alrededor de una mesa a la hora del almuerzo en el IESE o en nuestra casa a la hora de la cena, mientras degustamos junto a su esposa Kathleen distintos platos de caza preparados por Pipe, mi marido, «el mejor cocinero de España», según Jeff.

Uno de los primeros temas sobre los que conversamos fue el paralelismo entre la ecología medioambiental y la ecología humana. En el documental *Una verdad incómoda*[1], el entonces vicepresidente del Gobierno de Estados Unidos y candidato presidencial a la Casa Blanca Al Gore advertía sobre los peligros del calentamiento global. Fue entonces cuando me hice más consciente de que una gran mayoría de empresas y ciudadanos podían haber estado ciegos durante muchas décadas ante el impacto medioambiental de sus acciones y omisiones. Pero, siendo esto verdad, me parecía aún más relevante la ceguera que seguíamos sufriendo en cuanto al impacto de las decisiones empresariales en lo que empecé a calificar como «contaminación humana y social», cada vez que los directivos actuaban como si los empleados fueran piezas mecánicas de un engranaje, sin tener en cuenta cómo eran devueltos a sus familias tras jornadas interminables.

Hoy la sociedad ya está sensibilizada acerca de la contaminación de los ríos, los mares y el aire. Sin embargo, aún cuesta admitir que el ecosistema humano en el que vivimos también está contaminado. Preservar la salud y la ecología de las personas, de las familias y de las comunidades humanas es tan importante y urgente para la economía como preservar el medioambiente, cuyo detrimento no deja de ser consecuencia del deterioro de la ecología humana. El planeta Tierra es una aldea global que debe afrontar esta «nueva verdad incómoda», la que vengo llamando «contaminación social»: individuos deshumanizados y contaminados por una sociedad sin valores, y su insostenibilidad a largo plazo.

Diez años después tengo la enorme satisfacción de ver cómo el concepto «contaminación social» ha sido el factor desencadenante del libro *El trabajo nos está matando y a nadie le importa*, donde el profesor Pfeffer recoge indicadores muy relevantes sobre el impacto de las malas prácticas empresariales en la salud de los que en ellas trabajan, afirmando con valentía que «no deberíamos seguir tolerando que las empresas puedan dañar la salud física y mental de las personas sin ningún tipo de reparo ni responsabilidad, con total impunidad».

El abanico de temas que el profesor Pfeffer explora en este libro es amplio, incluyendo despidos, seguros de salud, conflictos trabajo-familia, jornada laboral, autonomía en el trabajo, así como las razones por las cuales los empleados permanecen en entornos tóxicos. El texto ofrece un diagnóstico certero de la realidad en la que vivimos, plagado de datos relevantes y ejemplos concretos sobre los peligros y los enormes costes de dichos entornos, así como una guía de soluciones prácticas que todos nosotros –empleados, empleadores y gobiernos– podemos usar para mejorarlos.

La empresa es la institución que más impacta en el ecosistema humano, por ser la que más impacta en las vidas de las personas. La mala calidad del *management* conlleva la mala salud empresarial, familiar y social. Necesitamos empresas saludables con valores que regeneren la cultura tóxica para construir una sociedad sostenible. Y la bisagra para el cambio necesario, la *especie clave* del ecosistema humano, el roble del que depende que crezcan y se desarrollen tantas otras especies, y que se oxigene o se contamine el ambiente, es el llamado «líder empresarial».

Los líderes empresariales disfrutan de una posición privilegiada como motor de los cambios que la sociedad necesita para alcanzar la sostenibilidad financiera, humana y social. Ellos crean la cultura organizativa en la que viven los empleados, el aire que respiran. De ellos depende la creación de nuevos entornos de confianza en un mundo empresarial convulso a través de la toma de decisiones oxigenantes —haciendo fotosíntesis con el CO_2 que inhalan— y no intoxicantes —cuando inhalan oxígeno y solo expelen CO_2—.

Para sanar el poder político y económico, el autor nos anima a medir el impacto de las prácticas directivas tóxicas y de los entornos laborales insanos, haciendo el seguimiento de la subida de los costes sanitarios, la menor productividad y la mayor rotación de empleados. Y apostilla: «La contaminación social, al igual que la contaminación ambiental, debería ser medida y, de algún modo, regulada».

En este momento de transición digital, en que se abren tantas nuevas oportunidades, y donde cada vez se hace más evidente la necesidad de una inteligencia colectiva que cree valor para todos los *stakeholders*, este libro puede ser el catalizador hacia una cultura empresarial inclusiva y justa, basada en valores, y que ponga a las personas por delante de la tecnología.

Nuria Chinchilla
Profesora de Dirección de Personas y titular de la cátedra
Carmina Roca y Rafael Pich-Aguilera Mujer y Liderazgo en
IESE Business School (Universidad de Navarra)

INTRODUCCIÓN

No hace falta trabajar en una mina de carbón, en una plataforma petrolífera, en una planta química o en la construcción para tener un trabajo tóxico y perjudicial para la salud. En el mundo laboral de hoy en día, los trabajos de oficina pueden llegar a ser igual o más estresantes e insalubres que los trabajos manuales. Los peligros físicos en el trabajo se han ido reduciendo gracias a agencias como la OSHA (por sus siglas en inglés, la Administración de Salud y Seguridad Ocupacional) en Estados Unidos y a otras similares en el resto del mundo. Desde que los países aprendieron la lección de que todo aquello que se inspecciona, se evalúa y denuncia, se le presta una mayor atención a los accidentes mortales e incidentes laborales, como caídas o derrames químicos, en los que los daños físicos son más visibles. Como resultado, la tasa de mortalidad laboral en Estados Unidos se ha reducido un 65 % entre 1970 y 2015 y la tasa de lesiones, un 72 % en el mismo período[1].

Por otro lado, el estrés en el trabajo no está sujeto a intervenciones o denuncias de la OSHA, es invisible y está aceptado como una parte inevitable de los puestos de trabajo actuales. Sin embargo, sigue empeorando, causando daños físicos y psicológicos aún mayores. Por ejemplo, la página web de salud WebMD advirtió que el trabajo es la causa número uno del estrés[2], y el informe de la Asociación Psicológica Estadounidense de 2015 sobre el estrés en Estados Unidos[3] observó que las dos principales causas del estrés eran el dinero y el trabajo y que casi un cuarto de la población adulta sufre niveles extremos de estrés. Otra encuesta en la que se entrevistó a tres mil personas denunció que casi la mitad de los empleados perdían tiempo en el trabajo por causas relacionadas con el estrés; el 61 % dijo que el estrés les había hecho enfermar y un 7 % admitió haber sido hospitalizado debido a las consecuencias psicológicas del estrés en el trabajo[4].

Si ya el conjunto de estadísticas es preocupante, las historias individuales son verdaderamente aterradoras. Si no, pregúntale a esa persona que asumió un alto cargo financiero en un proveedor de servicios médicos en expansión y que se enfrentaba a exigencias laborales casi imposibles que solían requerir noches enteras de trabajo. Esta persona empezó tomando estimulantes y luego pasó a la cocaína, porque la tenía al alcance de su mano. Y, después, ahogaba el continuo estrés con alcohol. Tuvo que hacer grandes esfuerzos económicos y psicológicos durante su proceso de desintoxicación del trabajo y de la adicción a la droga. Y, por supuesto, tuvo que abandonar su puesto de trabajo.

O pregúntale a ese productor de noticias que ha demostrado lealtad y compromiso a la empresa a cambio de viajar a cualquier parte del mundo y a cualquier hora sin previo aviso. Engordó casi 28 kilos en un muy poco tiempo por no poder comer bien ni hacer deporte. Las constantes exigencias del trabajo pusieron en peligro su matrimonio y la relación con su hijo, además de su salud física y mental.

O habla con la persona que está cobrando la indemnización por accidente laboral y está de baja por incapacidad tras diagnosticarle trastorno por estrés postraumático (TEPT) debido a su trabajo en la compañía eléctrica Southern California Edison. Las excesivas exigencias laborales, la exagerada carga de trabajo, la falta de personal y la implacable presión de los supervisores para terminarlo todo fueron las causas de que desarrollara TEPT.

Las historias son casi infinitas y los costes personales, laborales y sociales en general, son incalculables. Por ejemplo, el Instituto Estadounidense del Estrés advierte que los costes laborales del estrés en los trabajadores estadounidenses ascienden a más de 300 000 millones de dólares anuales[5]. La mala salud causada por el estrés en el trabajo afecta negativamente a la productividad e incrementa la rotación voluntaria. Una encuesta observó que casi el 50 % de los entrevistados confesaba «haber cambiado de trabajo para huir del estrés»[6]. Como veremos en el capítulo 2, los costes de los daños producidos por las prácticas laborales tóxicas y del sistema sanitario estadounidense superan los 200 000 millones de dólares al año.

Por desgracia, los problemas que llevaron a Nuria Chinchilla, profesora de la IESE Business School, a calificarlos como *contaminación social* van a peor. Y, probablemente, lo más triste de esta historia es que, mientras las empresas permiten, o incluso promueven, prácticas laborales que, literalmente, hacen enfermar y matan a sus empleados, estos sufren incluso más, ya que las prácticas tóxicas no mejoran la rentabilidad ni el rendimiento de la empresa. Por otro lado, los lugares de trabajo tóxicos disminuyen el compromiso de los empleados, aumentan la rotación del personal y reducen el rendimiento laboral, además de aumentar los costes del seguro y la atención médica. Hoy en día hay demasiadas empresas que llevan a cabo prácticas administrativas que no sirven ni a los intereses de los empleados ni a los de la empresa: perjudican a las dos partes.

El sufrimiento innecesario de los empleados se da incluso en las empresas que ofrecen un ambiente de *bona fides*. Irónicamente, las empresas han desarrollado medidas elaboradas para monitorizar el progreso de la sostenibilidad medioambiental, pero no se han parado a pensar en las consecuencias de la empresa en la sostenibilidad humana. A pesar de que la sostenibilidad medioambiental es, sin duda, fundamental, también lo es la sostenibilidad humana. Se deben crear lugares de trabajo en los que la salud física y mental no se vea afectada donde puedan trabajar durante años sin desgastes ni trastornos causados por las malas prácticas administrativas en el trabajo. Cuando pensamos en el impacto de la actividad corporativa en nuestro entorno, no deberíamos preocuparnos solo por especies en peligro de extinción y osos polares fotogénicos, sino también por las personas. Las empresas se obsesionan con su huella de carbono, pero deberían tener en cuenta las consecuencias, es decir, sus huellas, en los seres humanos que trabajan para ellas.

Como veremos a lo largo del libro, si algo va a cambiar con respecto al bienestar en el lugar de trabajo y en la salud física y mental de los empleados, vendrá de la mano de alguno o de la combinación de los siguientes elementos. En primer lugar, tanto los trabajadores actuales como los potenciales tendrán que aprender cuáles son los riesgos de salud en su ambiente de trabajo, incluyendo los riesgos psicológicos, actualmente más omnipresentes y peligrosos que los riesgos de lesión física. Con esta información, se tendrá que empezar a seleccionar a los empleados basándose en parte en las dimensiones relacionadas con el estrés del trabajo que influyen profundamente en su salud física y mental.

En segundo lugar, las empresas tendrán que calcular cuánto les están costando sus prácticas administrativas tóxicas, tanto los costes directos médicos como otros costes indirectos de gestión, entre ellos la pérdida de productividad y el aumento de la rotación. Comprender y cuantificar los costes de un ambiente laboral perjudicial es necesario para dar el primer paso hacia el cambio.

En tercer lugar, los gobiernos, en todos sus niveles, tendrán que ser los primeros en reconocer, medir y después hacer algo con las externalidades creadas por las empresas privadas que despachan en distintas partes del sistema público de sanidad a las personas dañadas física y psicológicamente en el trabajo. Los costes públicos del estrés laboral producidos por las empresas privadas ya han sido la causa por la que Reino Unido y otros países escandinavos han comenzado a centrar su atención y a intervenir en el asunto. Entre los motivos se encuentra que en parte la sanidad está financiada por el gobierno y que a las agencias públicas les interesa económicamente reducir los costes sanitarios innecesarios, incluyendo los costes del estrés laboral que se pueden evitar.

Por último, la sociedad necesitará un movimiento social, o quizás varios, que impulsen una visión que le de la misma importancia a la sostenibilidad humana y al ambiente de trabajo que se le da actualmente a la sostenibilidad medioambiental y al entorno físico. Hace décadas, las empresas solían verter contaminantes en el aire, el agua y el suelo. Después, las personas decidieron que preservar el medioambiente era un objetivo social digno y que se debería hacer pagar a las empresas por los daños externos que estuvieran causando. Gracias al movimiento ecologista, a la propaganda y a la presión política, gobiernos de todas partes del mundo empezaron a aprobar leyes y a desarrollar normas que restringían las acciones que contaminasen el medioambiente. De manera similar, la sociedad se beneficiaría de aquellos movimientos que se tomasen más en serio la importancia y la inviolabilidad de la vida humana y del bienestar físico y psicológico de las personas, no solamente al inicio o al final de la vida, si no a lo largo de la existencia de las personas, incluyendo el trabajo.

Otra verdad incómoda

Varios acontecimientos distintos, pero relacionados entre sí, me llevaron a interesarme por el tema de las organizaciones en relación con el trabajo y sus efectos en la salud humana. A partir de la investigación que realicé nació este libro.

En primer lugar, ni mis compañeros ni yo hemos conseguido sacar ningún resultado positivo en todos los años que llevamos investigando sobre el efecto de las prácticas de trabajo de alto compromiso o alto rendimiento en la productividad y otras dimensiones del rendimiento empresarial[7]. A pesar de haber publicado varios libros, tanto ellos como yo[8], la situación del entorno laboral está, en todo caso, empeorando, con cada vez menos compromiso de los empleados, seguido de mayor insatisfacción y falta de confianza en el líder institucional[9]. Si ni los libros, artículos o charlas sobre las conexiones entre personal y beneficios no iban a cambiar las decisiones de gestión o las prácticas administrativas, ¿qué podría hacerlo?

Cuando trabajé en el Comité de Recursos Humanos del Personal y la Facultad en Stanford (Stanford Committee for Faculty and Staff Human Resources) y cuando participé en unas reuniones del Hewitt Human Capital Leadership Council (antes de que Hewitt se fusionara con Aon), en las que estaban presentes un grupo de altos directivos de recursos humanos de grandes empresas, no pude evitar fijarme en que las conversaciones se centraban siempre en los costes sanitarios. Las empresas se habían obsesionado y solo buscaban reducir dichos costes. Observé así que las prácticas administrativas con mayores niveles de lealtad, compromiso y rendimiento de los empleados, en temas como la seguridad laboral y la discreción en la toma de decisiones, podrían traer consigo un entorno laboral más sano. En ese caso, quizás la salud de los empleados y los costes sanitarios podrían convertirse en el impulso para la adopción de acuerdos laborales de alto compromiso. Dichos acuerdos son unas prácticas administrativas que se fomentaron durante mucho tiempo, pero apenas fueron acogidas y se abandonaron rápidamente en tiempos de recesión económica. Cuando las empresas quieran reducir la curva de costes sanitarios, quizás uno de los mejores sitios en los que se deberían concentrar los esfuerzos y atención es en cambiar el entorno laboral.

En segundo lugar, mientras estaba en las reuniones mencionadas anteriormente, me chocó ver que todo giraba alrededor de los costes y los recursos, sobre todo cuando se trataba de personas. Por ejemplo, la Universidad de Stanford, con todo su legado, tuvo que despedir entre cuatrocientas y quinientas personas[10] por la crisis financiera de 2008 a pesar de que al inicio de la década ya se había establecido una congelación salarial en vistas al déficit presupuestario[11]. Pero un día mientras conducía por el campus me fijé en que había una especie de árboles enormes en macetas esperando a ser plantados. Aproximadamente diez años después, el fallecimiento de un gigantesco roble de trescientos años cerca del Stanford Family Mausoleum era noticia en todas partes. El árbol «había sido objeto de mucho cariño y afecto», y se habían esforzado mucho por salvar su vida[12]. Unos años más tarde, una noticia de un periódico de Palo Alto cubrió el «interesante» acontecimiento de talar un roble cerca del estadio de fútbol porque no se podía salvar, pero que lo iban a remplazar con otros seis árboles[13]. Tras ver todo esto, comenté a varias personas de la universidad que en Stanford tratan mejor a los árboles que a las personas. En muchas empresas, los árboles, o incluso el paisaje, tienen mejor suerte que los empleados.

El idioma, los términos que utilizan las personas para describir el mundo, dice mucho. Cuando hablamos de las personas en una empresa, normalmente utilizamos términos como «recursos humanos» y «capital humano». Pero cuando se quiere describir los salarios y los beneficios para la salud, entonces el personal o el sistema sanitario va siempre de la mano de la palabra «costes». Hace muchos años, el cofundador de la Productora Independiente de Energía AES, Dennis Bakke, me comentó que no estaba de acuerdo con el subtítulo de uno de mis libros que decía «aumentar los beneficios anteponiendo a las personas»[14]. Bakke señaló que anteponer a las personas no debería estar relacionado en absoluto con los costes o los beneficios de una empresa. Las personas, como seres humanos, merecen disfrutar de un bienestar y ser la prioridad en la toma de decisiones administrativas, independientemente del efecto en los costes o beneficios.

Tenemos que cambiar el lenguaje que usamos a diario en el trabajo. El bienestar y la salud física y mental tienen que ser los protagonistas en las conversaciones y en las políticas de empresa. Bob Chapman, CEO de la empresa Barry-Wehmiller valorada en 2500 millones de dólares, siempre dice que los líderes corporativos tienen una responsabilidad para con las vidas de los empleados que están en sus manos. Estos trabajadores son los maridos y las esposas, los hijos y las hijas de otros familiares que los quieren. Las empresas deberían comprometerse a que, al final del día, sus empleados vuelvan a casa en buen estado y listos para vivir sus vidas felices fuera del trabajo.

En tercer lugar, en Estados Unidos y en algunos otros países existe una intensa e incesante discusión que gira en torno a las políticas sociales. Sin embargo, las leyes, las regulaciones y las normas que los acompañan apenas tienen en consideración lo que les sucede a las personas durante la mayor parte de su vida: el trabajo. Tenemos que tomarnos más en serio la inviolabilidad y la importancia de la vida humana y el bienestar en el trabajo. He llegado a la conclusión de que hay una razón moral y ética de la que deberíamos preocuparnos en lo que respecta a la salud humana y laboral. Y para preocuparnos por el bienestar humano y cómo se ve afectado en el ambiente laboral, primero debemos entender la magnitud de las dimensiones del problema.

Ya tenía todas estas ideas en mi cabeza cuando Nuria Chinchilla me pidió participar en una conferencia que había organizado sobre el tema del trabajo y la familia. Nuria me había hablado sobre la «contaminación social» y había comentado que la «verdad incómoda»[15] real no era simplemente la destrucción del medioambiente físico, sino que también era la degradación social del medioambiente, en parte a través de las acciones de las empresas. La conferencia nunca tuvo lugar, pero aquel artículo con el que empecé a indagar sobre el tema del trabajo y la salud humana se publicó en una revista académica y expuso las primeras ideas del tema de la sostenibilidad humana[16]. Desde entonces, he estado recopilando información de todo tipo, desde entrevistas hasta datos epidemiológicos, incluyendo la colaboración de destacados compañeros de investigación que me han ayudado a calcular los efectos de la exposición a lugares de trabajo dañinos. Este libro es el resultado de todo ese esfuerzo.

Se podría resumir todo lo que he aprendido en unas palabras: el lugar de trabajo afecta significativamente a la salud humana y la mortalidad, y hay demasiados entornos laborales que son dañinos para la salud. Las personas literalmente se mueren por un salario. Lo más importante de todo esto es que la situación es mucho peor de lo que yo había imaginado, ya que afecta a personas de todo tipo de empleos, industrias, partes del mundo, edades y niveles de educación. Esta investigación y todas las personas con las que me he encontrado en el camino han avivado mi pasión y compromiso por sacar a la luz todas los datos y las historias recopiladas. Hago todo esto con la esperanza de que la información impulse los cambios imprescindibles y necesarios para frenar la matanza física y psicológica que se está dando en los lugares de trabajo por todo el mundo.

Dicho de manera más simple, el entorno laboral es importante; importante para la satisfacción, el compromiso, las intenciones de abandono y el rendimiento de las personas (elementos muy presentes en la amplia bibliografía sobre comportamiento organizacional). El ambiente de trabajo es importante también para el bienestar y la salud física y mental de las personas. Todo ello implica que también tenemos que centrarnos en el lugar de trabajo y en sus efectos, tanto para la sostenibilidad humana como para los costes y la productividad.

DECISIONES DE DIRECCIÓN Y SOSTENIBILIDAD HUMANA

CAPÍTULO 1

«Según la Clínica Mayo, tu jefe directo es más importante para tu salud que tu médico de cabecera».

–BOB CHAPMAN, consejero delegado de Barry-Wehmiller y autor de *Everybody Matters* [Todo el mundo es importante].

Los titulares están ahí (y los datos). Joseph Thomas, ingeniero de *software* de Uber, aun cobrando un sueldo de 170 000 dólares anuales, se suicidó en agosto de 2016 pegándose un tiro. Tanto su padre como su mujer lo achacaron al estrés de su trabajo. «Trabajaba demasiadas horas [...], estaba sometido a mucha presión y temía perder su puesto [...]. Perdió la confianza en sí mismo [...], se sentía incapaz de hacer nada bien»[1]. El del señor Thomas no es un caso aislado, pues más empleados de Uber relacionan sus «ataques de pánico, dependencia a fármacos, depresión y hospitalizaciones con el estrés que sufren en el trabajo»[2].

El estrés laboral y su impacto en la salud afecta a la población de todo el mundo. Entre enero de 2008 y la primavera de 2010 se suicidaron al menos 46 empleados de France Telecom, siendo la reducción de costes y las reubicaciones la principal causa según los observadores[3]. En tan solo cuatro meses, entre enero y mayo de 2010, se suicidaron nueve empleados de Foxconn, el gran fabricante chino de componentes electrónicos y proveedor de Apple y HP (entre otras). Otros dos de sus empleados también resultaron heridos tras sus intentos fallidos de suicidio[4]. La presunta causa, según los empleados, eran las condiciones laborales de Foxconn.

Moritz Erhardt, becario de veintiún años en la sucursal londinense de Merrill Lynch (del Bank of America), sufrió un colapso y falleció tras haber trabajado durante 72 horas –es decir, tres días– ininterrumpidamente. Según el informe del forense, Erhardt falleció «debido a un ataque epiléptico, posiblemente causado por el estrés y el agotamiento»[5]. Watami Food Service, en Japón, fue «acusada de llevar al suicidio a una nueva empleada tan solo dos meses después de que se incorporara a la compañía [...]. Hacía más de 140 horas extra al mes»[6]. Los graves problemas económicos que surgieron en el sector agrícola en la India provocaron el suicidio de casi 200 000 granjeros entre 2007 y 2009 debido a las «crecientes deudas que dieron lugar a situaciones económicas y existenciales desesperadas»[7].

Las consecuencias del estrés laboral van más allá de fronteras, tipos de trabajo o jerarquías. Un consejero de los trenes de cercanías de Chicago, al que estaban investigando por embolsarse una bonificación no autorizada, se suicidó arrojándose frente a un tren. Un abogado de Maryland que descubrió que estaban a punto de despedirle se pegó un tiro. En 2008, a medida que aumentaba la inseguridad y estrés laborales por culpa de la fuerte recesión, el índice de suicidios relacionados con el trabajo en Estados Unidos ascendió a máximos históricos[8].

Los bajos salarios, los trabajos por turnos y la falta de autonomía son algunos de los aspectos más estresantes y problemáticos del ámbito laboral. Por ejemplo, los bajos salarios generan estrés al obligar a las personas a sobrevivir con muy pocos ingresos. Y esos pocos ingresos dificultan el acceso a la sanidad. No en vano, numerosos estudios demuestran que los bajos ingresos aumentan las posibilidades de padecer obesidad, ansiedad, depresión, hipertensión o tener neonatos de bajo peso[9].

Muchos de estos atributos problemáticos del entorno laboral afectan sobre todo a los niveles más bajos de la jerarquía. Pero no por ello son menos vulnerables los profesionales más cualificados o los altos ejecutivos. Las condiciones precarias también tienen consecuencias para su salud y bienestar. «Carsten Schloter, de 49 años, consejero delegado de Swisscom, no llevaba nada bien el tener que estar disponible las 24 horas del día, los 7 días de la semana. Pierre Wauthier, de 54 años y director financiero de Zurich Insurance Group, atravesaba un terrible conflicto con su consejero delegado». Ambos se suicidaron en 2013[10].

Algunas personas enferman o mueren si trabajan en malas condiciones. Otras se suicidan si el ambiente laboral es tóxico. Y otras matan a los demás cuando llegan a un nivel de estrés insoportable. En junio de 2017, un antiguo empleado de Fiamma (empresa fabricante de toldos y demás accesorios para vehículos recreativos) al que habían despedido llegó a la empresa y asesinó a cinco personas a quienes había elegido premeditadamente, después se suicidó[11]. Son casos que se dan con demasiada frecuencia. En 1986, un cartero asesinó a catorce compañeros y disparó a otros seis –de ahí la expresión «going postal», que en inglés significa «volverse loco»[12].

En 2013, 397 personas fueron asesinadas en sus puestos de trabajo en Estados Unidos. La supuesta buena noticia es que era una cifra inferior a los 475 homicidios laborales registrados en 2012. Entre 1992 y 2010, las víctimas por homicidios laborales ascendieron a casi catorce mil[13]. El número de muertos en el lugar de trabajo por violencia laboral es «superior al total de fallecidos por incendios y explosiones, accidentes con máquinas y por exposición a sustancias peligrosas»[14]. Por supuesto, el asesinato es la peor y más dramática forma de violencia laboral. La Administración de Salud y Seguridad Ocupacional de Estados Unidos (OSHA, por sus siglas en inglés) estima que unos dos millones de empleados son víctimas de la violencia laboral al año, además de los casos de los que no llega a informarse. Claramente, la violencia laboral representa un grave peligro para la salud.

Las personas se sorprenden a sí mismas –sobre todo si están formadas y cualificadas– por sus reacciones ante el estrés laboral. Un autodenominado «banquero convaleciente» de Sudáfrica me escribió contándome su «caída de la "rueda de hámster" corporativa» en picado hacia una fuerte depresión clínica, algo para lo que dos títulos universitarios en empresariales y numerosos cursos de liderazgo no le habían preparado ni por asomo. Aquella experiencia le pilló por sorpresa:

> «Ignorante y arrogante de mí, creía que la depresión no afectaba a las personas "de éxito" con buenos trabajos, chalés en las afueras y un coche familiar. Nunca me reincorporé tras mi crisis, sino que me apunté a un máster de Psicología Aplicada. Realicé un estudio sobre los síntomas del estrés y escribí un libro sobre mi experiencia. Los datos recabados de 2500 trabajadores de oficina revelaron que en todas las organizaciones que participaron en el estudio se daban estos síntomas a niveles preocupantes, los cuales estaban repercutiendo en todas las áreas clave del negocio».

Asimismo, una empleada de Salesforce.com de San Francisco, titulada en empresariales por una prestigiosa universidad, me contó que cuando se incorporó a la empresa en un puesto de gerente, casi de inmediato se vio en la necesidad de tomar antidepresivos para poder lidiar con aquel entorno laboral. Con los años, fue recurriendo a la psicoterapia, un *coach* profesional, escapadas de fin de semana, el apoyo y los mensajes de su marido, entre otras cosas, para soportar la presión a la que le sometían sus diversos jefes, las largas jornadas laborales y la amenaza constante de perder el trabajo en cualquier momento por cualquier desliz en su desempeño o por cualquier cuestión política.

Como la mayoría de trabajadores «de éxito» del sector de la tecnología punta, no tenía apenas control sobre su trabajo ni sobre su vida personal. Estando embarazada de su primer hijo, en las últimas semanas de gestación, le avisaron un jueves de que tenía que coger un vuelo para llegar a París el domingo y así poder asistir a una reunión el lunes, lo que le suponía perderse un compromiso social que tenía previsto aquel sábado. Esto no es más que un ejemplo de cómo su cambiante horario y el nivel de exigencia al que está sometida le dan la sensación de no poder controlar su entorno. Sus estrategias para hacer frente a tal situación, todas ellas muy costosas (pues, en total, la terapia, el entrenador personal y demás recursos superan los 2000 dólares al mes), solo se las puede permitir porque tanto ella como su marido tienen un nivel educativo excelente y buenos trabajos. ¿Cómo hará, entonces, la gente con salarios más bajos para combatir el estrés en sus respectivos trabajos?

Su caso no es ni mucho menos el único, ni siquiera dentro de la propia Salesforce, la cual figura en la lista de las mejores empresas en las que trabajar de la revista *Fortune*. A una amiga suya que acababa de dar a luz, y que supuestamente estaba de baja por maternidad, la presionaron para que volviera al trabajo dos semanas después del parto para que pudiera dar el discurso inaugural de un importante evento de Salesforce. Naturalmente, esta petición de reincorporación anticipada venía disfrazada de elogios cual caramelo envenenado: «Te han asignado un gran papel en este evento tan importante y de gran visibilidad. Deberías estar orgullosa de que te lo hayan propuesto y no dejar pasar la oportunidad de lucirte ante toda la empresa y demás asistentes». El mensaje no tan implícito era: «¿Qué pasa contigo, que no antepones tu trabajo a tu hijo recién nacido?».

Ambas se han planteado dejar sus trabajos, lo cual demuestra que los entornos laborales estresantes y con jefes difíciles no solo afectan a la salud de las personas, sino que también llevan a situaciones de rotación de personal, insatisfacción laboral y demás causas que minan la productividad de las organizaciones.

Los datos sistemáticos respaldan los ejemplos de casos que he ido descubriendo durante mi investigación. Como el denominado «síndrome del lunes negro» (*Black Monday Syndrome,* en inglés), es decir, que se producen más infartos los lunes por la mañana que en cualquier otro día de la semana, seguramente ante la perspectiva de tener que volver al trabajo después del fin de semana. La prevalencia de infartos los lunes por la mañana ha llevado a los hospitales a habilitar salas de emergencia específicas para estos casos, cada vez más frecuentes[15].

El oportunamente denominado Instituto Americano de Estrés (American Institute of Stress) ha recabado numerosos estudios sobre esta enfermedad. Algunos de los datos más destacados son:

- «El estrés laboral es, de lejos, el principal tipo de estrés entre los adultos estadounidenses y [...] ha ido aumentando progresivamente durante las últimas décadas».

- El 80 % de los trabajadores que participaron en la encuesta «Attitudes in the American Workplace», afirmaron sentir estrés en el trabajo.

- Dos estudios diferentes revelaron que en torno a un 10 % de los empleados afirmaron que en su lugar de trabajo hubo violencia o agresiones físicas derivados del estrés[16].

Un informe del Instituto Nacional de Seguridad y Salud Ocupacional (NIOSH, por sus siglas en inglés) «presentaba datos que demostraban que una cuarta parte de los empleados consideraba su trabajo como la principal fuente de estrés en sus vidas y que los problemas de salud se vinculaban más al estrés laboral que a cualquier otro tipo de estrés, incluido el derivado de los problemas económicos o familiares»[17].

Por lo general, el entorno laboral no es muy diferente en otros países: también estresa. Una encuesta que se realiza anualmente en Australia a nivel nacional para medir el estrés mostró que en 2014 el 45 % de los australianos «afirmaron que su trabajo les estresa», que en 2013 el estrés repercutía en cierto modo en la salud física de unas tres cuartas partes de la población nacional y que el estrés laboral llevaba dos años en valores máximos[18]. Un estudio realizado en 2012 por la agencia de estadística del Gobierno de Canadá (Statistics Canada) demostró que el 28.4 % de los canadienses calificaban la mayoría de sus jornadas laborales entre un poco y extremadamente estresantes[19]. Y un informe de Reino Unido concluyó que: «Tenemos pruebas contundentes de que las enfermedades mentales relacionadas con el trabajo son un grave problema de nuestra sociedad y suponen costes económicos, comerciales y humanos considerables»[20].

La *gig economy* y el estrés laboral

Todo apunta a que los efectos nocivos que el entorno laboral provoca en la salud de los trabajadores podrían empeorar. La naturaleza cambiante del trabajo es una de las razones y, más concretamente, la creciente tendencia al empleo precario –los trabajos como autónomo o por pequeños encargos de la denominada *gig economy*–. Algunas previsiones indican que hacia 2020 «el 40 % de la mano de obra en Estados Unidos serán trabajadores contingentes»[21]. En 2015, la Unión de Autónomos de Estados Unidos (Freelancers Union) señaló que un tercio de la población activa de

Estados Unidos habría realizado alguno de estos encargos esporádicos durante el último año.

Las personas que trabajan bajo contratos temporales afrontan mayor incertidumbre e inseguridad, y no disfrutan de beneficios como vacaciones pagadas o formación. Si bien en muchos casos estos «encarguitos» (*gigs*) solo son para ganarse un dinero extra, los datos sugieren que los trabajadores de la economía colaborativa no ganan demasiado. Una gráfica publicada por *Fortune* mostraba la media de ingresos mensuales: 229 dólares en el caso de DoorDash, 364 dólares para los conductores de Uber, 377 dólares para los de Lyft y 380 dólares en el caso de TaskRabbit. Quienes trabajan para Fiverr ganaron de media 103 dólares mensuales, y 98 dólares los de Getaround[22].

Un artículo del *New Yorker* citaba a las propias webs y blogs de estas plataformas como el testimonio más claro de las condiciones tan difíciles y estresantes que plantea ese entorno laboral. Por ejemplo, felicitaban a una conductora de Lyft en Chicago por haber finalizado el recorrido a pesar de haberse puesto de parto en pleno trayecto. Los conductores de Lyft ganan unos once dólares netos por carrera, «probablemente Mary siguió aceptando pasajeros porque en este tipo de economía se ha llegado a normalizar la idea de que ganar esos once dólares extra sea más importante que buscar la atención médica urgente que sus pseudoempleadores no cubren». Fiverr, que se enorgullece de autodenominarse el *marketplace* de autónomos para emprendedores *lean*, por lo visto lanzó una campaña publicitaria en los vagones del metro de Nueva York que incitaba a sustituir la comida por un café y que lanzaba el mensaje implícito de que los emprendedores no duermen. Otro vídeo de Fiverr recomendaba atender «llamadas de clientes mientras haces el amor»[23].

Al margen de estos aberrantes ejemplos, tenemos pruebas sistemáticas de sobra para demostrar que la inseguridad y el empleo contingente repercuten negativamente en la salud y bienestar de las personas. Por ejemplo, un análisis de noventa y tres estudios sobre el empleo precario en los países industrializados concluyó que «el empleo precario se relacionaba con un deterioro de la salud y seguridad ocupacional [...] en términos de índice de lesiones, riesgo de enfermedad, exposición a sustancias peligrosas o en cuanto al conocimiento de trabajadores (y gerentes) sobre responsabilidades normativas [en materia de salud y seguridad ocupacional]»[24].

La indiferencia de empresas y gobierno ante el estrés laboral y sus costes

A pesar de la prevalencia del estrés laboral y sus demostrados perjuicios en la salud física y mental, es increíble (y desafortunado) que los efectos del entorno laboral en la salud y la sostenibilidad social pasen tan desapercibidos. El estrés laboral es un problema ampliamente ignorado por empresas, gobiernos y, sí, también por las escuelas de negocios, pese a los abundantes estudios epidemiológicos que demuestran que las condiciones laborales afectan a la salud física y mental[25] y que pasa factura en términos de costes de sanidad y de mortalidad de la población, de lo que hablaré en el capítulo 2. Chris Till, exdirector ejecutivo del Instituto de Recursos Humanos de Nueva Zelanda, me dijo que cuando informó al Gobierno sobre la relación entre las condiciones laborales y la salud de la población, la respuesta fue que «el estrés es normal, forma parte del trabajo», queriendo decir con eso que no podían –ni querían– hacer nada. Till se dio cuenta de que el Gobierno aún no era consciente de que las lesiones laborales son algo más que accidentes o heridas físicas, que el estrés crónico y el estar sometido a condiciones perjudiciales para la salud derivan en problemas físicos y mentales y acarrean costes que acaba pagando tanto la propia empresa como la sociedad.

Dame Carol Black, directora del Newham College de la Universidad de Cambridge, me dijo que en 2011 ella y el profesor sir Cary Cooper, psicólogo organizacional de renombre, llevaron a cabo un estudio rápido en más de cien escuelas de negocios de Reino Unido para comprobar si incluían o no formación sobre salud, compromiso del empleado y bienestar en alguno de sus programas. La respuesta a esta incógnita fue «un rotundo no»[26]. El panorama pinta igual en las empresas, pues muy pocas dedican recursos a medir el estrés laboral y muchas menos intentan resolver el problema.

Christy Johnson, MBA por la Universidad de Stanford y fundadora y consejera delegada de la empresa de consultoría estratégica Artemis Connection, se ha interesado en el factor humano en la implantación de estrategias. Me comentaba que le sorprendió «que la gente se resistiera tanto a decir abiertamente lo que pasa en su plantilla». Cuando incidí en aquel comentario y le pregunté sobre las actividades de Recursos Humanos y las encuestas que suelen hacerse a los empleados, me respondió que la mayoría de estas acciones tenían más que ver con el cumplimiento de normativas y leyes y con la gestión del riesgo (para evitar sanciones), pero que tampoco se hacía gran cosa con los datos recabados.

Una notable excepción a la falta de interés en llevar un control sistemático de la salud y bienestar laborales es Gallup-Healthways y los estudios que realiza a nivel nacional. Unos datos que, combinados con la experiencia de Gallup, ha llamado la atención sobre el bienestar, la salud del empleado, su nivel de compromiso y el rendimiento de la empresa. Pero tengamos en cuenta que los resultados que obtiene Gallup son por área geográfica, y no con relación a ninguna empresa en concreto, por lo que no hay referencias concretas sobre empresas que sean ejemplo de buenas prácticas o de malas. Además, Gallup reveló que «solo el 12 % de los empleados afirma que en general su bienestar ha mejorado sustancialmente gracias a la empresa para la que trabajan»[27].

No tiene por qué ser así

Por supuesto, hay excepciones. Aunque tampoco demasiadas. Algunas empresas han demostrado que se puede preocupar por la salud física y mental de los empleados, y de su bienestar en general.

En 2004, Mark Bertolini, actual consejero delegado de la compañía de seguros Aetna, sufrió un grave accidente mientras esquiaba en el que casi muere y que le provocó un agonizante dolor en su brazo izquierdo. Aquello, sumado al hecho de que su hijo estaba luchando contra un cáncer poco común, hizo que se interesara cada vez más por la salud y las terapias alternativas. En Aetna, cuidar del empleado, concretamente de su salud física, mental, social y financiera, es una prioridad[28]. En 2015 subieron el salario mínimo de la plantilla en 16 dólares por hora, lo que supuso un aumento del 33 % en el caso de los empleados con salarios más bajos. Unas 5700 personas vieron crecer su sueldo. La compañía también modificó su plan de beneficios médicos para ahorrarles algunos gastos extra a sus empleados. La empresa ofrece clases de yoga y meditación, en las que ya ha participado más de una cuarta parte de la plantilla. Quienes ya han tomado al menos una clase «afirman que, de media, han reducido sus niveles de estrés un 28 %, su descanso ha mejorado un 20 % y sus dolores han disminuido un 19 %. Además, ahora son más eficientes en su trabajo»[29]. La empresa también les ofrece programas para bajar de peso, así como chequeos médicos. En 2016, Aetna lanzó un programa de amortización de préstamos a los estudios, contribuyendo con hasta 2000 dólares al año al pago de estos préstamos. En Aetna, los costes sanitarios o bien disminuyen o, si aumentan, lo hacen en menor medida que la media nacional. Será, seguramente, porque la empresa se preocupa por el bienestar de sus empleados.

Bob Chapman es el consejero delegado de Barry-Wehmiller, empresa manufacturera valorada en 2500 millones de dólares y con unos 12 000 trabajadores repartidos en fábricas de todo el mundo. Hace unos años, Chapman compartió conmigo una revelación: «Caímos en la cuenta de que todas y cada una de esas 12 000 personas son el amado hijo de alguien, y de que nuestra forma de tratarles influiría en sus vidas». Chapman decidió que el objetivo de la empresa debía ser procurar que su gente se sintiera realizada al volver a sus casas tras la jornada laboral. En cuanto la empresa dejó de ver a sus empleados como objetos y empezó a verlos como a los preciados seres humanos que son para otros, desarrollaron una cultura en la que los unos cuidaban de los otros. ¿Y cuál fue el resultado? Una comunidad mucho más altruista, «con una predisposición genuina a hacer cosas por los demás sin esperar nada a cambio». La empresa ha tenido muy buenos resultados financieros, con una tasa de crecimiento compuesto de los ingresos del 16 % anual, y eso que opera en segmentos industriales complicados.

Champan es un evangelista de esta filosofía, ha escrito el libro *Everybody matters*[30] y da charlas sobre el enfoque de Barry-Wehmiller y la trayectoria que han seguido en la empresa para desarrollar esta cultura basada en el bienestar del empleado. Me comentaba que «a nivel nacional, el 88 % de los trabajadores no sienten que las empresas para las que trabajan se preocupen por ellos. Tres de cada cuatro trabajadores no se implican con su trabajo. Es un hecho que, cuando las personas no se sienten valoradas ni gozan de buenas condiciones en su trabajo, acaban apareciendo secuelas. Diría que es un 40 % el porcentaje en el que se reducen los problemas de salud cuando la gente es feliz en su trabajo, en comparación con cuando están estresados».

En este libro, veremos casos de algunas empresas que sí se preocupan por el bienestar de su gente y analizaremos numerosos estudios (y libros) que abordan los motivos económicos y sociales por los que se debería cuidar al empleado[31]. Nos puede ir bien si hacemos el bien. Sin embargo, los datos sobre el estrés laboral, la salud de los empleados y su implicación en la empresa sugieren que aún hace falta que más empresarios capten –y se tomen en serio– el mensaje.

1. ¿DÓNDE ENCAJAN LAS PERSONAS EN EL MOVIMIENTO SOSTENIBLE?

A veces, hasta las acciones y decisiones más mundanas dicen mucho de los valores y prioridades sociales. Si bien las decisiones sobre el desarrollo económico dependen de muchos –algunos dirían que demasiados y muy onerosos– requisitos que protejan el entorno físico, dicho control legislativo ignora práctica y sistemáticamente el bienestar de los empleados a los que podría afectar.

Veámoslo con un simple ejemplo. Cuando en 2010, Safeway, la gran cadena de supermercados, decidió ampliar su sucursal de Burlingame, California, cerca de donde yo vivo, la compañía realizó una memoria del impacto ambiental del proyecto, de consulta pública. Estas memorias son obligatorias para llevar a cabo cualquier proyecto de construcción o rediseño significativo. En la memoria detallaban los efectos que tendría la construcción y ampliación del supermercado en los patrones y congestión del tráfico, describían los planes paisajísticos y de señalización enfocados a preservar la estética todo lo posible y destacaban las muchas medidas que tanto ellos como sus contratistas tomarían para minimizar el impacto medioambiental del proyecto, como por ejemplo reciclar los residuos o demoler la vieja estructura.

Nada fuera de lo común, una memoria más de entre las cientos de miles que se presentan cada año. La premisa fundamental que subyace a estos controles medioambientales es simple: cualquier construcción altera físicamente el entorno sí o sí, y una buena gestión implica tratar de minimizar esa disrupción y preservar lo máximo posible el entorno natural, a la vez que se persigue el progreso y desarrollo económicos. Si uno de estos proyectos de construcción o remodelación conllevara una alteración significativa o la destrucción de estructuras consideradas de interés histórico, los obstáculos que se impondrían al proyecto serían en consecuencia mayores y se endurecerían mucho más los requisitos para garantizar la conservación. Además, el hecho de que tengan que presentarse estas memorias y hacer análisis medioambientales antes de que se proceda a la construcción reconoce implícitamente que es más fácil prevenir un daño que subsanarlo si se produce.

En lo que respecta al entorno físico, ya se da por hecho que debemos estar concienciados acerca de la sostenibilidad y la degradación del medioambiente. Las leyes y normativas impiden o penalizan actividades que contaminen el aire o el agua. Las empresas anuncian a bombo y platillo sus credenciales «verdes» en su publicidad, informes anuales y demás comunicados. Cuentan al detalle los esfuerzos que hacen para contrarrestar su huella de carbono y mitigar otro tipo de amenazas medioambientales. Estas prácticas se han arraigado tanto en el día a día de las empresas que a menudo olvidamos que no hace mucho tiempo había una fuerte oposición contra las normativas medioambientales, y muy pocos empresarios consideraban la sostenibilidad medioambiental como un elemento importante de la imagen que proyectaban tanto a clientes como a empleados.

En principio, a la EIA (Evaluación de Impacto Ambiental) de Safeway no parecía faltarle nada, y de hecho resulta bastante aburrido de leer por su limitado alcance –una mera sustitución de un edificio por otro en una zona comercial ya de por sí bastante desarrollada–. Pero sí, el impacto de la remodelación del supermercado tenía otras implicaciones que no se habían considerado. Y es que este establecimiento permanecería cerrado durante más de un año para su reconstrucción. En aquel momento, decenas de empleados dependían del supermercado. El cierre tuvo lugar en 2010, en un momento complicado a nivel económico, ya que el mercado laboral de Estados Unidos. todavía se estaba recuperando poco a poco de la fuerte recesión. Así que, aunque el proyecto de Safeway eliminaría algunos árboles y alteraría temporalmente el tráfico y el aparcamiento (todos los factores incluidos en su EIA), también tendría consecuencias en el bienestar económico y personal de sus empleados, algo que no se contempla en ninguna parte de su declaración de impacto ambiental. Es cierto que Safeway ofreció reubicar a algunos de sus empleados a supermercados cercanos, pero no hay ninguna mención de ello en el EIA, ni de la suerte que corrió el resto de empleados. En resumen, no se hizo mención alguna del *impacto humano* que tendría este relativamente rutinario proyecto de desarrollo económico.

No es un caso poco habitual. La Unión Europea por poco desata una guerra comercial con Estados Unidos al intentar obligar a las aerolíneas, también a las de países no miembros de la Unión Europea, a pagar por la contaminación de carbono que generaban con sus vuelos entrantes y salientes de Europa[32]. Sin embargo, la Unión Europea no parecía tan preocupada de que estas aerolíneas –como United, Delta o American– hubiesen recortado (y siguieran haciéndolo) sueldos, puestos de trabajo y pensiones, perjudicando así el entorno humano y el bienestar psicológico y físico de sus empleados.

¿Necesitas más pruebas de lo poco que importan las personas en el movimiento sostenible? Si visitas la página web del fabricante de automóviles General Motors y vas al apartado en el que publican todas sus buenas acciones en pro de la sostenibilidad, descubrirás que GM es el número uno en patentes de energía limpia, que está entre las cinco primeras empresas que más paneles solares poseen, que tiene once plantas que no generan residuos y que opera en veintiséis plantas con la certificación Wildlife Habitat Council[33]. Lo que no te contarán es la cantidad de empleos que han destruido durante la última década, o que han reducido salarios y beneficios para empleados nuevos y con experiencia, y que su gestión de las condiciones laborales en oficinas y plantas no es buena para el bienestar de las personas. Tampoco mencionan en su memoria de sostenibilidad datos sobre el estado de salud físico y mental de sus actuales o anteriores empleados.

Asimismo, Walmart, el principal empleador en Estados Unidos con más de un millón de empleados, tiene tres objetivos de sostenibilidad ambiental que abarcan energía, residuos y productos[34]. La memoria sobre responsabilidad global de la compañía hace hincapié en las energías renovables y planes de emergencia, entre otras cosas. Y cuando dan cifras que aluden a personas, inciden en el número de ascensos, en la proporción de mujeres y personas de color que hay entre las nuevas incorporaciones, y en el récord que ostentan contratando a veteranos[35]. Pero no dicen si con los sueldos que pagan se puede vivir, o si brindan seguros médicos que faciliten el acceso a la sanidad o si aplican políticas de conciliación, como por ejemplo fijar horarios que permitan a sus miembros cumplir otros compromisos que puedan tener fuera del trabajo.

Si bien se han hecho progresos admirables ante diversas partes interesadas, apenas hemos comenzado a rayar la superficie en lo que a rendir cuentas y promocionar la sostenibilidad humana se refiere. Aún «queda mucho por hacer en cuanto a estudios y elaboración de informes de derechos humanos y aspectos laborales relativos a los riesgos de sostenibilidad, en comparación con los medioambientales y gubernamentales»[36].

Estos ejemplos no son exclusivos de Safeway, GM, Walmart ni de cualquier otra empresa que en sus informes incluya u omita las consecuencias humanas de sus medidas corporativas. Detallar qué iniciativas se llevan a cabo para reducir residuos, ahorrar energía, reciclar y, en general, proteger el medioambiente ya es prácticamente una norma entre un número creciente de empresas particularmente grandes, cuyas memorias de sostenibilidad ambiental son cada vez más completas. Sin embargo, la información que dan sobre el bienestar del empleado, si es que la llegan a citar, suele limitarse a datos sobre el tiempo perdido por accidentes y otros indicadores que no permiten evaluar de forma adecuada si son socialmente sostenibles.

Por supuesto, hay excepciones y algunas empresas han adoptado, e incluyen en sus memorias, una perspectiva más amplia sobre el bienestar de sus trabajadores. Ya podrían otros aprender de estos casos. Por ejemplo, en 2012, BT (British Telecom) modificó su política de sanidad y seguridad para incluir la salud y bienestar de los empleados como elementos clave de su estrategia de personal. La empresa informa tanto del tiempo que se pierde por enfermedad como por accidentes. Cuidar la salud de sus empleados es el principal elemento de la estrategia de bienestar de BT. La empresa apoya a los empleados que han caído enfermos o que han desarrollado alguna discapacidad para que puedan ser reubicados en otros puestos y, por tanto, no tengan que abandonar la empresa. BT ha creado una «caja de herramientas de salud mental» y una «herramienta de evaluación y gestión contra el estrés» y ya han formado a casi «5000 personas como encargados de apoyo de salud mental desde 2008». Lo más importante es que el sistema de gestión y la filosofía de BT parten de la idea de que: «El interés principal de cualquier organización debería ser evitar dañar a su gente»[37]. Si todas las empresas se tomaran tan en serio la salud de las personas en sus objetivos y formaciones, saldrían beneficiadas tanto las personas como las propias empresas.

El simple hecho de que como sociedad estemos, aparentemente, tan concienciados con el medioambiente y nos dé igual cómo traten las empresas a su entorno social o a los seres humanos que trabajan para ellas, dice mucho del mundo contemporáneo. Así se entiende que estén desapareciendo puestos de trabajo, sobre todo buenos, y que estén aumentando tanto los índices de estrés y de malestar físico y psicológico de trabajadores en diversos países. El mundo laboral es un reflejo diario de la famosa expresión «ojos que no ven, corazón que no siente», o su corolario en el movimiento de calidad, lo que se investiga cambia, y lo que no se mide, o no cambia, o incluso empeora. Sin medir, ni dar parte, ni ajustarse a requisitos que hagan plantearse las consecuencias de crear «contaminación social», en contraposición a la contaminación ambiental, las empresas seguirán aplicando una lógica que les mantendrá en una feliz –y puede que deliberada– ignorancia de lo que le están haciendo a sus empleados.

Las medidas públicas tampoco reparan en las personas

Este mayor interés por el entorno físico sobre el social no es exclusivo del contexto empresarial, sino que también se da en las políticas públicas. Tanto a nivel local como nacional, hay normativas medioambientales que limitan el vertido de residuos, las emisiones de dióxido de carbono y ordenan estándares de kilometraje. También hay buenas prácticas, políticas y normativas de gobernanza empresarial, como exigir consejeros externos en ciertos comités del consejo de administración, e iniciativas para medir, divulgar y limitar los riesgos ambientales y de gobierno. Son prácticas mucho más amplias en comparación con las iniciativas orientadas al bienestar del empleado. Monitorizar los aspectos más básicos de la seguridad física como los accidentes y muertes por causas laborales ha contribuido a que, con el tiempo, disminuya considerablemente el número de fallecidos y heridos. También se han regulado ciertos aspectos relacionados con la exposición a productos químicos. Por lo demás, los empresarios (de Estados Unidos y de cualquier país) son prácticamente libres de despedir, exigir cambios de horarios o imponer turnos y otras dificultades que afectan sustancialmente a la salud de sus trabajadores, sin plantearse las consecuencias que puedan tener estas decisiones.

Es cierto que en las políticas ya empieza a verse cierto interés por las condiciones laborales que afectan a la salud y el bienestar del empleado, una tendencia que va en aumento, aunque de forma modesta. La Organización Mundial de la Salud, al reconocer que la salud es un derecho humano y que la salud de la población comporta muchos beneficios, ha identificado las causas psicosociales de la mala salud, incluyendo las relativas al trabajo[38].

En Estados Unidos hace décadas que el NIOSH reconoció que el entorno laboral puede amenazar o ser un factor de riesgo para la salud física y mental de las personas. La agencia no solo ha intentado cuantificar los riesgos laborales en la salud, sino también que las empresas eliminen las condiciones insalubres para reducir el enorme coste humano que se cobran[39]. Pero no fue hasta 2011 cuando «NIOSH lanzó el programa

Total Worker Health (Salud Laboral Total) [...] como estrategia para integrar la protección de la seguridad y salud ocupacional con el fomento [del cuidado] de la salud para evitar lesiones y enfermedades por causas laborales»[40], y por aquel entonces el Departamento de Salud y Servicios Sociales de Estados Unidos también anunció Healthy People 2020, con el objetivo de brindar un mayor acceso a programas orientados a reducir el estrés del trabajador[41]. Por lo general, el foco sigue estando en la prevención de accidentes laborales, evitar la exposición a condiciones peligrosas y en fomentar programas saludables, pero apenas se ha reparado en cambiar las dimensiones psicosociales del trabajo que afectan gravemente a la salud.

En Reino Unido, se ha ido prestando más atención a nivel político a la relación trabajo-salud. Posiblemente debido a que se han realizado más y mejores mediciones, y en parte porque los costes sanitarios que suponen las malas prácticas laborales afectan a los presupuestos del Gobierno por la forma en que se suministra y paga la sanidad. Dame Carol Black, directora de una de las escuelas de la Universidad de Cambridge, me comentó personalmente que «el Gobierno británico (independientemente del grupo político de turno) se va interesando cada vez más en esta línea desde 2005, cuando elaboraron el informe *The Health, Work and Well-Being Strategy–The Vision* (Estrategia de salud, trabajo y bienestar: la visión) [...]. Aún queda mucho por hacer, pero el peso de las consecuencias del trabajo precario, malas condiciones laborales, mal liderazgo y de gerentes inadecuados y de escasa formación, va ganando tracción»[42].

La atención política y la elaboración de informes permite a las entidades públicas estimar el coste que conllevan los entornos laborales nocivos, y esa medición, a su vez, estimula la acción. En Reino Unido «se estima que, entre 2007 y 2008, las bajas derivadas del estrés laboral hicieron perder 13 500 000 jornadas de trabajo»[43]. Y «de 2011 a 2012, aproximadamente 1 100 000 trabajadores contrajeron enfermedades profesionales»[44]. Dado el enorme coste económico que comporta el estrés laboral, la Agencia Ejecutiva para la Salud y Seguridad de Reino Unido ha promulgado estándares de gestión para tratar de reducir la incidencia –y, por ende, los costes– de los problemas de salud relacionados con el trabajo. Sin embargo, tanto las directrices británicas como las iniciativas del NIOSH dependen en gran medida de que las empresas tengan la voluntad de implantarlas, al contrario que las políticas que dictan otras agencias para la protección del medioambiente o que las multas u otros recursos ejecutorios más tajantes.

Lo cual implica que, si es cierto que nos importa el ser humano y su calidad y esperanza de vida –es decir, si nos preocupáramos de la sostenibilidad social y no solo de la ambiental– en primer lugar, deberíamos conocer las condiciones que hacen enfermar y morir a las personas para poder hacer algo al respecto.

2. LA SALUD COMO MEDIDA DEL BIENESTAR Y DE LA EFECTIVIDAD DE UN SISTEMA SOCIAL

La mortalidad y el bienestar del ser humano deberían importarnos por varias razones. En primer lugar, las leyes y convenios internacionales sobre derechos humanos, como la Declaración Universal de los Derechos Humanos y el Pacto Internacional de Derechos Económicos, Sociales y Culturales, consideran la salud y la seguridad en el trabajo como un derecho fundamental[45]. Son muchos los fundamentos de justicia moral y social para tener en cuenta la salud.

En segundo lugar, el estado de salud es un indicador importante de lo bien que funciona una organización o cualquier otro tipo de sistema social. Como epidemiólogo y experto en política sanitaria sir Michael Marmot escribió que «la salud es una especie de contable social. Cuando esta se resiente, significa que las necesidades del ser humano no están lo suficientemente cubiertas»[46]. Y citando al Nobel de economía, Amartya Sen, decía: «El éxito de una economía y de una sociedad no puede quedar desligado del nivel de vida que los miembros de esa sociedad pueden llevar»[47]. El estado de salud y el bienestar –la salud física y mental autopercibida– y otros indicadores como la mortalidad infantil y la esperanza de vida son buenos barómetros para determinar si un sistema social (ya sea un país, una ciudad o una empresa) está funcionando bien o no.

En los sistemas que funcionan, las personas están bien y viven muchos años. Cuando los sistemas se deterioran o tienen algún fallo, las personas enferman y mueren. Este principio general se ve bien reflejado en los análisis de los sistemas soviéticos desaparecidos de Rusia y de Europa del Este. La disolución de la Unión Soviética y la liberación de los países ocupados en Europa del Este habría conducido al crecimiento económico y a la mejora de la sanidad. Pero durante la transición se redujo el acceso a lo que antes era la sanidad pública, crecieron el desempleo y la desigualdad e inseguridad económicas, y se dispararon los problemas sociales como el alcoholismo. Fueron tiempos difíciles en los que la esperanza de vida cayó drásticamente en gran parte de Europa del Este. En Rusia la longevidad masculina se redujo de media en siete años desde 1989[48]. En otras palabras, «en la década posterior a la caída del comunismo [...] se estima que se produjo un exceso de mortalidad de cuatro millones [...] en comparación con lo que cabía esperar dada la tendencia histórica»[49]. El deterioro de la salud y el aumento de la mortalidad ponían de manifiesto la inseguridad económica y la crisis de los sistemas de seguridad social que padecían los países de la Europa Oriental durante su transición hacia nuevos gobiernos y regímenes sociales.

Otro indicador habitual de la eficacia de un sistema social es la satisfacción personal o el bienestar subjetivo. Los economistas, así como otros científicos sociales, cada vez están más interesados en conocer los factores de la felicidad y en determinar la mejor forma de medir este concepto[50]. No en vano, existe una correlación positiva entre la felicidad y el estado de salud. Así se observó en un estudio en el que participaron 151 preadolescentes[51]. También se dieron resultados similares en una muestra de 383 personas mayores[52]. En un estudio sobre la felicidad y la salud realizado en cuarenta y seis países se demostró que existía una fuerte correlación entre ambas[53], y la Base de Datos Mundial de la Felicidad (World Database of Happiness) resume numerosos estudios de diversos países que asimismo demuestran que el estado de salud y la felicidad están estrechamente relacionados[54]. Tiene sentido porque es más difícil que una persona se sienta feliz si está enferma. Esta relación entre el estado de salud y las medidas del bienestar subjetivo plantea además la idea de que la salud de los empleados de una organización puede ser un medidor importante y útil de una de las dimensiones de la eficacia de la organización.

Aparte de la trascendencia moral que tiene la vida humana y del papel de la salud como indicador de la eficacia de un sistema, existe una razón económica de peso para que prestemos especial atención a las consecuencias que el entorno laboral tiene en el bienestar del empleado. No debería sorprender a nadie saber que los costes sanitarios se están disparando en todo el mundo. En parte debido al envejecimiento de la población –los índices de natalidad han caído, lo que supone el aumento de la media de edad–, pero también porque las condiciones laborales no dejan de empeorar. Un estudio sobre la relación entre las condiciones laborales y la salud mental destacó que «las pruebas existentes respaldan la idea de que la calidad del empleo se ha ido deteriorando progresivamente en la mayoría de países europeos»[55], y que lo que se da en Europa se da asimismo en Estados Unidos, donde la protección del mercado laboral es más liberal.

Gran parte de los costes sanitarios que han aumentado en los países de todo el mundo corresponden enfermedades crónicas, y en cierto modo evitables, como las enfermedades cardiovasculares y la diabetes. Un informe del Foro Económico Mundial (WEF, por sus siglas en inglés) indicaba que en Estados Unidos el 75 % de los más de dos billones de dólares de gasto anual en sanidad correspondía a enfermos crónicos. Y dichas afecciones crónicas, como la diabetes y los problemas circulatorios están aumentando entre la población del mundo desarrollado, e incluso en países como China, Rusia, India y Brasil[56]. La mala salud está pasando factura a la productividad, tanto a escala social como a nivel particular de cada empresa. El mismo informe del WEF afirmaba que la pérdida de productividad de los empleados con enfermedades crónicas llegaba a cuadruplicar los ya considerables costes directos de tratar dichas enfermedades.

3. UN ENTORNO LABORAL SALUDABLE CREA HÁBITOS SALUDABLES

Dados los crecientes costes sanitarios, la pérdida de productividad por enfermedades y el coste de sustituir a los trabajadores que están de baja, las empresas y gobiernos de todo el mundo han implantado programas orientados a mejorar la salud y el bienestar de los trabajadores. Sin embargo, estas iniciativas se basan casi exclusivamente en influir en los hábitos o decisiones personales como, por ejemplo, la dieta, el ejercicio, el consumo de tabaco, alcohol o drogas, y no reparan apenas en el contexto –el entorno laboral– que afecta a los niveles de estrés de las personas y, por consiguiente, a estos hábitos.

Estos programas de cuidado de la salud son particularmente comunes en Estados Unidos, donde las empresas siempre han sido las directas responsables de pagar los seguros médicos de sus empleados y, por lo tanto, cargan con los costes sanitarios indirectos de estos. Un informe de RAND Corporation sobre los programas de bienestar para empleados destacó que casi el 50 % de las empresas de Estados Unidos con más de 50 empleados y el 92 % de las empresas con más de 200 ofrecían algún tipo de programa de bienestar en 2009[57]. Estos programas animan a los empleados y sus familias a hacer ejercicio, dejar de fumar, llevar una dieta más saludable, limitar el consumo de alcohol y también controlar diversos biomarcadores como la tensión y el colesterol para mantenerlos en buenos niveles. Una encuesta realizada por Aon Hewitt a unas 800 medianas y grandes empresas reveló que el 79 % empleaba un sistema de recompensas, como por ejemplo primas de seguros más bajas para motivarles a cuidar de su salud. Aon Hewitt también descubrió que cada vez más empresas penalizaban a los empleados que no mostraran mejoras en diversas medidas biométricas y de estilo de vida[58].

Obviamente, el coste de los seguros médicos, las bajas, la rotación y la productividad de los empleados preocupan a las empresas y por ello intentan mejorar estos índices en la medida en la que su salud particular les afecta. Pero, a pesar de ello, el foco de la mayoría de programas de bienestar es demasiado angosto como para que marquen una diferencia. La intervención en el ámbito de la empresa –ofrecer orientación nutricional o para combatir el estrés, sesiones de ejercicio o modestos incentivos financieros para que los trabajadores se sometan a chequeos– y a nivel político, como los impuestos al tabaco, se ciñe casi exclusivamente a hacer que las personas decidan asumir el compromiso de cambiar su estilo de vida.

La gran cadena de supermercados, Safeway, por ejemplo, ha llamado mucho la atención por su programa Healthy Measures (Medidas

Saludables). Esta iniciativa, inspirada por su consejero delegado, ofrecía a los empleados una reducción en sus contribuciones a la prima del seguro sanitario si mantenían ciertos límites prefijados de obesidad, tensión, colesterol y consumo de tabaco[59]. La idea de la que parten estos y otros programas similares es que, si instruyes a la gente en nutrición y ejercicio, les das la oportunidad de practicarlo y de reducir el estrés, mides su estado de salud y quizá les ofreces incentivos económicos para que participen, ya son medidas suficientes como para conseguir que cambien sus hábitos. El problema es que las empresas casi nunca reparan en que el propio lugar de trabajo y lo que suceda allí pueda ser un factor relevante en el comportamiento de sus empleados.

Pero es un punto de vista erróneo. Hay investigaciones exhaustivas que demuestran que las decisiones personales que afectan a la salud como beber, fumar, consumir drogas o comer en exceso tienen mucho que ver con las condiciones laborales[60]. Por ejemplo, sabemos que las jornadas laborales son muy largas en muchos despachos de abogados, los cuales a menudo se caracterizan por su cultura competitiva. Un artículo del *New York Times* afirmaba que «el 21 % de los abogados tiene problemas con la bebida, mientras que el 28 % padece depresiones leves o más graves y un 19 % ansiedad»[61]. Además, según apunta este mismo artículo, muchos abogados tienen graves problemas de adicción a las drogas que, al parecer, comenzaron por el consumo de estimulantes para aguantar el ritmo de sus exigentes horarios.

El trabajo influye en la opinión que la gente tiene de su propia vida y también en su bienestar psicológico. No es casualidad que las personas que no están a gusto con su vida cuiden menos de sí mismas. Como indica el psiquiatra Richard Friedman acerca de la adicción:

> «No es un secreto para nadie que el estrés puede llevar a las personas a buscar consuelo en las drogas o en la comida (el famoso concepto de la comida como consuelo emocional) [...]. Ahora contamos con un corpus de investigaciones que confirma definitivamente la relación entre el estrés y la adicción. Es más, demuestra que el camino hacia la adicción puede alterarse si modificamos nuestro entorno»[62].

En las empresas se sabe, pero no hacen nada al respecto. Por ejemplo, un estudio realizado en 2008 por la consultora de recursos humanos Watson Wyatt (la actual Towers Watson) reveló que el 48 % de las organizaciones afirmaba que el estrés laboral –generado por las largas jornadas laborales y las políticas *lean* que obligan a sacar más trabajo con menos personal– perjudicaba a los resultados de la empresa. Sin embargo, solo el 5 % afirmaba estar intentando resolver estos problemas de salud y rendimiento[63].

Por lo general, en los programas de bienestar de las empresas no suele ponerse el foco en las condiciones laborales. Por eso, no es raro que no terminen de funcionar del todo bien, si bien es cierto que las pruebas de éxito de dichos programas son algo ambiguas. En primer lugar, porque solo un mínimo porcentaje de todas estas intervenciones se llega a evaluar. En segundo lugar, porque la participación del empleado es un factor importante. Por ejemplo, la cadena de supermercados H-E-B descubrió que las reclamaciones médicas anuales al seguro se redujeron en 1500 dólares en el caso de los trabajadores que participaron en el programa de bienestar laboral[64]. Pero un estudio de RAND concluyó que los índices de participación de los empleados no solían ser demasiado altos, concretamente participa menos de la mitad de la plantilla de las empresas que ofrecen estos programas. Según una encuesta realizada por Gallup, «de las empresas que ofrecen programas de bienestar, solo participa activamente un 24 % de la plantilla»[65]. Hasta en la Universidad de Stanford el porcentaje de empleados que no se acoge a sus programas de bienestar es considerable (más del 35 %), y eso que son programas de larga trayectoria, exhaustivos, bien administrados y que apoya la dirección.

Un metaanálisis de treinta y dos estudios demostró que «por cada dólar invertido en programas de bienestar se ahorran unos 3.27 dólares en costes médicos, y 2.73 dólares en bajas»[66]. Sin embargo, otro análisis más reciente y completo concluyó que «el retorno de la inversión de los programas de bienestar [...] es inferior al ahorro directo de costes»[67]. Y, según un estudio del programa de bienestar de PepsiCo, Healthy Living (Vida Sana), «la participación continua durante siete años en uno o ambos componentes [del programa] permitía reducir los costes sanitarios en una media de 30 dólares al mes por miembro». Los costes más bajos correspondían al componente de gestión de enfermedades, mientras que el componente de cambio de estilo de vida no surtió efecto alguno[68]. El informe de RAND mostró que los programas de bienestar influyeron en cierto modo en decisiones de estilo de vida, como la dieta y el ejercicio, pero un análisis realizado a más de 360 000 empleados de cinco empresas destacó que la diferencia del coste sanitario entre las personas que participaron en los programas frente a las que no, era de tan solo 157 dólares anuales, una cantidad insignificante y poco trascendental desde el punto de vista estadístico[69]. No cabe esperar que las personas adopten hábitos de vida saludables si después su entorno laboral refuerza o incluso les aboca a hábitos perjudiciales.

Aparte de debatir sobre la eficacia de estos programas de bienestar de las empresas, resulta bastante instructivo reflexionar sobre los criterios que más se utilizan para evaluarlos. Los análisis se enfocan casi exclusivamente en los costes sanitarios. Obviamente, los costes son importantes, pero tal vez, en la valoración de los programas de bienestar habría que tener en cuenta también el bienestar del empleado, su estado de salud físico y mental, e incluso la mortalidad y la morbilidad. El estado de salud y los costes no guardan una correlación perfecta. Al fin y al cabo, si fallece una persona, desaparecen los costes sanitarios. No debería priorizarse el coste económico sobre el bienestar humano tan a la ligera como se da el caso ahora y, desde luego, los costes no deberían ser el único criterio para determinar si un programa de bienestar es efectivo o no.

4. DECISIONES DEL EMPRESARIO Y RESULTADOS DEL SISTEMA SANITARIO

El debate sobre la salud y los costes sanitarios suele comenzar, por lo que he podido comprobar, por las decisiones personales. Un análisis estimaba que, de los 2.4 millones de muertes anuales en Estados Unidos, más de 1 millón tenían que ver con malos hábitos alimenticios, de ejercicio y de consumo de sustancias[70].

Además de las decisiones personales, gran parte del debate sobre políticas públicas e investigaciones empíricas se centran en otras dos posibles causas de la ineficacia del sistema sanitario estadounidense. Y por «ineficacia» me refiero al gran gasto en que se incurre en este ámbito sin que ello se traduzca en una mejora de la salud. Siendo claros, los resultados del sistema sanitario de Estados Unidos no son satisfactorios pese a ser una potencia líder en innovación de fármacos y dispositivos médicos, y a pesar de la enorme inversión que se hace en tecnología e infraestructuras sanitarias. Según la OCDE, Estados Unidos gasta en sanidad 7662 dólares por persona (ajustado por paridad del poder adquisitivo), una cifra 2.6 veces superior a la media de la OCDE y la más alta de todo el mundo. Estados Unidos dedica el 16.9 % de su PIB a la sanidad, 1.8 veces más que la media de la OCDE y, también, en mayor proporción que el resto del mundo. Sin embargo, Estados Unidos ocupa el puesto 27 en esperanza de vida al nacer, el 53 en defunciones por cada 1 000 nacidos vivos –una medida de mortalidad infantil– y el número 23 en esperanza de vida para hombres mayores de 65 años[71].

Para reducir los costes sanitarios y mejorar el rendimiento del sistema se ha puesto el foco, por un lado, en las decisiones de nivel macroeconómico, como la forma de organizar y financiar el sistema sanitario, así como la carga administrativa que de ello se deriva[72]. Dado que en Estados Unidos la administración de gran parte de los reembolsos por la asistencia médica se ha dejado en manos de las compañías aseguradoras, todo apunta a que el país afronta un gasto administrativo general especialmente alto de aproximadamente el 30 %. Dicho gasto es el resultado casi inevitable de que los servicios médicos tengan que lidiar con multitud de compañías aseguradoras, y de que estas a su vez operen con numerosos proveedores. Otro de los focos de gran escala es determinar lo que un seguro debería o no debería cubrir (por ejemplo, las enfermedades preexistentes, el control de la natalidad y las terapias de medicina alternativa). Otro factor macroeconómico es el pago de los costes sanitarios que se derivarán del envejecimiento de la población, algo a lo que se enfrenta la mayoría de países industrializados, y, en concreto, en qué proporción deberán repartirse esos gastos entre el individuo y la sociedad.

Un segundo foco de atención para determinar el rendimiento de un sistema sanitario es la dinámica administrativa interna de las organizaciones que proveen los propios servicios médicos, incluyendo los mecanismos que aseguren que los incentivos de proveedores funcionan y garanticen así que el servicio resulte rentable. Por ejemplo, hay estudios sobre la eficacia del pago de incentivos y también análisis de las prácticas que motivan el aprendizaje y la mejora continua en las organizaciones sanitarias[73].

Todos estos factores son muy importantes y, por supuesto, hay que tenerlos en cuenta. Pero no sería prudente pasar por alto las consecuencias de las condiciones laborales que imponen las empresas. Las medidas que el empresario toma a diario pueden generar un entorno saludable o nocivo, y son una pieza crucial, aunque desapercibida, de cara al bienestar y salud humanos, y en los costes sanitarios.

Pensemos, por ejemplo, en los efectos que tienen las decisiones relativas a los salarios. Aunque en parte están determinados por las condiciones del mercado laboral, hay empresas que pagan más y otras menos dentro de un mismo sector, y un buen ejemplo de ello son Costco y Walmart. Y está claro: el salario influye en la salud. Un estudio de más de setenta mil personas realizado con los datos del Panel Study of Income Dynamics (Estudio de Panel de la Dinámica de Ingresos) reveló una correlación negativa y estadísticamente significativa entre los salarios y la incidencia de hipertensión autopercibida (y basada en un diagnóstico médico). Los datos demuestran que, cuanto mayores eran los salarios, menor era la probabilidad de padecer hipertensión. Estos resultados eran mayores en el caso de mujeres y de jóvenes trabajadores, de entre veinticinco y cuarenta y cuatro años. Se trataba de un estudio prospectivo y longitudinal, de modo que los salarios recabados en una fase más temprana del estudio se utilizaban para predecir posibles casos de hipertensión, ayudando así a establecer la dirección de la relación causal. Las pruebas demostraron que la duplicación del salario se correspondía con una disminución del 25 al 30 % en el riesgo de hipertensión[74]. Muchas otras decisiones que toman las empresas que atañen a las jornadas laborales y a la dificultad de conciliar también afectan a la salud, como ya veremos a lo largo del libro.

El mensaje que quiero transmitir es simple: las empresas tienen elección. Pueden tomar medidas que contribuyan a mejorar el bienestar de sus empleados y reducir así los costes derivados del seguro médico, de las bajas, del seguro de compensación al trabajador y de la pérdida de productividad que supone tener trabajadores que, aunque acudan físicamente, no «están» al 100 % (un problema que en la literatura investigadora se denomina *presentismo*). Estas medidas por parte de las empresas también reducirían los costes que la mala salud, física y mental, suponen para la sociedad y, por supuesto, reduciría también el daño que sufre el individuo a nivel particular. En pocas palabras, las decisiones de las empresas pueden mejorar la vida de las personas en aspectos sumamente importantes, o bien, ya sea intencionadamente o por ignorancia o descuido, crear un entorno laboral que literalmente haga enfermar y mate a las personas.

Si queremos construir una sociedad más sana, desarrollar políticas que promuevan la sostenibilidad social y entornos laborales saludables, y reducir gastos innecesarios en sanidad, así como el índice de enfermedades y muertes, deberíamos incidir en los aspectos de las condiciones laborales que pueden mejorar la salud de las personas y la sostenibilidad social de la organización.

LOS ENTORNOS LABORALES TÓXICOS PASAN FACTURA

CAPÍTULO 2

Tu lugar de trabajo puede perjudicar tu salud, incluso aunque este sea la mismísima clínica del médico de cabecera. Una antigua empleada describía el precio que tanto ella como otros compañeros pagaban por el exceso de trabajo y por estar bajo el mando de un consejero delegado que «perdía los papeles si algo no salía bien»:

> «Lo comentaba el otro día con una de nuestras vicepresidentes. Le estaba saliendo herpes por el estrés [...]. El verano pasado tuve un ataque de pánico, y eso es algo que nunca me había pasado. Llegué a un punto en que era tan infeliz que rompía a llorar todos los días. Odiaba mi trabajo [...]. Solo como gerente de oficina, cargaba con una cantidad de trabajo que debería de haber sido para dos personas o más».

Durante mi investigación me he topado con multitud de historias y anécdotas, así como artículos y datos sobre el estrés laboral y sus consecuencias. Lo difícil es dar con aquellos datos y análisis que permitan estimar, con una precisión razonable, cuál es el coste económico y humano de las malas prácticas en las empresas. De esto tratará este capítulo.

Durante casi una década, he creído que un mal entorno laboral perjudica la salud física y mental, y a un alto precio tanto a nivel económico como humano. Además, son las medidas de la Dirección las que generan entornos laborales tóxicos y las que podrían enmendarlos (pero raramente se da el caso). Pero si la gente, literalmente, muere por trabajar, si las malas condiciones laborales salen tan caras, creo que deberíamos despejar al menos cuatro incógnitas que podrían ayudarnos a definir el alcance del problema.

- ¿Cuán perjudiciales, cuán nocivos, son el conjunto de factores identificables y razonablemente comunes de los entornos laborales contemporáneos?
- ¿Cuál es el precio total (en vidas humanas y en dinero) que se cobran estos entornos en Estados Unidos?
- ¿Hasta qué punto las diferencias en la exposición a entornos laborales nocivos explican las crecientes desigualdades que se están dando en materia de salud, como por ejemplo en cuanto a la esperanza de vida?
- Y, lo que es más importante, ¿cuántos de esos costes económicos y humanos podrían evitarse, a pesar de que la competitividad económica y los cambios tecnológicos hagan que parezca imposible crear entornos laborales libres de estrés?

Dar respuestas a estas preguntas requería una capacidad de análisis y modelización que superaba mis capacidades. Fui muy afortunado de poder contar con la ayuda de Joel Goh –por aquel entonces estudiante de doctorado en la Stanford Graduate School of Business, y ahora profesor en la Universidad Nacional de Singapur– y Stefanos Zenios, catedrático en nuestro grupo de operaciones y tecnologías de la información, para hallar la respuesta a estas cuatro preguntas. En este capítulo expondré todo lo que aprendimos y destacaré el trabajo de otros investigadores y países que también arroja algo de luz sobre este tema, y sobre otras dimensiones del coste que supone trabajar en malas condiciones. Para quienes no les interesen demasiado los detalles, como qué tipo de entornos son los más perjudiciales o qué método seguimos para extraer nuestras conclusiones, a continuación, encontrarán nuestras mejores estimaciones a las preguntas que he planteado antes:

- Los diez factores de exposición laboral que hemos identificado y estudiado son, sin excepción, tan perjudiciales para la salud –incluso mortales y causantes de enfermedades– como el tabaquismo pasivo, un carcinógeno reconocido y regulado.

- En total, los entornos laborales en Estados Unidos pueden ser responsables de 120 000 muertes en exceso al año –lo que situaría al trabajo como la quinta causa de muerte– y costar unos 180 000 millones de dólares en gastos sanitarios, lo que equivale aproximadamente al 8 % del gasto total en sanidad.
- Las diferencias en la exposición a entornos laborales nocivos afectan a las personas fundamentalmente según su nivel educativo (y la diferencia es mínima en cuanto a raza o sexo), y es responsable de entre un 10 y un 28 % de la (creciente) desigualdad en la esperanza de vida.
- Al comparar Estados Unidos con otros veintisiete países de Europa, estimamos que se podrían evitar alrededor de 60 000 muertes (es decir, la mitad), y se podrían ahorrar unos 63 000 millones de dólares (es decir, recortar un tercio del coste extra que suponen).

Hay otro estudio que también subraya sus enormes costes a nivel económico y humano. Un enfoque empírico se centra en el porcentaje de enfermedades concretas que pueden atribuirse a las condiciones laborales –la denominada Fracción Atribuible (FA). Con ese método, un investigador de la Universidad de California en Davis (UC Davis) estimó que en 2007 se produjeron 5 600 lesiones y 53 000 enfermedades –ambas fatales– atribuibles a las condiciones laborales, con un coste «por lo menos tan elevado como el del cáncer»[1]. Otro estudio en el que se empleó la misma metodología y se analizaron datos de 1997, estimaba 49 000 muertes, lo que situaría a la muerte ocupacional como la octava causa de muerte en Estados Unidos[2].

En Australia, el estrés laboral le cuesta a su economía unos 14 800 millones de dólares al año, según una estimación, y la presión laboral, el acoso y el *bullying*, constituyen aproximadamente el 75 % de los partes por lesiones psicológicas[3]. Además, la Sociedad Australiana de Psicología reveló que, según una encuesta sobre estrés y bienestar, se estaba produciendo un deterioro en la salud y bienestar psicológicos»[4], un patrón detectado también en Estados Unidos. Una encuesta diseñada para medir la pérdida de productividad relacionada con la salud mostró que en Estados Unidos se pierden «aproximadamente 260 000 millones de dólares de producción [...] por este motivo»[5].

Un estudio publicado en un periódico chino en 2006 estimaba que «al año fallecían al menos un millón de ciudadanos de China por culpa del exceso de trabajo». Un informe de la Academia de Ciencias y Tecnología de Shanghái establecía que «hasta el 70 % de los intelectuales de China [la mayoría, profesores de universidad] corrían, en mayor o menor medida, el riesgo de muerte prematura por agotamiento»[6]. Y un análisis realizado con la metodología de evaluación de riesgos comparativa de la Organización Mundial de la Salud con el fin calcular la carga de los riesgos laborales, estimó que se produjeron 850 000 muertes en todo el mundo y que se perdían unos 24 millones de años de vida sana[7]. La Agencia Europea para la Seguridad y la Salud en el Trabajo calculaba que el estrés era responsable del 60 % de las jornadas laborales perdidas[8]. Todas estas estimaciones ponen de manifiesto el abrumador coste humano y económico que supone someter al empleado a malas condiciones laborales.

1. OTRAS CAUSAS QUE AFECTAN A LA SALUD DE LAS PERSONAS

Cabría preguntarse qué otros factores podrían estar detrás de los costes médicos y de la mortalidad. Aunque el entorno laboral es importante en la vida de las personas, obviamente, no es el único marco, ni la única causa de sus problemas de salud. La familia, por ejemplo, también influye considerablemente en este aspecto. Según apuntaba uno de los primeros análisis, «la familia es quizá el contexto social más importante en el que se producen y sanan las enfermedades. Por consiguiente, es una especie de unidad básica de atención y cuidados médicos»[9].

Una gran (y creciente) cantidad de investigaciones también demuestra la importancia que tiene para la salud y bienestar de las personas la comunidad en la que viven. Un estudio realizado en Hamilton, Ontario (Canadá), descubrió que la composición socioeconómica de los barrios influía en el estado de salud y en la fuerza de la relación entre el tabaco y la salud[10]. Otro análisis de datos sobre Chicago examinaba el papel que jugaban en la salud la inestabilidad, la concentración de inmigrantes y el estatus socioeconómico[11]. Las comunidades influyen en la salud por sus recursos sociales y materiales, como la disponibilidad de recursos sanitarios, pues estos varían de una comunidad a otra.

La red de contactos y las relaciones interpersonales también afectan a nuestra salud por diversas causas, como por ejemplo por la forma en que nuestra conexión con los demás influye en nuestro propio comportamiento. Dejen que lo ilustremos con los siguientes ejemplos. Un estudio concluyó que el sobrepeso prolifera entre las personas en un proceso de contagio social. Las probabilidades de que una persona sea obesa aumentarían en un 57 % si alguno de los amigos de dicha persona se volviera obeso en un momento determinado[12]. Un análisis de los estudios sobre la influencia social en el consumo de alcohol describía tres mecanismos que permitían explicar la influencia de los grupos de iguales en el consumo de bebida: recibir alcohol de esos iguales, imitar sus hábitos de consumo y tomar su comportamiento como referencia para determinar la norma o la expectativa social de lo que se considera un consumo adecuado[13]. Los estudios sobre el consumo de drogas concluyen de manera consistente que «el entorno social juega un papel crítico a la hora de determinar la probabilidad de que un individuo consuma drogas o desarrolle trastornos relacionados»[14]. Los iguales influyen en las personas en muchos sentidos, también en los comportamientos que afectan a la salud.

Este poder de influencia de los demás es una de las razones por las que los programas de desintoxicación a menudo proporcionan mentores y apoyo social con el fin de modificar la conducta del paciente. Además, estos programas normalmente incluyen medidas encaminadas a cambiar su círculo de contactos para que corte la relación con las personas que pueden ser una mala influencia. Por otro lado, las relaciones sociales también implican amistad y apoyo emocional, alguien con quien hablar, lo que palía los efectos nocivos del estrés.

Existen otros factores que influyen en la salud y la longevidad. Por ejemplo, la genética y también casualidades como tener un accidente o comprar un coche sin saber que está averiado. Como apuntaba un artículo médico, «los genes afectan prácticamente a cada característica y enfermedad del ser humano»[15].

Por tanto, ni todas las enfermedades o problemas de salud están ligados a las acciones de la persona, ni todas las enfermedades o muertes son el resultado de lo que sucede en el lugar de trabajo. Sin embargo, el ámbito laboral sí repercute de manera significativa en la salud.

2. CALCULAR LOS EFECTOS QUE LA EXPOSICIÓN LABORAL TIENE EN LA SALUD

El trabajo es donde las personas pasan parte su tiempo, ganan dinero y alcanzan estatus social y prestigio. En Estados Unidos, el trabajador depende del empleo para tener seguro médico –al menos antes de que se aprobara la Ley de Protección al Paciente y Cuidado de Salud Asequible («Ley de Salud Asequible» u «Obamacare») y, en cierta medida, incluso tiempo después de que dicha ley fuera aprobada–. El entorno laboral puede ser estresante o no. Las exhaustivas investigaciones que se han ido publicando durante estos años demuestran sistemáticamente el efecto negativo que el estrés tiene en la salud[16] e incluso algunas de las vías por las que se materializa, por ejemplo, induciendo al individuo a tomar decisiones poco saludables[17].

Cualquier medida laboral que aumente el nivel de estrés en el trabajo afecta al bienestar del empleado e incrementa el gasto sanitario, mientras que las medidas que mitiguen el estrés, o bien ayuden a combatirlo, mejoran el bienestar y, en consecuencia, reducen el gasto sanitario. Y, dado que la salud y la longevidad están directamente relacionadas con la posibilidad de acceder a la atención sanitaria, las medidas laborales, como proporcionar un seguro médico o encarecer el acceso a la atención médica a través del seguro, también repercuten tanto en el bienestar físico y psicológico de las personas como en su seguridad económica.

Calcular los efectos de las condiciones laborales en la salud, así como los costes asociados, debería resultar fácil, pero no lo es porque los datos longitudinales no aportan mediciones sobre el entorno laboral ni sobre el estado de salud. Por eso, Goh, Zenios y yo tuvimos que aplicar métodos de estimación indirecta y datos de diversas fuentes en un modelo que nos permitiera calcular los costes físicos y económicos de las malas prácticas administrativas. Si al lector le interesa conocer los métodos y los análisis de sensibilidad que empleamos para asegurarnos de obtener cifras fehacientes, puede consultar los detalles técnicos en los artículos que hemos publicado y que han sido revisados por expertos[18].

Seguimos un proceso analítico directo y lógico. Primero, evaluamos la prevalencia de las prácticas de la empresa y de las condiciones laborales («exposición laboral» o «factores de riesgo») que, de forma razonable, pudieran afectar a la salud del empleado, positiva o negativamente. Utilizamos datos de varias rondas de la General Social Survey (Encuesta Social General), una muestra nacional aleatoria que mide las actitudes y estados que la gente experimenta en sus vidas, para calcular en qué grado ha estado expuesta la población a diversas condiciones laborales.

Después realizamos un metaanálisis –un procedimiento para combinar los resultados de múltiples estudios– para calcular en qué medida aumentaban la mortalidad y la morbilidad por la exposición laboral, en comparación con los valores que cabría esperar en personas no expuestas a estas circunstancias[19]. Por último, calculamos el coste de estos efectos nocivos utilizando datos nacionales sobre los costes médicos que se asumen según diferentes estados de salud. Durante todo este proceso aplicamos una variedad de técnicas a fin de evitar contabilizar por partida doble los efectos de los diversos factores de riesgo o, lo que es lo mismo, para evitar la multiplicidad en los resultados.

Tras nuestra consulta de la documentación epidemiológica, hemos extraído los diez factores de riesgo principales que tienen que ver con las decisiones del empleador y que afectan a la salud y la longevidad:

1. Estar desempleado (que suele ser consecuencia, aunque no siempre, de un despido).

2. Carecer de seguro médico, sobre todo en países como Estados Unidos.

3. Trabajar por turnos (en lugar de tener un horario fijo) o en jornadas laborales más largas, como de diez o doce horas, en lugar de la normal de ocho horas.
4. Trabajar muchas horas durante la semana (por ejemplo, más de cuarenta horas).
5. Sentir inseguridad en el trabajo (al ver que, por ejemplo, han ido despidiendo a compañeros).
6. Tener dificultades para conciliar la vida laboral y familiar.
7. Tener relativamente poco control sobre el propio trabajo o el entorno, por ejemplo, al tener poca libertad o poca capacidad de decisión.
8. Trabajar en entornos muy exigentes. Por ejemplo, la presión de tener que trabajar muy deprisa.
9. Carecer de apoyo social en el trabajo (por ejemplo, al no estrechar lazos con los compañeros, cuyo apoyo mitigaría en parte los efectos del estrés).
10. Tener que acatar decisiones injustas con relación al trabajo o al puesto.

Para la mayoría de estas mediciones, hemos utilizado datos de varias de las rondas de la Encuesta Social General más recientes para calcular con cuánta frecuencia se daban estas condiciones en las empresas de Estados Unidos.

Después, en la base de datos *online* de MEDLINE, buscamos artículos cuyos términos se correspondieran con estas condiciones laborales y estados de salud. Durante nuestra investigación inicial encontramos casi 3000 artículos, una cantidad ingente que indica que a) existe mucha bibliografía epidemiológica que relaciona los factores del entorno laboral con la salud, y b) que esas dimensiones del entorno laboral que tomamos como referencia eran un buen punto de partida para estudiar la repercusión de las condiciones laborales en la salud. Para que la labor de metaanálisis no resultara inabarcable, solo analizamos artículos que abordaran muestras relativamente grandes (de más de mil personas) y que expusieran los métodos estadísticos más avanzados y adecuados.

Finalmente, incorporamos los resultados de más de doscientos estudios en nuestro metaanálisis. A raíz de estos estudios hemos calculado la magnitud de los efectos que los diversos factores de riesgo tienen en la salud, los cuales, por supuesto, difieren en cuanto a la gravedad que sus consecuencias tienen para el bienestar de las personas.

Ya existían muchos análisis y metaanálisis de cómo repercuten las condiciones laborales en la salud, pero la mayoría de ellos se centraban solo en un único factor de estrés laboral como, por ejemplo, la inseguridad laboral[20], la duración de la jornada[21], la falta de apoyo social[22], o la presión psicológica y la capacidad de decisión[23]. Lo que nuestras estimaciones aportan a los estudios existentes son resultados basados en hallazgos empíricos más recientes y que, empleando métodos y criterios comunes, investigan los efectos de diez dimensiones laborales en cuatro tipos de resultados en salud.

Estos cuatro resultados en salud en los que hemos reparado son: la mortalidad, la presencia de una enfermedad diagnosticada por un médico, la salud mental autopercibida y la salud física autopercibida. En los artículos científicos, los problemas de salud (y mortalidad) suelen identificarse como presentes o ausentes, una convención que hemos mantenido.

Cabe destacar que la salud física autopercibida, ya sea medida a través de un único ítem o a escala, ha demostrado ser un sólido factor de predicción de posterior mortalidad y morbilidad, incluso tras el ajuste estadístico de otros factores relevantes para la salud[24]. Además, esta propiedad predictiva de la salud autopercibida para pronosticar posteriores enfermedades o la muerte trasciende a etnias y edades, de modo que el valor que tiene esta dimensión como medidor está, aparentemente, bastante generalizado[25].

3. MUCHAS CONDICIONES LABORALES SON TAN NOCIVAS COMO EL TABAQUISMO PASIVO

En los artículos médicos, los efectos en la salud se suelen indicar en *odds ratio* (o razón de probabilidades), indicador que hemos mantenido en nuestro metaanálisis. Por ejemplo, un *odds ratio* de 2 significa que una persona que haya estado expuesta a un factor de estrés laboral concreto tendrá el doble de probabilidades de experimentar alguno de los resultados en salud (como la mortalidad o alguna enfermedad) en comparación con otra persona que no haya estado expuesta a dicho factor[26]. A los no científicos les suele costar interpretar los *odds ratio* (es decir, interpretar cuán importante es el efecto). Así que, para dar algo más de contexto que permita determinar la relevancia práctica de los resultados de nuestros análisis (que resumen los efectos de los factores del estrés laboral en la salud) hemos comparado nuestros tamaños de efecto con el del tabaquismo pasivo. La exposición al humo de otros fumadores es un reconocido carcinógeno ambiental. Es más, al estar reconocido como tal, en Estados Unidos y España –y en la mayoría de países– se han aplicado políticas encaminadas a reducirlo. Por eso se ha prohibido fumar en transportes públicos, como aviones, trenes o autobuses, y en muchos otros lugares públicos como oficinas, restaurantes, teatros, etc.

En el siguiente Cuadro 1, figuran los *odds ratio* de nuestro metaanálisis. Representan los efectos que los factores de exposición laboral tienen en cada uno de los cuatro resultados en salud, (datos publicados en una revista científica[27]), y se comparan con el tamaño del efecto que el tabaquismo pasivo tiene en esos mismos resultados en salud, según investigaciones médicas. La conclusión ineludible: la mayoría de factores de riesgo perjudican la salud de forma comparable o incluso en mayor medida que respirar el humo de los fumadores. Estos resultados sugieren que la exposición laboral, en su conjunto, representa un riesgo significativo para la salud de los empleados.

Los *odds ratios* mayores que 1 indican que los factores de riesgo enumerados aumentan las probabilidades de que se produzcan esos resultados nocivos. Carecer de seguro médico, por ejemplo, aumentaba las probabilidades de contraer alguna enfermedad diagnosticada en más del 100 %. Los *odds ratios* marcados con una «a» indican que se calcularon a partir de dos o menos estudios, por lo que quizá son menos fiables. Se incluyen barras de error para indicar los errores estándar y muestran la desviación que existe entre los datos de cada grupo. Si dos barras de error están separadas en al menos la mitad de la anchura de las barras, significa que hay una probabilidad de menos del 5 % de que una diferencia observada se deba al azar (es decir, una significación estadística de $p < .05$).

Cuadro 2.1 Comparación de los efectos de los factores de estrés laboral en la salud con los del tabaquismo pasivo

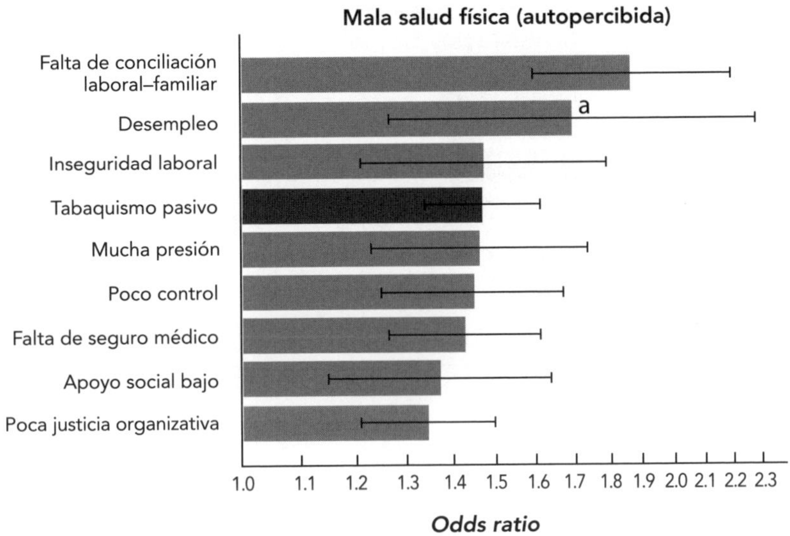

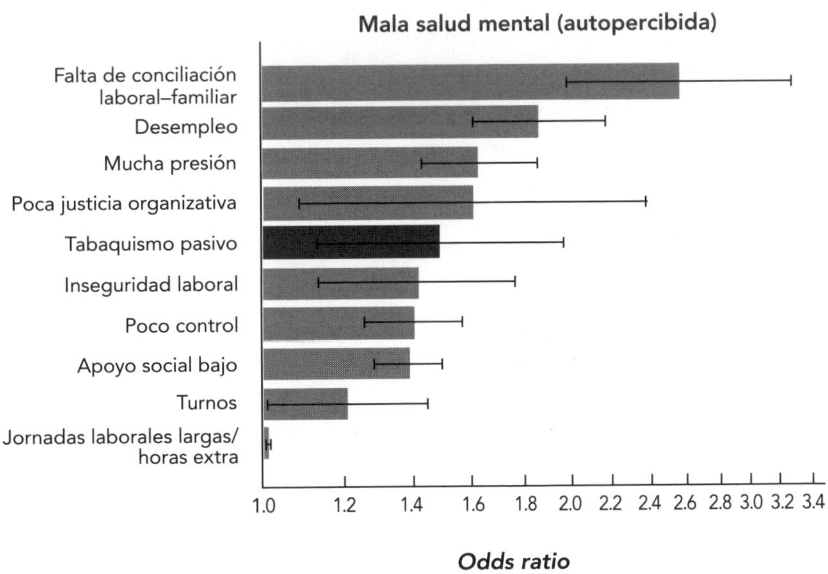

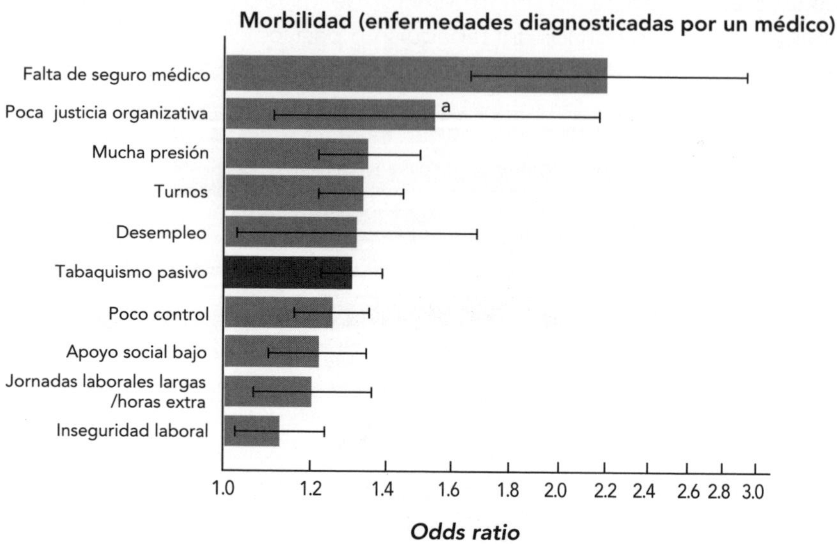
Morbilidad (enfermedades diagnosticadas por un médico)
Falta de seguro médico
Poca justicia organizativa
a
Mucha presión
Turnos
Desempleo
Tabaquismo pasivo
Poco control
Apoyo social bajo
Jornadas laborales largas /horas extra
Inseguridad laboral
1.0 1.2 1.4 1.6 1.8 2.0 2.2 2.4 2.6 2.8 3.0
Odds ratio

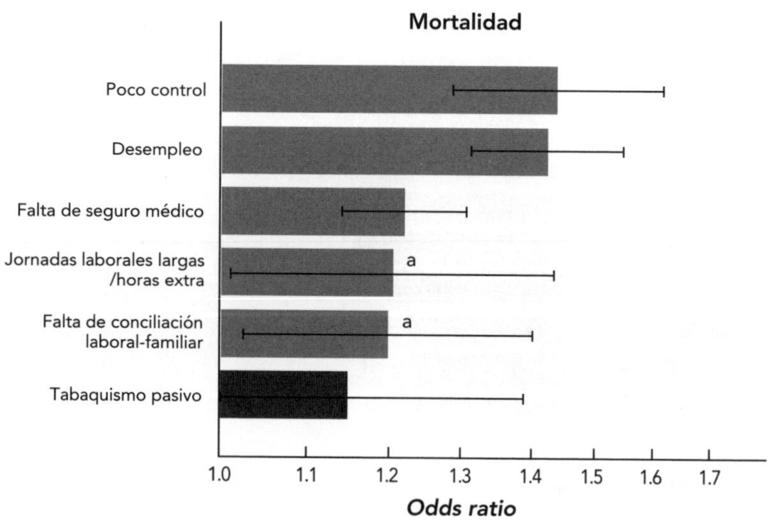
Mortalidad
Poco control
Desempleo
Falta de seguro médico
Jornadas laborales largas /horas extra
a
Falta de conciliación laboral-familiar
a
Tabaquismo pasivo
1.0 1.1 1.2 1.3 1.4 1.5 1.6 1.7
Odds ratio

4. EFECTOS AGREGADOS DE LA EXPOSICIÓN LABORAL EN LA MORTALIDAD

Un efecto adverso derivado de un factor de riesgo que se produzca con poca frecuencia no moviliza la acción a nivel político ni empresarial. Los resultados en salud están determinados según la medida en que la exposición deriva en consecuencias adversas para la salud y también según la prevalencia de dicho factor de riesgo. La siguiente tarea que debíamos abordar era estimar los efectos en salud agregados de los diez factores de riesgo en dos parámetros de gran interés: la mortalidad y el gasto sanitario. Comenzaré por exponer los resultados del análisis de mortalidad.

Goh, Zenios y yo utilizamos un modelo diseñado para reducir la probabilidad de doble contabilización. Con él, calculamos que el número total de muertes en exceso que se producían al año a causa de los diez factores de riesgo era de 120 000 personas. Por ponerlo en perspectiva, esto quiere decir que un entorno laboral nocivo y estresante causa más muertes que la diabetes, el alzhéimer, la gripe o la enfermedad renal, y casi tantas muertes como las que se registraron en 2010 por accidentes y derrames. Los datos de muertes no naturales fueron extraídos del Centers for Disease Control[28].

También estimamos la contribución marginal de cada factor de riesgo en la mortalidad, cuyos resultados expongo en el Cuadro 2.2. Cabe señalar que, por varios motivos estadísticos, los números de la tabla no dan el total estimado.

Cuadro 2.2 Exposición laboral y exceso de mortalidad

Condiciones de trabajo	Exceso de muertes al año
Desempleo	35 000
Falta de seguro	50 000
Turnos rotativos	13 000
Jornadas laborales largas	0

Condiciones de trabajo	Exceso de muertes al año
Inseguridad laboral	29 000
Falta de conciliación laboral-familiar	0
Poco control	17 000
Apoyo social bajo	3000
Poca justicia	–
Mucha presión	8000

La falta de un seguro médico es la condición laboral que más exceso de muertes produce, seguida del desempleo y la inseguridad laboral. Al trabajo por turnos rotativos se le atribuyen trece mil muertes extra. La falta de control o la nula capacidad de decisión en el trabajo también contribuye de forma considerable al exceso de mortalidad, causando unas diecisiete mil muertes extra al año. Estudios anteriores han identificado el control sobre el trabajo como un importante factor que predice la incidencia de enfermedades cardiovasculares y la mortalidad[29]. Nuestra investigación coincide con ese resultado y respalda a otros estudios anteriormente publicados que demuestran que la falta de seguro médico repercute en la mortalidad[30]. Como mostraremos a continuación, algunos factores que sí aumentan el gasto sanitario no aumentan la mortalidad según nuestros datos. Hacen enfermar a las personas, pero no con un resultado fatal.

Cabe destacar que los aspectos psicosociales del trabajo, tales como la inseguridad, el bajo apoyo social y la falta de control sobre las condiciones del propio trabajo tienen efectos significativos en el exceso de mortalidad.

¿Son razonables estos cálculos?

El dato de 120 000 muertes al año sitúa a las prácticas de gestión laboral en el quinto puesto entre las causas de muerte en Estados Unidos. ¿Tan determinante es el lugar de trabajo para el bienestar y la salud del ser humano? A continuación, y sin pormenorizar en exceso en la cuestión, expondré algunos motivos por los que creo que esta estimación es incluso conservadora en su valoración del coste que el trabajo tiene en términos de mortalidad.

Implicaciones de un estudio sobre los efectos de las decisiones personales en la salud

Hace unos diez años, Ralph Keeney, de la Escuela de Negocios Fuqua, de la Universidad de Duke, argumentaba en un artículo (basándose en un modelo matemático y datos existentes) que, de los 2.4 millones de muertes registradas en el año 2000, 1 millón se debían a decisiones personales. También demostró que el 55 % de las muertes en edades comprendidas entre 15 y 64 años se produjeron asimismo por decisiones personales[31]. La conclusión a la que llegó es que las decisiones personales que influyen en hábitos como fumar, comer (obesidad), no hacer ejercicio y consumir alcohol en exceso son una causa significativa de muerte.

Keeney argumentaba que se podría reducir el índice de mortalidad en Estados Unidos cambiando estas decisiones personales que repercuten en nuestra salud. La conclusión de Keeney no difiere de la premisa que subyace a los muchos esfuerzos que las organizaciones hacen por mejorar la salud: intentar modificar las decisiones y hábitos individuales puede repercutir en la salud de la población y reducir el gasto sanitario. Pero lo que tanto Keeney y esas iniciativas prosalud pasan por alto es, según demuestran constantemente los estudios, que hay una relación entre el estrés (incluido el estrés laboral) y los hábitos poco saludables como comer en exceso[32]. Otro estudio empírico demuestra que el estrés induce a comportamientos como el consumo de alcohol[33], de tabaco[34] o la adicción a las drogas[35]. Este es precisamente el tipo de decisiones personales a los que Keeney se refería en su análisis al vincularlas con la mortalidad.

No hay razón para creer que el estrés laboral induciría a comportamientos nocivos diferentes a los que desencadenaría cualquier otro tipo de estrés. Como ya ilustraré con diversos ejemplos a lo largo de este libro, las personas reaccionan ante el estrés automedicándose o bebiendo para aliviar el dolor psicológico que les inflige su entorno laboral. O bien compensan su fatiga psicológica comiendo en exceso. El análisis de Keeney sugiere que las decisiones personales están detrás de un exceso un millón de muertes. Sabemos que el estrés induce a tomar decisiones perjudiciales como comer demasiado, no hacer ejercicio, consumir drogas, beber y fumar. También sabemos que el trabajo es la causa de estrés más importante, cuando no la que más. Por consiguiente, atribuir al estrés laboral alrededor del 12 % del saldo total que las decisiones personales se cobran en términos de mortalidad parece bastante razonable, por no decir moderado.

Mecanismos psicológicos que vinculan el estrés a la salud

No nos limitamos a observar una relación empírica entre la presencia de estrés y los resultados en salud. Con el tiempo, hemos averiguado con mayor precisión cuán dañino es el estrés y las formas en que desencadena reacciones psicológicas perjudiciales. Cada vez más investigaciones demuestran la influencia del estrés en las enfermedades. Por ejemplo, «en los hombres, la exposición prolongada al estrés laboral se ha relacionado con un aumento de la probabilidad de contraer cáncer de pulmón, de colon, rectal y de estómago, y linfoma no Hodgkin»[36]. Además, cada vez se van conociendo mejor los mecanismos que vinculan al estrés con la enfermedad.

Nuestros antepasados primitivos vivían en un mundo lleno de amenazas. Ante cualquier peligro físico, quienes podían o bien contraatacar o bien huir, tenían ventaja para sobrevivir. Se trataba de un recurso adaptativo. Ante un factor de estrés (la amenaza), el ritmo cardíaco acelera para distribuir con mayor eficiencia la sangre y el oxígeno por todo el cuerpo hasta los músculos, para así poder escapar o defenderse, y se agudizan los sentidos y la atención para percibir mejor el entorno y así reaccionar con mayor rapidez ante la amenaza percibida. Sin embargo, lo que en un caso puntual y de corto plazo es una respuesta adaptativa (una reacción metabólica que acelera el pulso) resulta dañino cuando esta reacción (el estrés) se vuelve crónica.

Como apunté en un artículo coescrito con Dana Carney, psicóloga social de Berkeley:

> «Cuando una persona percibe que las circunstancias superan sus [...] recursos, la mente interpreta esta discrepancia y la identifica como una amenaza [...]. Si la respuesta ante el estrés es lo suficientemente fuerte, se elevan los niveles de cortisol [...]. El cortisol es una hormona catabólica (es decir, que actúa como "descomponedor" de células) que induce al estrés crónico, inflamación sistemática, aceleración de la muerte celular y, en general, a una mala salud»[37].

Aunque las pruebas demuestran que los niveles elevados de cortisol son adaptativos en el corto plazo y ante una amenaza inmediata, mantener esos niveles (de cortisol y otras hormonas) elevados de manera constante debido al estrés es muy perjudicial para la salud[38]. Estas secuencias psicológicas que llevan del estrés a una salud frágil explican por qué el estrés laboral nos hace enfermar y, eventualmente, morir.

La importancia del trabajo como fuente de estrés

Además, las pruebas existentes indican sistemáticamente que el trabajo es una importante fuente de estrés y que gran parte (por no decir la mayoría) de factores que causan estrés en el trabajo no hacen sino empeorar. Por ejemplo, la inseguridad económica ha aumentado a medida que los despidos se han hecho más frecuentes, y cada vez son más los trabajos temporales o precarios. Pocas empresas ofrecen seguros médicos como beneficio, y la mayor parte del gasto sanitario se ha transferido al empleado, quien cada vez asume más franquicias y copagos, algo que analizaremos en el capítulo 4. La autonomía y el control sobre el propio trabajo han disminuido al haber crecido la tendencia a la informatización de los procesos y del seguimiento del trabajo. La competitividad global ha intensificado el trabajo, lo que hace que cada vez se trabajen más horas. Lo veremos con más detalle en el capítulo 5, donde analizaré cómo repercute el número de horas que trabajamos en nuestra salud. La conciliación familiar y laboral es cada vez más complicada con la tecnología, que nos mantiene permanentemente conectados a nuestro trabajo, y también con el aumento de las horas de trabajo. Los turnos rotativos y cambios de horario son cada vez más comunes, ya que los establecimientos (como aeropuertos o restaurantes) han ampliado sus horarios de apertura para dar servicio al consumidor en cualquier momento que lo necesite. Cada vez hay menos países que obliguen a los comercios a cerrar los domingos. Por ejemplo, la primera vez que fui a Barcelona en 2006, apenas veía ninguna tienda abierta los domingos. Ahora hay muchas más, una tendencia que se está extendiendo en varios países, ya que se están ampliando los horarios de apertura de establecimientos de todo tipo.

Resumiendo, aunque en algunas empresas se ha intentado mejorar el bienestar y la salud de sus empleados, en general, las propias causas de estrés laboral siguen aumentando en frecuencia e importancia. Por eso es lógico suponer que sus consecuencias en nuestra salud serán grandes y cada vez mayores.

5. MEDIDAS LABORALES Y SU REPERCUSIÓN EN EL GASTO SANITARIO

Como ya comentaba en el capítulo 1, el gasto sanitario aqueja tanto a empresas como a gobiernos, y no solo en Estados Unidos, sino en países de todo el mundo. El afán por poner coto al gasto sanitario nos lleva a esta importante pregunta: ¿Cuánto cuestan solo en costes directos (sin entrar a considerar pérdidas de productividad y demás costes indirectos derivados de esas malas condiciones) esos diez factores de riesgo que hemos identificado?

Como parte de nuestra investigación, Goh, Zenios y yo calculamos en cuánto aumentaba el gasto por el hecho de someter a las personas a unas malas condiciones laborales. Afortunadamente, el Gobierno de Estados Unidos realiza sondeos a la población para averiguar qué percepción tienen de su estado de salud mental y física, y saber si se les ha diagnosticado o no alguna de las principales enfermedades. En el sondeo, Encuesta de Panel de Gastos Médicos – Componente Doméstico, realizada por la Agencia para la Investigación y Calidad Sanitaria, también consultan el total que se ha desembolsado de forma directa por los servicios médicos durante el año, incluyendo gastos extra y lo que han pagado el seguro, Medicaid, Medicare y otros. Estos datos permiten calcular los costes a partir del estado de salud del individuo.

Combinando la información de cómo afectan las condiciones laborales a diversos parámetros del estado de salud, del coste medio que conllevan las enfermedades diagnosticadas y la mala salud autopercibida, y de la prevalencia de las circunstancias del trabajo que deterioran la salud, podemos calcular el coste total que suponen los factores de riesgo, así como el gasto sanitario extra que corresponde a cada uno.

Mis colegas y yo hemos estimado que el estrés laboral aumenta el gasto sanitario en unos 190 000 millones de dólares al año, o aproximadamente entre el 5 y el 8 % del presupuesto sanitario total de Estados Unidos. Por tanto, las condiciones laborales influyen de forma significativa en el gasto sanitario en Estados Unidos.

En el Cuadro 2.3 se expone el gasto sanitario extra que comporta cada condición laboral en concreto.

Cuadro 2.3 Gasto sanitario extra por cada condición laboral

Condición laboral	Gasto extra en sanidad al año
Desempleo	15 000 millones
Falta de seguro	40 000 millones
Turnos rotativos	12 000 millones
Jornadas laborales largas	13 000 millones
Poca justicia	16 000 millones
Inseguridad laboral	16 000 millones
Falta de conciliación laboral-familiar	24 000 millones
Mucha presión	46 000 millones
Poco control sobre el trabajo	11 000 millones
Apoyo social bajo	9 000 millones

Carecer de seguro, la dificultad de conciliar el trabajo con la vida familiar y trabajar bajo presión son las que más disparan los gastos extra en sanidad. Cabe mencionar que no existe una correspondencia completa entre los factores que disparan el gasto extra y los que influyen en el exceso de mortalidad. En parte se debe a que las enfermedades crónicas derivadas de causas como la falta de conciliación o trabajar bajo presión afectan a la salud de un modo más costoso para el sistema, pero no desembocan necesariamente en la muerte. Además, cuando alguien fallece, se acaba el gasto médico correspondiente a esa persona. Por eso, resulta más cara una enfermedad crónica durante un largo período de tiempo que una muerte repentina por un infarto (algo que, según los estudios, suele ocurrir tras un despido).

Los elementos psicosociales del entorno laboral como la justicia, la conciliación, el nivel de presión o la falta de control sobre el propio trabajo incrementan el gasto sanitario extra en mayor medida de los que inciden en la mortalidad. Nuestras estimaciones de costes son en cierto modo bastante bajas por los siguientes motivos: en primer lugar, como ya he mencionado, en nuestro análisis solo consideramos el gasto médico directo que se deriva de uno de los cuatro parámetros de salud –salud física autopercibida, salud mental autopercibida, enfermedad diagnosticada o mortalidad. No incluimos otros costes debidos a problemas de salud generados por la pérdida de horas de trabajo o la disminución de la productividad. Se estima que los costes indirectos que se derivan de aspectos como la falta de implicación, el «presentismo» o no poder rendir al 100 %, o el estar distraído por culpa del estrés son cinco veces mayores a los costes directos, un problema sobre el que volveremos al final del capítulo.

En segundo lugar, y al igual que con los cálculos sobre el aumento de la mortalidad, en nuestro análisis estimamos los costes sanitarios correspondientes exclusivamente a las personas que han sufrido de forma directa varios de los factores de riesgo, sin considerar posibles daños colaterales a familiares y amigos. En los casos de falta de seguro médico, dificultad para conciliar e inseguridad económica, por ejemplo, la probabilidad de que perjudiquen de forma secundaria a otros miembros de la familia es bastante alta. La familia directa puede estar o no incluida en la cobertura del seguro médico. La falta de conciliación no afecta solamente al empleado en cuestión, sino también a sus familiares. Y el estrés que genera la inseguridad económica que acecha ante la amenaza de perder el puesto de trabajo, o por condiciones cambiantes de sueldo y horarios, también afecta al núcleo familiar.

La conclusión sobre el gasto es la misma a la que llegamos con respecto a la mortalidad: las condiciones laborales influyen considerablemente en el gasto sanitario que asumen las empresas y la sociedad. Lo cual sugiere que, si queremos reducir este gasto, convendría empezar a tomar medidas en el ámbito laboral.

6. ¿SE PUEDE PREVENIR?

Cuando nuestros homólogos revisaron nuestro estudio, uno de ellos de forma anónima señaló un aspecto importante: los *odds ratios* de los estudios epidemiológicos y de nuestros análisis comparaban las consecuencias en la salud, así como los costes de condiciones laborales cambiantes, con un mundo contrafáctico totalmente carente de estrés laboral. Un mundo que no existe ni existirá. Al fin y al cabo, las propias empresas están sometidas a la presión de la competitividad y, de alguna manera, esa presión se transmite a su plantilla, ya sea en forma de largas jornadas, dificultad para conciliar la vida laboral con la familiar o por la inseguridad económica que, lógicamente, aflora en economías dinámicas en las que las empresas nacen y mueren, y el empleo fluctúa. Así que procuramos al menos obtener una estimación razonable y realista de en qué medida se podría ahorrar este gasto sanitario en Estados Unidos.

Una forma de resolver esta incógnita era comparar Estados Unidos con economías capitalistas, industrializadas y equiparables que también operen en el mercado global, pero con regímenes regulatorios diferentes y con otra normativa nacional en materia laboral. Con esta comparación hicimos un descubrimiento crucial: a medida que se enriquecen los países, invierten un mayor porcentaje de sus ingresos en sanidad y también obtienen mejores resultados en términos de nivel de salud de la población. Parte de su inversión en salud consiste, en primer lugar, en remediar las causas ambientales que hacen enfermar, morir o aumentar el gasto extra en sanidad. Por ejemplo, a medida que los países se desarrollan y se enriquecen, invierten en limpieza y saneamiento del agua para evitar enfermedades que se transmiten por este medio, limpian el aire y, al reducir la contaminación, previenen diversas enfermedades respiratorias y de los pulmones. También implantan ambiciosos programas de vacunación para prevenir enfermedades contagiosas como la polio, el sarampión, paperas o neumonía.

En la medida en que esta línea argumental es cierta –es decir que, a medida que los países se enriquecen se ocupan de prevenir las causas ambientales de enfermedades y decesos– debería verse una correlación negativa entre la renta per cápita de un país y la tasa de mortalidad (o el gasto sanitario) atribuibles a causas ambientales específicas. Recopilamos datos sobre la relación entre la renta per cápita y la tasa de mortalidad relativa a la contaminación del aire y a una enfermedad contagiosa (tuberculosis), de una serie de países de Europa Occidental y de Estados Unidos. Nos centramos únicamente en estas dos causas ambientales de enfermedad en parte porque otras posibles causas, como las enfermedades transmitidas por el agua o la polio son tan poco frecuentes en las economías avanzadas que no hay datos de mortalidad al respecto.

Como era de esperar, observamos una correlación negativa de -0.62 entre la renta per cápita y la tasa de mortalidad por contaminación del aire. Asimismo, observamos una fuerte correlación negativa de -0.75 entre la renta per cápita y la mortalidad por tuberculosis.

Habiendo demostrado la plausibilidad de la relación entre los ingresos y la tasa de mortalidad por causas ambientales, aplicamos la misma lógica para examinar la relación entre la renta per cápita y la mortalidad y gastos sanitarios derivados del trabajo, suponiendo que al menos algunas condiciones nocivas del trabajo podrían prevenirse y se han prevenido en las economías industrializadas avanzadas. De nuevo, obtuvimos la correlación negativa que esperábamos, pero Estados Unidos se quedaba fuera. Respecto al gasto sanitario vinculado al trabajo, la correlación con la renta per cápita era -0.75, y, en cuanto a la mortalidad, la correlación era de -0.80. Los Cuadros 2.4 y 2.5 presentan las gráficas de mortalidad y de gasto sanitario comparados con la renta per cápita. Lo que estas gráficas dejan claro es que Estados Unidos es un caso aparte. Estados Unidos se queda estadística y significativamente fuera de la línea de regresión, y en una dirección que sugiere que el gasto sanitario y la mortalidad son mayores de lo que cabría esperar dada la riqueza del país, es decir, dado su nivel de renta per cápita.

Cuadro 2.4 Fallecimientos cada 100 000 personas atribuibles a la exposición laboral

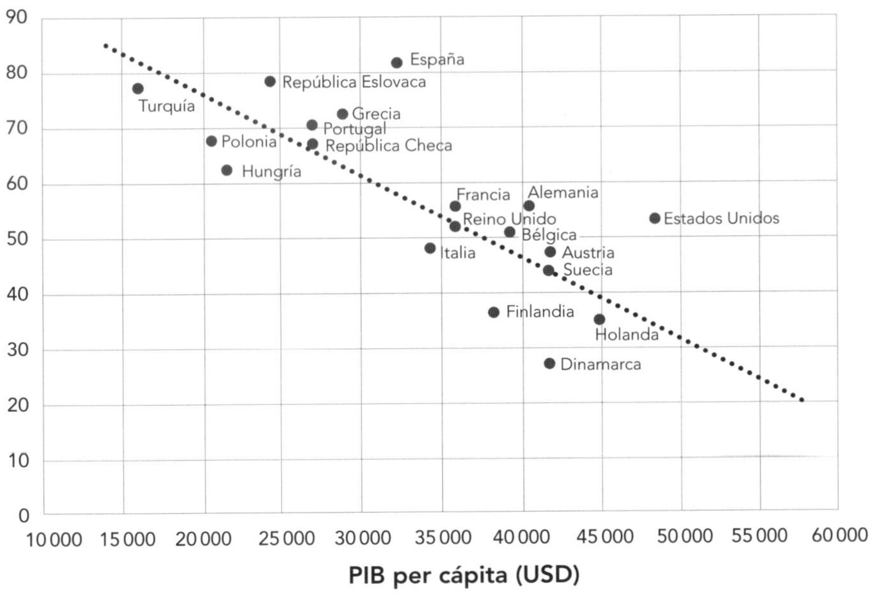

Fuente: Datos estadísticos de la OCDE, quinta encuesta europea sobre las condiciones de trabajo (EWCS, por sus siglas en inglés), análisis de los autores.

Cuadro 2.5 Gasto sanitario (USD) por persona atribuible a la exposición laboral

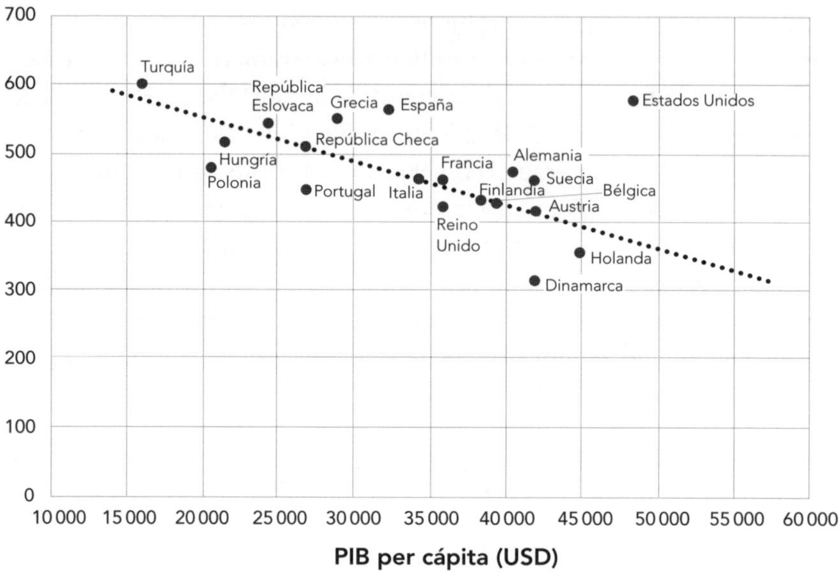

Fuente: Datos estadísticos de la OCDE, quinta encuesta europea sobre las condiciones de trabajo (EWCS, por sus siglas en inglés), análisis de los autores.

A continuación, hicimos cálculos entre los datos de mortalidad y de gasto sanitario con respecto a los de la renta per cápita (excluyendo a Estados Unidos de la muestra) para obtener la ecuación de regresión. En cuanto dimos con ella, introdujimos los datos de renta per cápita de Estados Unidos y pudimos ver cuáles serían los niveles de mortalidad y de gasto sanitario si en Estados Unidos se cumpliera la misma correlación entre ingresos e índices de mortalidad y gasto sanitario por causas laborales que en el resto de países de la OCDE que habíamos estudiado. Al comparar los valores pronosticados con los reales, obtuvimos una estimación razonable de hasta qué punto se podrían prevenir los gastos y fallecimientos en Estados Unidos –solo con asemejarse a este conjunto de países de Europa Occidental.

Este cálculo demuestra que en Estados Unidos se producen 59 000 muertes de más y que el gasto anual es 63 000 millones de dólares superior al que correspondería con relación a su renta per cápita. Teniendo en cuenta las cifras que habíamos calculado anteriormente (120 000 muertes en exceso y 180 000 millones de gasto adicional), nuestro análisis indica que podrían evitarse aproximadamente la mitad de las muertes y en torno a un tercio de los gastos extra por causas laborales si Estados Unidos se asemejara a otras economías industrializadas avanzadas.

7. LAS DIFERENCIAS EN LA EXPOSICIÓN LABORAL EXPLICAN LA DESIGUALDAD QUE SE OBSERVA EN LA ESPERANZA DE VIDA

La desigualdad es un tema candente debido al aumento que se está produciendo en la desigualdad de ingresos, no solo en Estados Unidos y España, sino también en muchos otros países. La desigualdad en la salud también atrae cada vez más la atención de investigadores y políticos, pues, al igual que la desigualdad económica, esta también ha ido aumentando en las últimas décadas en Estados Unidos, Gran Bretaña y otros países[39]. Según un estudio, «en 2008, la esperanza de vida de los hombres y mujeres adultos de Estados Unidos con menos de 12 años de estudios no era mucho mejor que la de los adultos de los años 50 y 60». También indicaba que, con el paso del tiempo, se habían ido acentuando sustancialmente las diferencias en la esperanza de vida por raza y nivel educativo[40]. En Estados Unidos «la diferencia en la esperanza de vida de los más favorecidos con respecto a los menos favorecidos es de 20 años»[41]. Michael Marmot, epidemiólogo británico, señalaba que en Washington D. C. el promedio de esperanza de vida variaba en un año en el caso de las personas que vivían cerca de paradas de metro[42].

La desigualdad sanitaria resulta menos tolerable que otro tipo de desigualdades, como la económica, por varios motivos, incluido el componente moral inherente a la vida humana y, por tanto, a la esperanza de vida. Como comentaba Sudhir Anand, economista de desarrollo de la Universidad de Oxford, en una conferencia sobre equidad y salud, «deberíamos oponernos más a [...] las desigualdades sanitarias que a las desigualdades económicas. En parte porque el estado de salud es un bien especial con valor tanto intrínseco como instrumental [...]. La salud se considera crítica porque afecta de forma directa al bienestar de una persona[43]». Hace más de una década, la Organización Mundial de la Salud decidió medir la desigualdad en la salud «como una dimensión destacada del rendimiento del sistema sanitario», debido a que «el rendimiento promedio ya no se considera un indicador lo suficientemente fiable sobre los resultados de un país en materia sanitaria; sino que la distribución de la sanidad entre la población es también clave[44]».

Como es bien sabido, el estatus socioeconómico guarda relación con el estado de salud y existe un gradiente social al respecto. Si bien hay muchos motivos para suponer que las personas de distintos orígenes manifiestan diferentes estados de salud, últimamente se ha puesto el foco en estudiar cómo influyen las condiciones laborales en las desigualdades en la salud[45]. Como se señaló en un análisis, «desde hace mucho tiempo se reconoce que las personas con mejores empleos gozan de mejor salud que las personas con empleos de menor prestigio o peor remunerados»[46].

Lo que los anteriores estudios no han hecho todavía es verificar cuánta de esa desigualdad en salud se corresponde con las diferencias de acceso a empleos en los que se dan diversas condiciones nocivas. Pero con la labor que hemos realizado Goh, Zenios y yo para estimar los efectos generales en términos de mortalidad y gasto sanitario, obtuvimos un modelo y datos necesarios para calcular cuánto influía el componente laboral en las desigualdades en materia de salud. Dedujimos que uno de los factores a los que se podría deber esta desigualdad en el promedio de esperanza de vida entre los diferentes grupos sociodemográficos sería las diferencias entre los tipos de empleo de personas de diferente raza y, particularmente, entre personas de diferente nivel educativo. Parecía plausible que las personas con menos estudios tuvieran mayor probabilidad de tener empleos sin seguro médico, por turnos, con mayor inseguridad económica y en posición más desfavorecida en cuanto al control sobre su trabajo y nivel de presión o exigencia. Dado que todas estas condiciones influyen en la mortalidad, las diferencias entre las condiciones laborales podrían ayudar a explicar las enormes (y cada vez mayores) disparidades en la esperanza de vida.

Efectivamente, esos fueron los resultados que obtuvimos[47]. Los grupos de diferente raza/nivel educativo sí que se enfrentan a entornos laborales diferentes, y esas diferencias son responsables de entre el 10 y el 38 % de las desigualdades en la esperanza de vida que se dan entre los subgrupos demográficos. Aunque nuestros cálculos corresponden a un momento puntual y contemporáneo, las investigaciones sobre el creciente efecto que el desempeño académico surte en el nivel adquisitivo sugieren que la educación es un factor cada vez más importante en el tipo de trabajo que se consigue. Por consiguiente, es probable que este efecto y la variación resultante en la exposición a condiciones laborales nocivas ayude a explicar la creciente desigualdad que se ha ido produciendo en la esperanza de vida. Parafraseando a la Fundación Gates, si creemos que todos merecemos una vida tan larga como sea la esperanza de vida normal, dado que todas las vidas tienen el mismo valor, deberíamos centrarnos en reducir las desigualdades, o sus efectos, incidiendo en la exposición a las condiciones laborales que son malas para la salud.

8. EL COSTE PARA LAS EMPRESAS

Las malas condiciones laborales también perjudican al empresario. En sus más de 30 años de investigación, Dee Edington, profesor emérito de la Universidad de Michigan, no ha dejado de demostrar dos hechos importantes. Primero, que es posible saber quién corre el riesgo de que empeore su salud. Así que, dado que un mayor riesgo para la salud implica costes médicos significativamente más altos[48], una estrategia razonable que podrían seguir los empresarios sería tratar de evitar que las personas pasen de la categoría de bajo riesgo a la de alto riesgo. Edington señalaba que «la buena salud solo se puede fomentar o mantener en entornos y culturas saludables. Lo cual implica que los empresarios [...] deberían crear un ambiente y cultura tales que motiven a sus trabajadores a llevar un estilo de vida saludable»[49]. Un trabajo en el que no se da (o apenas se da) ninguno de los diez factores que causan estrés laboral favorece que sus empleados gocen de buena salud y reducen las incidencias médicas y los gastos del seguro.

Segundo, con relativamente pocas excepciones, una vez que una persona entra en la categoría de riesgo alto y contrae una enfermedad crónica, como cardiopatías o diabetes, es difícil y poco probable que regresen a la categoría de riesgo bajo. Por consiguiente, Edington argumenta que las empresas deberían preocuparse menos de los costes del personal de riesgo alto, y enfocarse más en evitar que el personal de riesgo bajo pase a la categoría de riesgo alto. Como en tantos otros aspectos de la gestión, más vale prevenir que curar. Sale más barato y es más eficaz.

Pero aparte de las incidencias médicas y del coste del seguro, los entornos laborales nocivos tienen, al menos, otras tres consecuencias más para el empresario. Primera, si el empleado se pone muy enfermo, acaba marchándose. Curiosamente, casi todas las personas a las que entrevisté acerca de este asunto afirmaban haber abandonado el trabajo que les estaba haciendo enfermar. Un estudio realizado por profesores de universidad reveló una correlación estadísticamente significativa entre la mala salud física y la intención de baja voluntaria, por la cual el estrés laboral y familiar derivaba en mala salud física[50]. Según un estudio realizado en Europa, la inseguridad laboral aumentaba la frecuencia de afecciones mentales y la intención de baja voluntaria[51]. Resulta muy costoso tener que sustituir a un empleado, y una de las causas que pueden propiciar su marcha es que su salud esté empeorando. Por eso, un entorno laboral de condiciones insalubres traerá estos problemas a la empresa, amén de sus costes relacionados.

Segunda, cuanto más enfermo esté el empleado mayor será el gasto del seguro de compensación. Un estudio en el que participaron 3338 empleados fijos de Xerox Corporation, de cuatro años de duración, mostraba que los empleados de mayor riesgo suponían un mayor gasto. El estudio también revelaba que dichos costes estaban muy descompensados, ya que el coste de los empleados del décimo percentil más alto constituía el 54.4 % del total de costes del seguro de compensación[52].

Tercera, si el empleado no goza de buena salud es menos productivo, lo cual no debería de ser una novedad para nadie. Cuando estamos enfermos nuestras dolencias nos distraen y nos cuesta concentrarnos. Un empleado enfermo necesitará descansar con más frecuencia, o comentar su situación con sus compañeros; estará más cansado y, en general, en peor disposición física y mental para acometer sus tareas. Muchos estudios demuestran cómo afecta la mala salud a la productividad, y que resulta más cara la pérdida de productividad con motivo de la enfermedad que los propios gastos médicos que esta supone. Por ejemplo, un estudio en el que participaron 564 telefonistas de atención al cliente mostró que el Índice de Productividad Laboral guardaba relación con el número de empleados con problemas de salud[53]. Una investigación en la que se emplearon los datos de la Work Limitations Questionnaire (Encuesta de Limitaciones Laborales) de unos 16 651 empleados de una gran empresa de servicios financieros demostró que había una correlación significativa entre las enfermedades y la reducción del desempeño laboral[54]. El análisis de unos 113 estudios concluyó que había pruebas sólidas para afirmar que la salud y la productividad están relacionadas[55].

Las pruebas que presentamos en este capítulo –extraídas de nuestro propio estudio o de otras fuentes– demuestran que las malas condiciones laborales en Estados Unidos salen muy caras tanto en términos de exceso de mortalidad como de gasto sanitario. Es más, los empleados enfermos implican para la empresa mayores costes en concepto de seguros médicos, de compensación y, quizá más importante, en pérdida de productividad. Las condiciones laborales, tal y como están actualmente en muchas (por no decir la mayoría) de las empresas de Estados Unidos, acaban pasando factura a ambos: empleados y empresarios. Urge hallar una solución a este problema.

DESPIDOS E INSEGURIDAD ECONÓMICA

CAPÍTULO 3

UNA FÓRMULA CON LA QUE AMBAS PARTES PIERDEN

En diciembre de 2008, Arcelormittal, que había adquirido la planta siderúrgica de Lackawanna (Nueva York) de la entonces en quiebra Benthlehem Steel, anunció que finalmente cerraría la planta de la cual dependían 260 trabajadores. Lo que ocurrió después era de esperar. George Kull, 56 años, empleado de aquella planta, falleció tres semanas después por un ataque al corazón. Otro compañero, Bob Smith, de 42 años, acudió al médico aquejado de dolores de pecho. Sobrevivió a su infarto gracias a los estents que los médicos le colocaron para desobstruir sus arterias. Don Turner, de 55 años, que llevaba décadas trabajando en el molino industrial, también falleció por un ataque al corazón. Después de que Bethlehem Steel cerrara hornos de coque que pertenecían al mismo complejo en 2001, se suicidaron dos empleados[1]. Pero el obrero no es el único perjudicado, el personal administrativo y de oficina también sufre las consecuencias de los despidos y de la inseguridad económica. En 2012, John Fugazzie supervisaba los lácteos y congelados de la cadena de supermercados A&P y a sus 57 años, fue despedido. Diez meses después, incapaz de encontrar otro empleo, sufrió un infarto[2].

Este capítulo trata, fundamentalmente, de cómo los despidos afectan a nuestra salud. Son una fórmula en la que pierden ambas partes, en tanto que perjudican gravemente al empleado y benefician en muy poco o nada al empresario, tal y como apuntan los datos. Pero los despidos no son la única forma de inseguridad económica. Existen otros factores muy importantes que causan inestabilidad y estrés.

En primer lugar, los contratos temporales o de tiempo parcial. Los trabajadores de la famosa *gig economy* y, por ende, los profesionales autónomos y trabajadores temporales, se enfrentan a la incertidumbre de cuándo y de dónde vendrá el siguiente encargo. Eso hace que sus ingresos sean sumamente variables, si bien sus obligaciones financieras y necesidad de sustento permanecen inalterables mes a mes. Por eso, este tipo de profesionales tienen que mantenerse siempre «en el mercado» para garantizar un flujo de trabajo constante y cuidar su reputación y visibilidad. Un estudio sobre contratistas relativamente bien remunerados de Silicon Valley reveló que estos agentes independientes en realidad no sentían tal independencia, porque se veían en la necesidad de estar buscando trabajo constantemente y que, por este motivo, solían disfrutar de menos tiempo libre que cualquier trabajador por cuenta ajena[3].

Además, en algunos países como Estados Unidos a los autónomos, trabajadores a tiempo parcial y por contratos temporales no se les suelen conceder seguros médicos ni prestaciones para la jubilación, lo cual añade más inseguridad y estrés a su situación al tener que procurarse por sí mismos esas redes de seguridad. Cabe destacar lo mucho que ha ido creciendo este colectivo. Una encuesta realizada por los economistas Lawrence Katz y Alan Krueger constata que la proporción de esta clase de trabajadores había aumentado en un 50 % entre los años 2005 y 2015. Además, el «94 % del crecimiento del empleo neto de la economía estadounidense, entre 2005 y 2015, parece haberse producido en modalidades laborales alternativas»[4].

En segundo lugar, incluso entre las personas con trabajos más estables, de largo plazo y con un empleador, o quizá dos, está creciendo una sensación de precariedad que se debe a dos motivos. El primero, por la inseguridad que genera la imprevisibilidad de turnos impuesta por el empleador, una práctica de trabajo por turnos flexibles o puntuales cada vez más extendida en el sector minorista en Estados Unidos (conocida allí como *just-in-time scheduling*). Muchos trabajadores de diversos ámbitos, desde hospitales hasta oficinas, se someten a la incertidumbre de turnos y horarios sumamente cambiantes, ya que la empresa les puede llamar para trabajar cuando les necesita y solamente si les necesita. Una encuesta reveló que casi el 40 % de los trabajadores del sector minorista no llegaba a reunir el mínimo de horas de trabajo semanales, y que el 25 % trabajaba en horarios flexibles con muy poco preaviso, a veces de tan solo 2 horas de margen entre el aviso y el comienzo del turno. «Otros datos revelan que casi la mitad de trabajadores a tiempo parcial y menos del 40 % de los empleados de jornada completa no conocen su horario hasta la semana de antes o incluso con menos antelación»[5].

Esta incertidumbre y volatilidad de turnos y horarios que además repercute en su remuneración causa estragos en la vida de estos empleados. Un trabajador a tiempo parcial de una aerolínea internacional comentaba que «aunque la empresa asignaba los turnos con antelación, luego los cambiaban arbitrariamente. Avisaban con muy pocos días de margen y ni siquiera se molestaban en consultarlo con el trabajador afectado [...]. Interfería en nuestra vida personal de tal forma que enseguida se volvió insoportable. Ya es malo no saber cuándo te toca trabajar, pero lo verdaderamente desmoralizante es que te traten como si fueras simplemente un engranaje más de la maquinaria»[6].

Algunas empresas reconocen el problema. Gary Loveman, exconsejero delegado del grupo de casinos Caesars apuntaba:

> «La imprevisibilidad de turnos era la única gran fuente de estrés en la vida de nuestros trabajadores. Muchos de ellos son padres o madres solteros, o tienen padres enfermos. Necesitan apoyo. Nos gustaría cuadrar el nivel de servicio que requiere el hotel con el volumen de empleados que tenemos [...]. El problema ha ido empeorando durante los últimos años por el afán de las empresas por recortar su plantilla».

En vista de las consecuencias de la volatilidad horaria, se han promulgado leyes y normativas en algunos estados y ciudades para garantizar que el trabajador conozca sus turnos con una antelación razonable. Y en vista de los costes que acarrea –por la insatisfacción del empleado y ulterior abandono del puesto de trabajo–, algunas empresas han tomado la iniciativa de implantar medidas más favorecedoras para el empleado. Whole Foods, por ejemplo, publica los horarios con dos semanas de antelación y prohíbe a los jefes hacer cambios en el último minuto. Walmart ha introducido un sistema que «permite a los trabajadores ponerse sus propios horarios»[7]. Loveman, cuya estrategia en el Caesars tenía por objetivo mejorar el servicio al cliente, prohibió «los cambios de horario que tuvieran que ejecutarse casi de inmediato. "Simplemente, no podéis hacer eso", decíamos a los jefes. Hubo que hacerles entender que nuestros empleados también tienen sus compromisos». Otras empresas minoristas conocidas por ser respetuosas con sus trabajadores ya entendían el problema y ofrecieron a sus empleados horarios regulares y estables. Como ya hemos visto en varios casos, por lo que respecta a las condiciones laborales y la salud, lo que es bueno para el trabajador también lo es para la empresa, porque implica menos dimisiones y tener trabajadores más cualificados, más comprometidos y productivos.

Otra fuente de inseguridad y estrés, incluso para empleados de jornada completa, es sentirse bajo la espada de Damocles constantemente. Los trabajadores sienten que están sometidos a un examen continuo y que, si fallan en algún momento puntual, acabarán en la calle. En la cultura empresarial la clemencia se estila cada vez menos y no parece haber demasiada tolerancia ante variaciones de rendimiento que, por otro lado, son naturales. Un reciente análisis de una investigación destacó que, si bien el rendimiento laboral siempre se ha considerado un rasgo definitorio y estático (de ahí que se distinga entre empleados «muy productivos» o «poco productivos»), los investigadores advirtieron que «las fluctuaciones en el rendimiento laboral a corto plazo [...] y según la persona son sustanciales y significativas [...]. Los estudios estimaron que aproximadamente la mitad de la desviación en el rendimiento laboral se produce a escala individual»[8]. Una cultura que juzga y evalúa de forma estricta esos cambios de desempeño tan naturales, seguramente castigará a las personas por esos altibajos involuntarios en su productividad.

Cierta *coach* ejecutiva, muy solicitada y de dilatada experiencia, sobre todo con empresas tecnológicas y de capital riesgo, me comentaba que, si no la mayoría, muchos de sus clientes son profesionales de éxito y muy bien remunerados, pero que, aun así, se sentían bajo la espada de Damocles y sometidos a una enorme presión por obtener resultados. Esta situación se da especialmente en empresas como Oracle, Salesforce y Amazon, cuyas exigentes culturas son bastante conocidas. Una de las consecuencias de esta presión se materializa en largas jornadas laborales (con sus correspondientes perjuicios para la salud), algo que veremos con más detalle en el capítulo 5. Otra de las consecuencias es que hace más difícil que los clientes corten lazos y prescindan de estas empresas, lo cual agrava el problema de la conciliación y el estrés. Y, en tercer lugar, infunden en el empleado una sensación de inseguridad e inestabilidad laboral.

Según la investigación que realicé junto con Stefanos Zenios y Joel Goh, y que resumí en el capítulo 2, en Estados Unidos se produce un exceso de mortalidad de 29 000 fallecimientos por culpa de la inseguridad económica, y otros 35 000 más a causa del desempleo y sus efectos. Estos cálculos empíricos implican que más de 64 000 personas mueren cada año en Estados Unidos por carecer de trabajo o por tener que vivir con el estrés de la inseguridad laboral y económica[9].

1. EMPLEOS CADA VEZ MÁS CONTINGENTES Y PRECARIOS

Los despidos y demás medidas que provocan inseguridad económica, como los contratos a tiempo parcial, temporales o por obra y servicio, se han ido popularizando en el mercado laboral contemporáneo. El sociólogo Arne Kalleberg señalaba en su exhaustivo estudio sobre las condiciones laborales de Estados Unidos que «las relaciones laborales son cada vez más precarias e inseguras»[10]. Entre algunos de los muchos indicadores que apoyan esta afirmación podemos citar los siguientes: aunque la percepción de inseguridad económica se vincula, lógicamente, con el índice de desempleo y con las condiciones del mercado laboral en general, tras ajustar estadísticamente la tasa de desempleo, las «probabilidades de percibir un mayor riesgo de pérdida de empleo» crecieron un 1.5 % anual entre 1977 y 2006[11]. Incluso antes de la recesión de 2008, el escritor de economía en *New York Times*, Louis Uchitelle, había documentado la tendencia al alza de los despidos, y de sus correspondientes daños colaterales[12]. Como señaló el análisis de las investigaciones sobre los recortes de plantilla, durante la recesión que comenzó en diciembre de 2007 se destruyeron más de 6 500 000 empleos y se normalizaron los despidos en todo el mundo[13]. Incluso en Japón y otras sociedades que en el pasado abogaban por una mayor seguridad laboral, se han ido produciendo cada vez más despidos y otras formas de inseguridad económica a medida que los mercados laborales se han hecho más «flexibles» (o más «arriesgados» para el empleado, que es a lo que en realidad alude este término).

De las empresas que aparecen en la lista de mejores empresas en las que trabajar, de la consultora Great Place to Work Institute, ahora son menos que antes las que ofrecen explícita o, incluso, implícitamente empleos estables y que no pretenden deshacerse de sus empleados. Como apuntó hace tiempo Peter Cappelli, profesor de Wharton, la permanencia media en las organizaciones se ha ido reduciendo, en particular en el caso de los hombres, y, por decirlo con sus propias palabras, ahora impera un «nuevo pacto en el trabajo» –un pacto que, en la mayoría de las empresas y para la mayoría de los empleados, es considerablemente más transaccional, inestable e impersonal que en otros tiempos[14]. La Confederación Mundial del Empleo (WEC, por sus siglas en inglés), que se define como la «voz de la industria del empleo a nivel global, que representa a los intermediarios del mercado de trabajo en cincuenta países y a siete de las empresas de soluciones de mano de obra internacional más grandes»[15], publicó un libro blanco en septiembre de 2016 en el que describía el nuevo mundo del trabajo[16]. Estas son algunas de las ideas principales:

- Entre 1987 y 2015, la población activa global se duplicó al unirse India y China a la economía de mercado mundial.
- Las nuevas tecnologías facilitan condiciones laborales más flexibles al permitir al trabajador operar fuera del horario convencional y a distancia, allá donde se encuentre.
- Los trabajadores asalariados constituyen solo la mitad de la mano de obra global y no representan más que el 20 % de trabajadores en zonas como el sur de Asia y África subsahariana.

Si bien para la WEC estas tendencias son algo positivo –porque favorecen el negocio y alcance de los intermediarios del mercado de trabajo–, las condiciones laborales contingentes, temporales y alternativas traen consigo menos protección y menos beneficios para el trabajador. Y están en pleno auge.

La inseguridad económica perjudica la salud

La inseguridad económica causa estrés, y el estrés afecta a nuestra salud física y mental. No es de extrañar que las investigaciones demuestren una y otra vez la relación que existe entre trabajar en condiciones de inseguridad y el deterioro de la salud –y no hablamos solo de la salud de quienes afrontan la inseguridad económica en primera persona–. Debido en parte al efecto contagio –los compañeros de los que viven en una situación de inseguridad económica acaban sintiéndose inseguros ellos también– «la inseguridad laboral afectó por igual a la salud de ambos grupos, expuestos y no expuestos»[17], lo que sugiere que la inseguridad laboral puede influir tanto en el trabajador temporal como en el fijo. Este efecto se produce incluso en países que disfrutan de generosas políticas de bienestar y ayudas sociales.

Por ejemplo, un estudio longitudinal de unos 900 empleados realizado en Suecia reveló que los trabajadores temporales tenían mayor riesgo de mostrar peor salud autopercibida y angustia psicológica[18]. Un estudio de Corea del Sur demostró que los efectos de la inseguridad laboral eran tan perjudiciales como los del tabaco[19]. Un metaanálisis concluyó que la inseguridad laboral afecta a la salud física y mental, y, en mayor medida, a esta última, como era de esperar[20]. Un análisis de una investigación empírica sobre los efectos de la inseguridad laboral en la salud señaló que «las políticas gubernamentales orientadas a mejorar la salud de la población y paliar las desigualdades sanitarias deberían contemplar entre sus medidas reducir la inseguridad laboral»[21]. Sin embargo, está ocurriendo todo lo contrario. La inseguridad y el empleo precario están en boga.

Las personas que se encuentran en esta situación sienten que no tienen control sobre sus vidas. Mediante experimentos y datos de campo, un estudio reciente reveló que la inseguridad económica estaba relacionada con un mayor consumo de analgésicos, el aumento del dolor físico y con una menor tolerancia al dolor, aunque no hubo ningún grupo de control que ayudara a explicar el porqué de estos resultados[22].

Si bien los datos sobre los despidos, que analizaremos después, indican que repercuten gravemente en la salud y la mortalidad, por lo visto cualquier clase de inseguridad económica perjudica la salud.

2. LA RELACIÓN DESPIDO-SALUD: LOS HECHOS

Los despidos son malos para la salud. Infunden inseguridad económica y esta, a su vez, estrés. En Estados Unidos, donde la cobertura del seguro médico dependía de la situación laboral (antes de que se aprobara la Ley de Salud Asequible), un despido significaba tener un acceso más limitado a la atención sanitaria, con sus consiguientes perjuicios para la salud, como ya veremos en el siguiente capítulo. Un despido deteriora la autoestima de la persona porque se asocia con su capacidad de proveer recursos para sí y su familia, y porque cuestiona su estatus social.

Pero los problemas físicos y mentales que provocan los despidos no aquejan solo al trabajador afectado, como ya he dicho, sino también al resto de compañeros. Los que se libran de la quema sufren al menos dos efectos negativos. En primer lugar, los empleados de fábricas en las que se produjeron numerosos despidos afirmaron sentirse inseguros porque no sabían si serían los siguientes o si alguna vez cesarían los despidos[23]. En segundo lugar, tal y como demuestran estudios sobre empleados del sector sanitario, los despidos implican, normalmente, tener que sacar adelante el mismo trabajo con menos personal. Así, los que se quedan en la empresa asumen mayor carga de trabajo. Por tanto, es una fuente más de estrés para ellos[24].

Algunas personas discuten este enfoque y señalan que perder el empleo puede tener efectos positivos en la salud. Dado que la mayor parte del estrés que soportamos en nuestra vida diaria se debe al trabajo, «pasar menos tiempo trabajando podría reducir la prevalencia de enfermedades derivadas del estrés»[25]. Además, si una persona ya no tiene trabajo, supuestamente puede dedicar más tiempo a actividades saludables, como hacer ejercicio o disfrutar de sus *hobbies*. Al margen de estas consideraciones, tal y como concluyó un análisis de artículos sobre los efectos de la recesión económica, «muchos estudios demuestran que los empleos y experiencias económicas desagradables aumentan el riesgo de sufrir trastornos psicológicos y de conducta», como un mayor consumo de alcohol y drogas, y los suicidios[26].

Quienes asumen el coste sanitario que genera el despido son el propio afectado y la sociedad en general, no la empresa. Una vez que el empleado sale de la compañía, ya no figura en sus libros ni está cubierto por el seguro médico o el programa de ayudas al empleado que proporcionara la empresa. Pero los despidos no traen solo costes –incluidos los relativos a la mala salud y la mortalidad–, sino que, obviamente, también benefician en cierto modo a los resultados de la empresa. Como ya veremos más adelante, no todas las empresas se afanan por soltar lastre en cuanto le ven las orejas al lobo. De hecho, las que procuran retener a su plantilla suelen obtener mejores rendimientos, y además ahorran a sus trabajadores y al resto del país las vidas y daños físicos y psicológicos que se cobra esta práctica tan destructiva para la sociedad.

Estudiar las consecuencias que los despidos tienen en la salud no es tan sencillo como parece. Porque, aunque uno observe la relación entre la mala salud y haber sido despedido, puede que dicho despido haya sido una *consecuencia* de estar enfermo, y no la causa. Aunque existen diversas leyes que supuestamente protegen al trabajador para impedir despidos con motivo de una enfermedad, la práctica no es tan rigurosa. Algunos de los estudios que resumo despejan estas dudas de causalidad empleando diseños de panel que permiten determinar qué fue primero, si la mala salud o el despido, bajo la premisa razonable de que, para que algo provoque otra cosa, la causa debe preceder al efecto (es decir que, si el despido precede a la mala salud, no es lógico afirmar que esos problemas de salud fueran la causa del despido). Otros estudios sacan provecho de los despidos por cierres de fábricas. Son casos en los que todos pierden su puesto de trabajo, así que no cabe pensar que la mala salud de los trabajadores hubiera tenido algo que ver.

Como resumiré a continuación, existen numerosas pruebas que demuestran que los despidos son perjudiciales para la salud. Y no son solo de estudios de Estados Unidos, sino también de países con programas sociales y de protección al trabajador más generosos, como Finlandia, Dinamarca o Nueva Zelanda. Los resultados de todos los estudios coinciden. El hecho de que se hayan obtenido resultados similares en países dispares sugiere que, en gran medida, el efecto que los despidos surten en la salud (y, por ende, en los costes sanitarios) se produce casi al margen de los servicios sociales y ayudas públicas. Estos estudios demuestran que un despido perjudicará la salud independientemente de dónde o cuándo ocurra. Y algunos de los estudios demuestran que los efectos negativos de los despidos persisten incluso tiempo después de que la persona haya encontrado otro empleo.

Los despidos incrementan la mortalidad

Muchos estudios demuestran que un trabajador al que han despedido tiene mayor riesgo de fallecer en comparación con personas a las que no han despedido nunca. Algunos estudios incluso han empezado a investigar algunas de las vías que conducen a este resultado. Por ejemplo, con un despido aumenta el riesgo de suicidio y aumentan las probabilidades de estar en el paro. Encontrar otro trabajo puede llegar a ser difícil y muchos estudios «arrojan pruebas inequívocas de que el desempleo afecta negativamente a la salud y el bienestar»[27]. Estos estudios incluyen numerosos países y emplean diversos métodos de investigación.

Los investigadores de Nueva Zelanda estudiaron durante ocho años una cohorte compuesta por 1945 personas a las que habían despedido debido al cierre de una planta cárnica, y compararon a este grupo con otro de 1767 personas de una planta cercana que permaneció abierta. Incluso después de los correspondientes ajustes por edad, sexo y etnia, el grupo al que habían despedido presentaba un riesgo de autolesión grave 2.5 veces superior, y un 17 % más de probabilidades de ser ingresados en el hospital con diagnóstico de enfermedad mental[28].

En Suecia, estudiaron a los trabajadores de todos los establecimientos con más de diez empleados que hubieran cerrado entre 1987 y 1988. El riesgo de mortalidad general aumentó un 44 % en el caso de los hombres durante los cuatro años siguientes a la pérdida del empleo. Y, tanto en el caso de hombres como de mujeres, se duplicaron los suicidios y las muertes causadas por el consumo de alcohol[29].

Otro estudio recogió los datos de 9800 daneses, hombres, nacidos en 1953, e investigó las consecuencias que habían tenido para ellos ciertos acontecimientos importantes que les ocurrieron entre sus 40 y 51 años. Los daneses que habían pasado por un despido tenían un 44 % más de probabilidades de fallecer que quienes no habían perdido su trabajo. El estudio también examinó los efectos que surtía la ruptura de relaciones (entendiendo por «relaciones» tanto matrimonios como relaciones de larga duración). Las rupturas también aumentaban el riesgo de mortalidad, pero lo curioso era que no había relación entre rupturas y despidos. Los resultados empíricos sugieren que el aumento del riesgo de mortalidad por perder el empleo no se debía a que esta pérdida fuera consecuencia de haber pasado además por una ruptura[30].

Un estudio de Estados Unidos que combinó los datos administrativos sobre las fechas de defunciones, nivel de ingresos individuales e información de empleo del estado de Pensilvania examinó la vida laboral de trabajadores (hombres) desde 1974 hasta 1991, y los datos de mortalidad entre los años 1974 y 2002. Al igual que la mayoría de estudios sobre las causas de mortalidad, incluía ajustes estadísticos de variables como la edad y el nivel de ingresos. Durante los primeros años tras el despido, la mortalidad aumentaba en un 28 % y, en los veinte años posteriores, este aumento se fijaba en un índice de entre el 15 y el 20 %. El aumento de la mortalidad a causa de la pérdida del empleo se debía, por lo general, a la sustancial merma de ingresos que ello supone. Estos resultados coinciden con lo observado recientemente en el mercado laboral durante la recesión, pues quienes perdieron su empleo no solo lo tuvieron difícil para encontrar otro, sino que este nuevo trabajo solía estar peor remunerado y constaba de un menor número de horas. Los autores del estudio señalaron que el aumento estimado de la mortalidad debido a los despidos implicaba una disminución de un año y medio en la esperanza de vida en el caso de quienes hubiesen perdido su empleo con cuarenta años[31].

Cabe destacar lo consistente que es la cuantía de las estimaciones de los efectos que tienen los despidos en los suicidios y la mortalidad en general.

Los numerosos artículos que hay sobre las consecuencias del desempleo en la salud, la relación inversamente proporcional entre el nivel de ingresos y la mortalidad y la mala salud, y los estudios que demuestran que con los despidos aumenta el riesgo de mortalidad pintan un panorama coherente y fundamentado en pruebas más que de sobra: los despidos matan a la gente.

Los despidos perjudican la salud

Kate Strully, socióloga de la Universidad Estatal de Nueva York en Albany, utilizó los datos del Panel Study of Income Dynamics de Estados Unidos para examinar cómo afectaba a la salud la pérdida del empleo. En su estudio, hacía distinción entre diversos motivos: por cierre de fábrica o de establecimiento –es decir, pérdida de empleo por «causas ajenas» al empleado–, por haber sido despedido y por baja voluntaria. Al inicio del estudio tomó referencia del estado de salud y midió valores como la edad, la raza, el sexo, el nivel de ingresos familiar y el nivel educativo, factores que probablemente podrían influir en la salud. Además de la salud autopercibida, también preguntaba a los participantes si les habían diagnosticado alguna enfermedad y, en tal caso, cuándo se produjo el diagnóstico y de qué dolencia se trataba. Strully descubrió que «perder el trabajo por el cierre del establecimiento aumentaba las probabilidades de que indicaran un estado de salud normal o malo en aproximadamente un 54 % [...]. En el caso de los participantes que estaban sanos al inicio del estudio, perder el trabajo por el cierre del establecimiento aumentaba las probabilidades de contraer alguna enfermedad en un 83 %»[32]. Ni siquiera quienes consiguieron otro trabajo escapaban de las consecuencias, al menos en cierta medida. Según Strully: «Los participantes que encontraron trabajo mientras se realizaba el estudio presentan un 97 % más de riesgo de desarrollar alguna enfermedad»[33].

Un estudio sobre el infarto agudo de miocardio (ataque al corazón) examinó a más de 13 000 adultos entre 1992 y 2010. El estudio reveló que casi el 70 % de la muestra había perdido el empleo una o más veces durante este tiempo. El riesgo de sufrir un infarto aumentaba uniformemente con arreglo al mayor número de despidos –quienes habían sido despedidos una vez tenían un 22 % más de probabilidades de sufrir un infarto, mientras que quienes pasaron por cuatro o más despidos tenían un 63 % más de probabilidades de sufrirlo que quienes nunca habían sido despedidos. Estos resultados se mantenían incluso a pesar del ajuste estadístico de otros datos como el consumo de tabaco, de alcohol o la obesidad[34].

Los despidos también afectan a los trabajadores que conservan su puesto. Aunque hayan sobrevivido a la oleada de despidos, temen por su seguridad económica (pues no saben si serán los siguientes de la lista), lo cual les genera estrés. Además, como ha sido ampliamente demostrado, la mayoría de empresas eliminan más trabajadores que trabajo. Por consiguiente, quienes conservan su empleo se encuentran ante una carga de trabajo mucho mayor para compensar la baja del compañero, y también con la responsabilidad de seguir produciendo al mismo nivel que se espera de ellos. El desgaste y el estrés que sucede a los despidos afecta a la salud del resto de la plantilla, pese a que hayan logrado conservar sus puestos de trabajo.

Uno de los estudios más rigurosos al respecto desde el punto de vista analítico se realizó en el municipio de Raisio, Finlandia, a principios de los noventa. Finlandia experimentó una fuerte recesión por aquel entonces, y hubo que reducir el empleo municipal en un 12 % entre 1990 y 1993. Además, el desempleo en general creció del 3 % en 1990 al 16 % en 1993. Un estudio de cohortes prospectivo sobre empleados que comenzó en 1990 demostró los efectos de los recortes de personal, e investigó qué diferencias se daban en los casos donde la reducción de plantilla fue considerable, en comparación con reducciones menos drásticas. Las bajas por enfermedad fueron de más del doble entre los empleados que presenciaron mayores recortes. Asimismo, los recortes aumentaron la prevalencia del consumo de tabaco. Como cabía esperar, con los recortes de plantilla creció la carga de trabajo y la sensación de inseguridad entre los empleados que permanecieron, lo cual explica los datos de despidos por absentismo[35].

La mayoría de estudios sobre los efectos de los despidos en la mortalidad y el deterioro de la salud suelen centrarse, como es lógico, en los trabajadores despedidos o, con menor frecuencia, en los compañeros que se quedan y sufren las consecuencias en forma de inseguridad económica y de mayor carga de trabajo. Sin embargo, el solo acto de despedir a alguien puede ser en sí mismo una fuente de estrés. Y ese estrés afectaría a la salud del jefe encargado de acometer tan ingrata tarea. Eso es precisamente lo que demostró un estudio en el que se analizó a 410 gerentes entre los años 2000 y 2003. Unos habían despedido a empleados y otros no. Quienes habían notificado posibles despidos manifestaron más problemas de salud, recibieron más atención médica por este motivo, tuvieron más dificultades para dormir y presentaban mayor predisposición a dimitir, en comparación con los homólogos que no habían despedido a nadie. La investigación reveló, además, que fue el desgaste emocional debido a estos avisos de despido lo que afectó a su salud[36].

Los despidos aumentan la violencia laboral

El incremento del riesgo de mortalidad no solo afecta a los trabajadores que han sido despedidos. Los daños colaterales, como la violencia laboral, hacen que los despidos también aumenten el riesgo de mortalidad entre los autores del despido y los inocentes espectadores. Por citar uno de los muchos casos que se han dado, el 14 de noviembre de 2008, Jing Wu –a quien habían despedido de una *start-up* de semiconductores de Mountain View, California– regresó a la sede de la compañía y pidió reunirse con los tres directivos. Una vez en la sala de conferencias, el señor Wu sacó su pistola y mató al consejero delegado, al vicepresidente y al otro directivo[37].

La violencia laboral no es algo inusual que suceda a unos pocos. En 1992, los Centros para el Control de Enfermedades (Centers for Disease Control, de Estados Unidos) declararon los homicidios laborales como problema grave para la salud pública, con más de 800 homicidios de este tipo al año[38]. Solamente entre 2007 y 2008, cuando comenzó la recesión, los suicidios en el lugar de trabajo aumentaron un 28 %. Y en las organizaciones de más de 1000 empleados que aceptaron responder a la encuesta, más del 50 % afirmó que se produjo al menos un incidente de violencia laboral en los 12 meses anteriores[39].

Ralph Catalano, profesor de la Escuela de Salud Pública de la Universidad de California en Berkeley, realizó una exhaustiva investigación sobre los efectos de la inseguridad económica en diversos resultados, incluida la violencia laboral. Un estudio reveló que «entre los participantes que en la primera entrevista no tenían antecedentes de comportamiento agresivo, quienes habían sido despedidos antes de la segunda entrevista eran seis veces más propensos a manifestar dicho comportamiento que los demás participantes que aún conservaban su empleo. El efecto se mantenía a pesar de las variables de control: edad, sexo, estatus socioeconómico, etnia, estado civil y tener un trastorno psiquiátrico diagnosticable»[40]. Otro estudio demostró que había relación entre los despidos y la incidencia de internamientos psiquiátricos involuntarios. Cuando los índices de despidos eran más altos, la probabilidad de internamientos involuntarios era dos veces superior[41].

Internet está repleto, no solo de ejemplos de reacciones agresivas por despidos, sino también de recomendaciones sobre cómo ejecutar el despido para minimizar la amenaza de violencia. Como, por ejemplo, no comunicar el despido un viernes, hacerlo con el personal de seguridad presente y visible, o escoltar al trabajador fuera del edificio y asegurarse de que no conserve llaves ni otros medios de acceso. Los despidos desencadenan reacciones emocionales muy fuertes. A veces, estas reacciones incitan a quitarse la propia vida y, otras veces, a atacar y matar a otros, sobre todo a quienes el afectado identifica como culpables del despido.

Los despidos desencadenan hábitos poco saludables

Los estudios sobre la depresión y la ansiedad concluyen de forma sistemática que, en el caso de las personas que han perdido su empleo, aumentan los síntomas entre un 15 y 30 % en comparación con quienes tienen un empleo estable[42]. Supuestamente, la depresión y la ansiedad, junto con el estrés derivado de la pérdida del empleo, aumentarían las probabilidades de adoptar hábitos nocivos y poco saludables. Y eso es precisamente lo que demuestran las investigaciones. Existen estudios muy rigurosos que demuestran que entre los desempleados aumenta el consumo de alcohol[43], cánnabis[44] y otras drogas[45]. Por ejemplo, un estudio demostró que estar desempleado durante más de veinte semanas duplicaba en general el consumo de alcohol y aumentaba en un 400 % el alcoholismo entre los hombres, en Suecia[46]. Algunas investigaciones también demuestran que el consumo excesivo de estupefacientes que se deriva de esta causa es, obvia y particularmente, más pronunciado en personas con antecedentes de alcoholismo y drogadicción. La angustia de estar desempleado, sumado a su historial, hace que estos individuos sean especialmente propensos a recaer en hábitos perjudiciales para su propia salud[47].

Esta investigación sugiere que las circunstancias influyen en el comportamiento de las personas, incluso si este es dañino, y las conduce al alcoholismo, a la drogadicción o a comer en exceso. Que las circunstancias afectan a nuestra conducta es un principio básico de la psicología social. Por tanto, perder el empleo perjudica nuestra salud directamente en forma de estrés, pero también lo hace indirectamente al abocarnos a hábitos nocivos, como consumir alcohol y drogas.

3. ¿DE VERDAD LOS DESPIDOS FAVORECEN EL RENDIMIENTO ECONÓMICO?

Si los despidos mejoraran el rendimiento corporativo, entonces el coste que infligen en términos de salud física y psicológica, y en incremento del gasto sanitario, tendrían que compensarse con el beneficio económico que supuestamente generan. Pero tengamos en cuenta que, aun siendo así, habría cierto interés por tomar decisiones óptimas para la sociedad. Y es que los beneficios de recortar nóminas se quedan en la empresa que ejecuta el despido, mientras que la «factura» la pagan el conjunto de la sociedad y el individuo afectado. Así que, la relación coste-beneficio está descompensada. Al no sufrir las consecuencias de su política de despidos, las empresas los aprovechan como harían con cualquier otro chollo: explotándolo mientras puedan. Y los empleados afectados, al no beneficiarse en modo alguno, ya que todo el beneficio va para su exempleador, siempre preferirán políticas que pongan coto los despidos y a la consiguiente flexibilidad del mercado laboral.

Pero en este caso, el problema es incluso peor. Porque las abundantes pruebas sobre los efectos de los despidos en los resultados corporativos no son del todo congruentes –hay muy pocas pruebas que demuestren los beneficios de los despidos, pero sí muchas de que pueden perjudicar a las empresas que los practican.

En primer lugar, los despidos traen consigo numerosos costes para las empresas. El profesor Wayne Cascio, de la Universidad de Colorado, destaca varios: indemnizaciones por despido, pago de las vacaciones no disfrutadas y de los días restantes de baja por enfermedad, costes de reubicación, impuestos más elevados para el seguro de desempleo, costes de readmisión del empleado cuando la empresa remonta, moral baja y aversión al riesgo por parte de los «supervivientes», posibles pleitos, sabotaje o violencia laboral por parte del empleado agraviado, pérdida de conocimiento y talento en la empresa, pérdida de confianza en la Dirección y pérdida de productividad[48]. Los despidos, que a menudo se interpretan como una violación del principio de reciprocidad y la ruptura del contrato implícito de que la lealtad y dedicación del empleado deben ser recompensadas, socavan la motivación del empleado y hacen que este se esfuerce e implique menos.

Los despidos no suelen beneficiar a las empresas porque casi nunca resuelven por sí mismos el problema de base como pueda ser, por ejemplo, la calidad, la productividad o la aceptación del mercado. En la mayoría de los casos, el problema no es que los costes sean excesivos, sino que los ingresos son insuficientes. A menudo, los recortes de gastos lo que hacen es espantar a los clientes por el consiguiente deterioro de su propuesta de valor, lo cual agrava el problema de los ingresos. Así, se produce un círculo vicioso: la oferta de la empresa empeora, los clientes siguen desertando y la empresa vuelve a recortar para compensar los bajos ingresos. Y vuelta a empezar.

El sector del transporte aéreo de Estados Unidos es un ejemplo perfecto de esta dinámica. Entre los años 2000 y 2007, el número de vuelos *premium* (tarifas «todo incluido», clase *business* o vuelos de ida en primera clase) se redujeron en un 47 %. En cambio, el número de vuelos en aviones privados aumentaron hasta tal punto que pasaron de representar el 15 % de los vuelos *premium* en el año 2000 a representar el 40 % en 2007.

Quizá este cambio se deba a que, con motivo del 11S, se endurecieron las medidas de seguridad en los aeropuertos. Pero las compañías aéreas están constantemente sometidas a encuestas del American Customer Satisfaction Index (índice estadounidense de satisfacción del cliente), por la Universidad de Michigan, y suelen clasificarse por encima de las compañías de telefonía móvil en términos de satisfacción del cliente. El sector ha ido añadiendo tarifas extra y recortando servicios. Y uno no puede esperar prosperar si las medidas que toma le hacen perder casi el 50 % de los clientes que más y mejor pagan.

He aquí otro dato que demuestra que el problema económico de las aerolíneas no son los costes, sino la fuga de clientes. Una encuesta realizada en 2008 por la Asociación Internacional de Transporte Aéreo (IATA, por sus siglas en inglés), reveló que volar se había vuelto tan desagradable, que la gente viajaba menos. Según los cálculos del estudio, aquello supuso una pérdida de recaudación de unos 10 000 millones de dólares ese año. Siendo básicamente una industria de costes fijos –el coste marginal por pasajero es realmente bajo– esos ingresos habrían permitido marcar una diferencia y generar beneficios, incluso en aquel clima de recesión de 2008.

Si recortar no redunda en un buen rendimiento económico, es lógico suponer que, a su vez, el rendimiento económico no permite predecir con certeza si se aplicarán recortes de plantilla. Los recortes y despidos se derivan de otros factores. Eso es justo lo que Art Budros descubrió cuando examinó la implantación de estas medidas por cien empresas de *Fortune* entre los años 1979 y 1994[49]. Budros concluyó que la aplicación de los recortes guardaba relación con la proporción de firmas del sector que ya hubiesen aplicado estas medidas –adopción o efecto imitación– y también con la desregulación y con la cultura del sector. Los posteriores escritos de Budros demostraban de forma consistente que no había una relación significativa entre las condiciones económicas y los recortes de personal[50]. Otros académicos han obtenido resultados similares y han demostrado que es más probable que una determinada empresa reduzca su plantilla si en empresas referentes (es decir, similares o con las que se puedan comparar) lo hacen también[51]. En otras palabras, el contexto institucional y la mera imitación de otros agentes del sector influyen en esta decisión en mayor medida que los resultados económicos o los imperativos de eficiencia que emanan de un bajo desempeño.

Despidos y cotización bursátil

La mayoría de estudios sobre la repercusión de los despidos en la cotización en bolsa utilizan una metodología denominada «event study» (o metodología de los estudios de sucesos), para medir si las empresas que recortan su plantilla obtienen en el mercado un rendimiento anormal en comparación con otras durante el período inmediatamente posterior al suceso en cuestión. Las pruebas demuestran sistemáticamente que, en el mejor de los casos, anunciar despidos tiene un efecto neutral, pero que lo habitual es que afecte negativamente a la cotización y al retorno de los inversores. Según un estudio que investigó los efectos de 141 anuncios de reducción de plantilla entre 1979 y 1997, la cotización de aquellas compañías empeoró, y aún en mayor medida en el caso de las que ejecutaron los mayores despidos (en proporción con su plantilla) y los despidos permanentes (en comparación con los temporales)[52]. Otro análisis de 1445 anuncios de recortes de personal entre 1990 y 1998 confirmó que perjudicaron la rentabilidad de dichas empresas en el mercado de valores, y que el efecto negativo fue mayor para las que despidieron a mayor número de trabajadores[53].

En un estudio en el que se comparaban los efectos de reducción de plantilla en Estados Unidos y Japón, se observó que en ambos lugares obtuvieron resultados negativos anormales a continuación de los anuncios[54]. Un estudio realizado durante los años ochenta sobre 214 anuncios de despidos de las principales compañías de Canadá, las cuales cotizan en el mercado de valores de Toronto, mostró que, a los tres días del primer anuncio, la cotización de dichas compañías cayó en aproximadamente medio punto porcentual como reacción al comunicado del recorte[55].

Un análisis reciente de doce estudios que investigaron los efectos de los despidos en la rentabilidad del mercado de valores concluyó que «en promedio, los anuncios de reducción de plantilla afectan negativamente a la cotización en bolsa», siendo 9 de los 12 estudios empíricos, los que confirmaron los efectos negativos en el valor de las acciones[56].

En cierto modo, no es de extrañar que las cotizaciones bajen después de comunicar una reducción de plantilla. Al fin y al cabo, lo que dan a entender es que la empresa no va bien. Otro estudio sobre los despidos y su repercusión en la bolsa investigó si el motivo de los despidos marcaba alguna diferencia. Confirmó que las empresas que justificaban los despidos por la reducción de la demanda obtenían peores resultados, mientras que las que afirmaban hacerlo por motivos de eficiencia no vieron afectados los precios de sus acciones en modo alguno[57].

Despidos y rentabilidad

Wayne Cascio estudió la rentabilidad de las compañías del índice Standard & Poor's 500 entre los años 1982 y 2000. Descubrió que las que recortaron su plantilla seguían siendo menos rentables que las que no se habían deshecho de ninguno de sus empleados. Otro estudio examinó a 122 empresas ajustándolo estadísticamente por su rentabilidad previa. Los recortes que aplicaron redujeron su rentabilidad posterior. Además, las consecuencias de los despidos fueron particularmente notorias en los sectores de mayor actividad en investigación y desarrollo[58]. Una encuesta de la American Management Association que midió la percepción de las empresas con respecto a los recortes de personal (a menudo sesgada a favor de los despidos, ya que ni a las empresas ni a sus directivos les gusta admitir que han cometido errores) descubrió, sin embargo, que solamente la mitad de las empresas afirmaba apreciar mejoras en los beneficios de explotación gracias a los despidos[59].

Despidos y productividad

Según aquella misma encuesta, solamente la tercera parte de las empresas indicaron que los despidos mejoraron la productividad de su plantilla[60]. Un estudio sobre el crecimiento de la productividad entre los años 1977 y 1987 que analizó los datos de más de 140 000 establecimientos de Estados Unidos, a partir de los datos del Censo de Manufactura, mostró que las empresas que más vieron crecer su productividad eran tanto del grupo que había incorporado nuevos trabajadores como de las que habían recortado su plantilla. El estudio concluyó que este aumento de la productividad que se produjo durante los años 80 no podía atribuirse a la filosofía de «recortes por la eficiencia»[61]. Peter Capelli, profesor de Wharton, observó que el coste laboral por empleado –una medida de productividad laboral– mejoraba tras los despidos. En cambio, las ventas por empleado –otro indicador para medir la productividad del empleado y la rentabilidad de la empresa– empeoraban[62].

Una de las razones por las que eliminar empleados no siempre beneficia a la productividad es que, ante la amenaza de recortes de plantilla, los mejores y más cualificados suelen ser los primeros en salir por la puerta, dejando atrás al personal con menos talento. Otra razón es que a veces la empresa despide a demasiados empleados en proporción con el trabajo que hay que sacar adelante, y vuelven a requerir sus servicios por medio de una contratista. No resulta rentable porque, aparte de haber pagado la indemnización por despido, tienen que pagar además el margen de beneficio del contratista y, por supuesto, la remuneración del trabajador, y todo para recuperar a un empleado al que prácticamente acaban de despedir. Según una encuesta de la American Management Association, un tercio de las empresas que habían recortado la plantilla acaban volviendo a contratar a algunos de aquellos empleados porque siguen necesitando sus aptitudes[63].

Despidos e innovación

Los despidos también perjudican la capacidad de innovación de las empresas por varios motivos. Primero, el temor que infunden los recortes socava el interés del personal por asumir los riesgos inherentes a la innovación. Segundo, las relaciones que había dentro de la empresa se rompen al desaparecer algunos de sus miembros. Innovar exige investigar, coordinar acciones entre múltiples departamentos (diseño de producto, manufactura, ventas y marketing), compartir la experiencia en el seno de la compañía y hacer que los proyectos salgan adelante. Al romper las relaciones entre los compañeros, resulta más complicado que estos procesos se lleven a cabo con la debida rapidez y eficacia.

Así, no es de extrañar que los estudios demuestren que los despidos retrasan la innovación. Una investigación sobre más de 200 empresas de Portugal confirmó que reducir la plantilla reduce el espíritu innovador[64]. Otro estudio que analizó el entorno laboral para la creatividad en una gran compañía tecnológica antes, durante y después una gran reducción de plantilla, observó que la creatividad y los aspectos más favorecedores para que esta se dé, iban disminuyendo en dicho entorno laboral al producirse los despidos, aunque luego se recuperaran en cierto modo[65].

Por qué los despidos casi nunca ayudan a la empresa

Como ocurre con prácticamente cualquier decisión, los despidos tienen sus secuelas. Y las pruebas apuntan a que estas secuelas –incluido el mayor temor por parte de los trabajadores y su consiguiente falta de implicación y motivación– bloquean cualquier efecto positivo que la reducción de costes (al recortar nóminas) hubiese producido. Un resumen de numerosas investigaciones concluyó que «en general, hay consenso en que los recortes de plantilla afectan negativamente a la implicación y compromiso de los supervivientes», también «reducen la creatividad», tienen un «impacto negativo en diversos aspectos para la mejora de calidad» y «deriva en un deterioro significativo de otras dimensiones del rendimiento laboral»[66]. Como el experto en gestión, Gary Hamel, señala a menudo, es complicado que una empresa prospere a base de recortes. Reducir personal solo hace que la compañía sea más pequeña, no mejor. Y, desde luego, tampoco la hace más capaz de satisfacer las necesidades del cliente, ni más productiva, eficiente o innovadora (como ya hemos visto).

En cuanto una empresa empieza a hacer recortes, los empleados que pueden huyen de la quema. A los que no lo tienen tan fácil para encontrar un trabajo mejor, les queda la máquina de café para chismorrear y buscar apoyo moral entre sus compañeros. Si las empresas necesitan talento y esfuerzo para mejorar sus resultados, los despidos producen el efecto contrario: espantan el talento y hacen que la gente que se queda esté más preocupada que motivada. Por eso, hace unos años, el entonces consejero delegado de Air Products, Hap Wagner, me decía: «Nos llevó dos meses decidir si reduciríamos la plantilla, dos semanas hacerlo y dos años para recuperarnos». David Cote, consejero delegado de Honeywell, hizo el siguiente comentario a favor de procurar evitar los despidos durante la recesión que comenzó en 2008: «La mayoría de gerentes subestiman la disrupción que generan los despidos; consumen a todos en la organización durante al menos un año. A menudo se sobreestiman el ahorro de costes que consiguen con eso»[67].

Si los despidos no son una ayuda para la empresa, entonces, al margen de que estén socialmente aceptados y a la orden del día, uno no se explica por qué se siguen haciendo. Quizá parte de la respuesta esté en un estudio que analizaba la relación entre los despidos y el sueldo de los altos ejecutivos. Las empresas que anunciaron recortes de plantilla durante el año anterior remuneraban a sus consejeros delegados más y les concedían mayores porcentajes que en las empresas que no habían anunciado ningún despido durante al menos el último año[68].

Los datos sugieren que los despidos no suelen contribuir a que las empresas obtengan mejores resultados. Y las pruebas demuestran que los cierres de fábricas y los despidos perjudican al ser humano provocándole angustia psicológica, enfermedades y muerte.

4. LOS DESPIDOS NO SON LA ÚNICA OPCIÓN PARA LAS EMPRESAS

El miércoles 12 de septiembre de 2001 ningún avión sobrevoló Estados Unidos. Al día siguiente de que dos aviones se estrellaran contra las Torres Gemelas y otro en Pensilvania, no se sabía a ciencia cierta cuándo se reanudaría el tráfico aéreo, ni qué condiciones operativas y logísticas se aplicarían llegado el momento, qué nuevas medidas de seguridad se implantarían y cómo funcionarían. En un momento en el que Estados Unidos ya comenzaba a percibir los efectos de la recesión, la evolución de la demanda del transporte aéreo era todo un misterio. En los días siguientes al 11S, las aerolíneas estadounidenses como American Airlines, Delta y United hicieron lo que tantas otras veces: reducir personal. Unos 8000 trabajadores. Todas las grandes aerolíneas anunciaron despidos casi inmediatamente después de aquel día. Es decir, todas excepto una.

Southwest Airlines envió un correo electrónico a sus empleados. En su mensaje, señalaba que jamás habían despedido ni cesado a nadie en toda la historia de la compañía. Aunque no podían prometer que eso no fuera a ocurrir, quisieron transmitir el compromiso de la compañía para con su gente. Que siguieran trabajando y dando el mejor servicio en cuanto fuera posible, y la empresa haría cuanto estuviera en su mano para garantizar el bienestar tanto de sus trabajadores como de los clientes. Incluso a pesar de que ofreció a los clientes la posibilidad de reembolsar los billetes a quienes lo pidieran, sin que tuvieran que justificar el motivo, Southwest no tuvo que cancelar ningún vuelo y programó una contribución de 179 millones de dólares al plan de participación de los empleados en los beneficios tras el 11 de septiembre[69]. A finales de 2001, Southwest no solo había obtenido ingresos suficientes para aquel año, sino que también había dado beneficios durante el cuarto trimestre y había ganado cuota de mercado a sus competidores nacionales. A principios de 2002, su capitalización bursátil era mejor que la de todas las demás aerolíneas de Estados Unidos juntas.

La idea de que todas las empresas, especialmente las que operan en industrias cíclicas, deben recurrir a los despidos porque así es como se opera en el sector, sencillamente es falsa. Durante mucho tiempo, Xilinx, fabricante de semiconductores, evitaba los ciclos de despidos y recontrataciones tan comunes en el sector. Durante la recesión tecnológica de 2001 y 2002, mientras que Intel y Advanced Micro Devices destruyeron 9000 empleos, Xilinx no prescindió de ninguno de sus 2600 trabajadores[70]. Toyota también procura evitar los despidos, incluso en momentos en los que el mercado de la automoción no va bien. Toyota no solo se esfuerza por conservar a sus empleados de Japón, sino también a los de las fábricas que tiene en Estados Unidos.

Lincoln Electric, fabricante de equipos de soldadura por arco con sede en Cleveland, Ohio, ha sobrevivido a dos guerras mundiales y numerosos ciclos económicos sin necesidad de sacrificar a su plantilla. La empresa es conocida por su plan de incentivos de participación de empleados en los beneficios, el cual produce costes de compensación variable y ayuda a Lincoln a evitar los despidos. Dado que la paga baja cuando lo hacen los beneficios en épocas de recesión, Lincoln Electric puede eludir los despidos porque sus costes salariales también bajan. Para uno de los exconsejeros delegados de Lincoln, despedir no es «recortar», sino «arrasar» los recursos de la empresa. Otro consejero delegado más reciente, veterano en la compañía, señaló: «Creo que la filosofía en la que nos basamos, tanto yo como mis antecesores, es que podemos prosperar en entornos económicos difíciles y hacer cundir nuestros esfuerzos de tal forma que, a largo plazo, sea eso lo que mejor defienda los intereses de nuestros accionistas, sin tener que crucificar a nuestra plantilla»[71].

SAS Institute, la compañía de *software* privada más grande del mundo, con un volumen de ventas de 3200 millones de dólares en 2016, aprovechó la crisis tecnológica de principios de los 2000 para contratar a cientos de personas y así ganar talento y posicionamiento en el mercado. Cuando llegó la recesión en 2007 y 2008, su consejero delegado, Jim Goodnight, se dio cuenta de que los empleados le preguntaban constantemente si iba a haber despidos. Envió un correo electrónico animando a la plantilla a controlar el gasto, y también para asegurarles que no habría despidos que se debieran a ese motivo. Como me comentó, aunque durante la recesión las ventas no crecían tan rápido como antes (como era lógico), los beneficios eran bastante buenos. Los empleados, al sentir garantizados su trabajo y su seguridad, pudieron centrarse en su trabajo y ser más productivos y, al sentirse agradecidos de trabajar para una empresa tan compasiva, correspondieron con diligencia y creatividad –y especialmente concienciados de mantener los gastos a raya.

Los despidos son un reflejo de los valores de la empresa. La gran cadena de supermercados, Whole Foods Market, sobrevivió a la crisis económica de finales de los 2000 habiendo despedido a menos de cien empleados. Chip Conley, fundador y líder de Joie de Vivre Hospitality, una de las cadenas de hoteles y restaurantes más grande de Estados Unidos, trató de minimizar los despidos incluso cuando los ingresos de la compañía cayeron más del 30 % durante aquella crisis. Esa experiencia tan desgarradora hizo que, una vez se recuperó la economía, Conley vendiera parte de sus acciones de la cadena hotelera para no tener que volver a pasar por el trance de despedir a tanta gente.

Algunos países industrializados han adoptado políticas que fomentan la retención de empleados. En muchos países de Europa, despedir a un empleado fijo implica pagar una indemnización considerable, lo que hace que las empresas se tengan que pensar detenidamente si dicha indemnización compensa el supuesto ahorro que pretenden conseguir con el despido. Otras políticas exigen comunicar el despido con antelación y, en algunos casos, incluso consultarlo con sindicatos o consejos obreros. Se supone que estas políticas perjudican la flexibilidad del mercado laboral, lo que redunda en un mayor desempleo y frena las nuevas contrataciones, pero los datos al respecto son heterogéneos[72]. Además, prácticamente ningún estudio sobre los efectos en el mercado laboral sopesa los costes de una mayor seguridad económica frente a los beneficios para la salud y el bienestar.

En Alemania, sabiendo que cuando alguien pierde su empleo recibe prestaciones por desempleo y otras ayudas sociales, han probado a ofrecer a las empresas una fracción de estos pagos anticipadamente para incitarles a retener a sus trabajadores, aunque sea a media jornada. Las políticas de Alemania a menudo prueban paliar la desarticulación económica que de lo contrario se produciría durante una recesión. La cuestión es que las medidas públicas son un factor importante que influye en las decisiones de las empresas en materia de despidos. Además, también debe considerarse el coste de los despidos a la hora de decidir sobre los beneficios y costes de las políticas que aspiran a reducir la inseguridad económica y los recortes de personal.

5. LA EXTERNALIZACIÓN DE LOS COSTES SOCIALES

No cabe duda de que cada vez hay menos empresas que quieren evitar los despidos. Es un reflejo de hasta qué punto los recortes de personal se han aceptado como recurso empresarial, y de lo mucho que han cambiado los valores de la sociedad. De hecho, ningún empleado espera ya desarrollar toda su carrera profesional en una sola empresa. La gran mayoría de compañías ya no son comunidades, sino un eslabón más en una cadena de contratos laborales, por lo general temporales. Esta mayor frecuencia con la que se recurre a los despidos también refleja el cambio de valores, pues priman el rendimiento económico y los beneficios sobre el bienestar humano.

Pero es el empleado quien paga esa flexibilidad del mercado laboral, tanto a nivel físico como mental. Por lo general, las empresas que aplican recortes no asumen el coste que sus despidos generan. Una vez que el empleado ya no trabaja para ellas, no se responsabilizan de los costes sanitarios, ni les perjudica el hecho de que su exempleado ya no rinda como antes a causa de su angustia y los malos hábitos adquiridos. Las decisiones de las empresas imponen unos costes que ni ellas mismas ven y, por supuesto, tampoco pagan. Por eso abusan del despido como recurso. Y no sale tan barato como parece.

Hasta que estas organizaciones no se den de bruces con las consecuencias, seguirán siendo la sociedad en general y el empleado en particular quienes paguen estas decisiones corporativas, decisiones que siempre serán infructuosas porque infravaloran el coste real que suponen sus despidos.

NO HAY SALUD SIN SEGURO MÉDICO

CAPÍTULO 4

Dan es un albañil que trabaja al norte del estado de Nueva York. Su oficio requiere mucho esfuerzo físico: agacharse, levantar y cargar peso... A sus 45 años, le duelen la espalda, los hombros, las piernas y los brazos, pero, afortunadamente, no tiene ninguna enfermedad grave. Además, durante los duros inviernos propios de la zona, si no tiene la suerte de conseguir alguna obra de interior, dejará de percibir ingresos en los cuatro meses de más frío.

Hace unos dos años, Dan decidió lanzarse por su cuenta y ahora tiene un empleado. Ser autónomo es duro, pero, en ciertos aspectos, su vida es mejor que cuando trabajaba por cuenta ajena. Ha aprendido a licitar para obras y a equilibrar la carga de trabajo, de tal forma que no sea excesiva, pero sí suficiente como para poder vivir de ello, y asegurar así la calidad de la obra y el cumplimiento de los plazos. Como peón, siempre afrontaba cierto grado de inseguridad económica. Pero ahora la fluctuación es mucho mayor, tanto en lo que respecta a la cantidad de trabajo como a los ingresos. Sin embargo, al ser su propio jefe, tiene más control sobre su trabajo, y eso tiene su parte buena.

Pregunté a Dan si tenía seguro médico. «No», replicó. Entonces le pregunté por la reforma Obamacare y contestó con sorna que «la Ley de Salud Asequible no es tan asequible». Las pólizas más económicas de las aseguradoras no cubren gran cosa. Y dado sus ingresos estacionales e inciertos prefiere no añadir otro gasto fijo más al mes. Le pregunté si conocía las ayudas para la adquisición de seguros médicos para las rentas más bajas, pero averiguar si reúne los requisitos para esas ayudas, más el propio proceso de solicitarlas, supondría añadir más tareas a sus ya largas jornadas laborales, a veces de hasta doce horas. Tras tanto esfuerzo físico, a veces llega tan cansado que no tiene ganas ni de cenar. Navegar entre la oferta de aseguradoras le supondría tener que meterse en la web del Gobierno, que no es ninguna maravilla, navegar entre las diferentes y complejas opciones, las cuales cambian con frecuencia, y liarse con mil formularios y burocracia.

Dan se limita a esperar lo mejor y contar con que le dure la buena salud para no verse en la necesidad de recurrir a la sanidad. Pero al mismo tiempo reconoce que no hay muchos albañiles que puedan trabajar más allá de los 60 años, o ni tan siquiera hasta la edad de poder beneficiarse del programa Medicare (de atención sanitaria para mayores de 65 años). Los albañiles suelen sufrir dolores por todo el cuerpo, y aliviarlos requiere servicios médicos. La idea de Dan es consolidar su negocio de modo que le permita contratar a albañiles más jóvenes que se ocupen del trabajo más pesado. Así, él pasaría a supervisar y centrarse en el desarrollo del negocio. Hablando con él me doy cuenta de que Dan es una persona amable, honrada y servicial, que lucha como puede para salir adelante en una economía que ha tratado bastante mal a la clase media. Solo le deseo de corazón que no caiga enfermo sin tener seguro médico.

El de Dan no es un caso aislado. El sistema sanitario de Estados Unidos siempre ha sido y es diferente al de otros países avanzados e industrializados. Sus índices sanitarios también son diferentes, pero no en el buen sentido. En comparación con otros dieciséis países ricos, Estados Unidos es el cuarto con mayor tasa de mortalidad por enfermedades contagiosas y el segundo con mayor tasa de mortalidad por las no contagiosas, como la diabetes o las cardiopatías. Un análisis de veintiún países que se llevó a cabo en el año 2000 reveló que Estados Unidos es el país con mayor desigualdad en el acceso a los servicios médicos[1].

Hay tres datos importantes sobre los seguros médicos que conviene saber. Primero, carecer de él o tener una cobertura insuficiente afecta a la salud, al riesgo de mortalidad y al bienestar económico. Como ya detallaremos más adelante, cada año mueren en Estados Unidos unas 50 000 personas porque no disponen de seguro médico y, por tanto, no se hacen chequeos preventivos ni pueden recibir atención sanitaria de calidad. La falta de seguro médico también inflige estrés –financiero y de otro tipo–, porque limita el acceso a los servicios sanitarios y hace imposible hacer frente a las facturas. Como ya señalé en el capítulo 2, de todas las muertes que han sucedido anualmente en Estados Unidos por causas laborales, 120 000 se han producido fundamentalmente por no tener seguro médico.

En segundo lugar, el hecho de no tener seguro médico no es solo un problema de segmentos marginales de la población, como puedan ser los inmigrantes sin papeles, personas desempleadas o de los menores de 65 años que todavía no pueden beneficiarse del Medicare. La falta de seguro médico y, por ende, la incapacidad de acceder a la sanidad se han convertido en un problema cada vez más generalizado que atañe a muchos ciudadanos de Estados Unidos, incluso a trabajadores de jornada completa.

En tercer lugar, en cuanto a los seguros médicos para trabajadores por cuenta ajena, la buena noticia es que cuentan con cobertura sanitaria; la no tan buena es que, quitando la relativamente pequeña proporción de mano de obra que se rige por convenios colectivos, para el resto, la calidad de la cobertura depende unilateralmente del empleador. Eso significa que el coste del seguro médico de los trabajadores, las condiciones que determinan a qué médicos y hospitales pueden acudir, cuánto tendrán que pagar por el tratamiento y por los medicamentos, y qué tratamientos y en qué condiciones están cubiertos por el seguro, quedan a discreción de los empleadores, los cuales pueden cambiar las condiciones en cualquier momento (y, de hecho, lo hacen). Así, los empleados acaban perdidos y confusos con sus pólizas, o peleándose con la aseguradora para que se haga cargo de los gastos médicos.

Aun en el caso de empleadores bienintencionados, estos no tienen del todo claro cómo funcionan sus pólizas porque las administran las propias aseguradoras, en vez de sus departamentos de Recursos Humanos. Por eso, estos empleadores no se hacen una idea de las situaciones por las que llegan a pasar sus empleados. El resultado es que una fracción sorprendentemente grande de la población activa de Estados Unidos, incluso trabajadores con seguro, afirma que no reciben atención médica o que la reciben con mucho retraso y que no pueden adquirir sus medicinas ni asistencia dental debido a sus elevados costes. En 2015, Gallup indicó que casi uno de cada tres estadounidenses retrasaba sus tratamientos durante el primer año por razones económicas, una proporción que no ha variado a pesar de la entrada en vigor de la Ley de Salud Asequible. Además, las personas que posponen la visita al médico por este motivo suelen padecer enfermedades graves[2]. E incluso si han recibido la atención sanitaria que necesitan, les queda el estrés de lidiar con las aseguradoras para que acepten pagar las facturas, un esfuerzo añadido a sus labores principales.

1. UNA FALSA DISYUNTIVA

Entre las empresas, parece existir la creencia de que solo pueden hacer dos cosas: ofrecer seguros buenos de verdad para sus empleados, o bien ahorrar dinero y mantener esa partida a bajo coste para que cundan más los beneficios. Pero como muchas de las supuestas disyuntivas que oponen el bienestar del empleado a los resultados de la empresa, esta también es falsa. Cuidar de la salud de los empleados –proveerles de seguros médicos satisfactorios– es perfectamente compatible con la prosperidad de la empresa, especialmente si tenemos en cuenta lo que cuesta el tiempo que pierden los empleados batallando con las aseguradoras, o las sustituciones, o la falta de implicación y de motivación del trabajador.

Según Dean Carter, director de Recursos Humanos del fabricante y vendedor de ropa de deportes al aire libre, Patagonia, la empresa ofrece seguro médico desde el primer día y para todos sus empleados, ya sean de media jornada o de jornada completa (pero con contrato fijo, no temporal). Además, las primas salen a cero cuando la cobertura es solo para el empleado (y no también para su familia). Pese a la elevada competitividad del sector en el que opera Patagonia, creen que ofrecer a sus empleados una buena cobertura médica es coherente con sus valores y también es bueno para el negocio. En palabras de Carter:

> «Creemos que todo el mundo debería poder acceder a la sanidad. Al principio nos preocupaba que la gente optara por prescindir del seguro, incluso los de media jornada. Y que acabarían circulando

> los típicos botes de recaudación de fondos "para ayudar a Bill a pagar las facturas del hospital". Nadie tendría que verse en esa necesidad. De este modo, todos tienen la sanidad cubierta, y la verdad es que tanto nuestros gastos extra como los copagos se mantienen en máximos muy bajos».

Con un sistema así, no solo retienen a su gente, sino que reducen su estrés y les permite concentrarse en su trabajo en lugar de tener que preocuparse por estos problemas.

Las pesadillas administrativas y sus costes

Collective Health es una compañía de capital riesgo que ofrece soluciones de seguros médicos a las empresas para que estas hagan la vida más fácil a sus empleados. La historia de la compañía comenzó con Ali Diab, quien se quedó a trabajar en Google tras venderles una empresa. En 2013, sintió un dolor punzante en el abdomen. Un escáner de urgencia reveló una torsión intestinal que obstruía tres metros la circulación de su intestino delgado. Había que operarle de inmediato.

Tras sobrevivir a ese incidente tan doloroso, peligroso –incluso mortal– y de larga recuperación, a Diab le esperaba el enfrentamiento con las aseguradoras, las cuales se negaban a asumir el coste de algunos de los tratamientos porque decían que eran experimentales, otros por considerarlos innecesarios y otros porque decían que no se había solicitado la autorización requerida para ellos. Resumiendo, las aseguradoras pretendían hacer cargar a Diab con una factura médica de seis cifras. Diab era un alto directivo en Google y conocía a Larry Page, cofundador de la compañía. Page llamó a la aseguradora, solucionó el problema y puso a su disposición los recursos de Google para contribuir con los gastos si fuera necesario. Ali Diab me contaba, emocionado, que ya era malo enfrentarse a un problema de salud tan grave y al miedo que tanto él como su familia pasaron, pero que es aún peor si la aseguradora te declara la guerra. Una guerra que ganó, básicamente, porque tenía muy buenos contactos gracias a su puesto como alto directivo.

Ali Diab decidió cofundar Collective Health para facilitar a los empleados el trato con las aseguradoras. Proporcionando defensores del paciente, la información más actualizada y las tecnologías de la información más innovadoras, Collective Health prometió que los empleados perderían menos tiempo con las reclamaciones. Y, puesto que las ventajas del seguro serían más notorias que sus inconvenientes asociados, profesarían más lealtad y una conexión más profunda hacia sus empleadores. Tercero, como empresa de actividad especializada en servicios sanitarios, en el mercado de seguros médicos y en la salud del empleado, Collective Health también aliviaría la carga de trabajo a los departamentos de Recursos Humanos. Otra gran ventaja para las empresas.

En pocas palabras, las empresas pagan mucho dinero por los seguros de sus trabajadores, pero los administran de tal forma que resultan sumamente irritantes para los empleados, les produce mucho estrés y les hace perder tiempo. A ellos y al personal de recursos humanos, con lo cual, nadie sale realmente beneficiado. Las empresas pagan coberturas que, con más frecuencia de la deseable, imponen muchas trabas a los empleados y les hace perder mucho tiempo escudriñando sus pólizas para poder beneficiarse de las prestaciones.

Esta carta blanca que tienen los empleadores en Estados Unidos para determinar las condiciones y cobertura de los seguros médicos –y, por consiguiente, el nivel de acceso a la atención sanitaria– difiere de la situación que se da en otros países industrializados. En todos ellos proveen seguros médicos a todos sus ciudadanos, independientemente de su edad o categoría laboral[3]. El sistema de Estados Unidos da una de cal y otra de arena a los trabajadores, pero también tiene sus inconvenientes para el empresario. Estar a cargo de la cobertura sanitaria exige mucho esfuerzo, porque implica buscar pólizas que no resulten demasiado caras, pero que sean razonablemente beneficiosas. Para los empresarios, la multitud de decisiones que rodea el diseño del plan de seguros a menudo es casi más una carga que otra cosa. Bucear entre la abundante oferta de aseguradoras y demás proveedores, y asesorarse para tomar la mejor decisión también tiene sus costes.

Y lo que es más importante, si eligen mal (inconscientemente, que es más fácil de lo que parece) y resulta que el plan elegido opone demasiados problemas a los empleados, podrían poner a la empresa en situaciones tensas como, por ejemplo, «asedio» al Departamento de Recursos Humanos, mayor rotación de personal e incluso posibles enfrentamientos sindicales. Por eso, no está tan claro que este sistema beneficie tanto a las empresas, si bien la situación ha brindado una causa y una oportunidad de negocio a compañías como Colletive Health.

2. MENOS NO ES MÁS

Hace unos años, estaba preparando una presentación sobre la repercusión de las decisiones corporativas en la salud de las personas para el Human Capital Leadership Council (Consejo de Liderazgo de Capital Humano) de lo que, en aquel entonces era Hewitt (actualmente Aon Hewitt, tras la fusión). El consejo estaba formado por los directores de Recursos Humanos de algunos de los mejores clientes de Hewitt (algunas de las mayores y más célebres empresas del momento en Estados Unidos, como Hewlett-Packard, American Express, Marriott, Cargill y Google). En mi charla pensaba mencionar cómo afecta a la salud el hecho de no tener seguro médico, pero mi «socio» dentro de la firma me sugirió eliminar esa parte porque, en sus palabras, «son grandes empresas. Todas ofrecen seguro médico. Así que para ellos no es un problema relevante». Nada más lejos de la realidad, y ahora explicaré por qué.

Cuando preparaba este libro, un amigo que revisó el esquema inicial me preguntó que por qué incluía un capítulo sobre seguros médicos, si con la Ley de Salud Asequible ya no tenía sentido. Al margen de que aún prosiguen los esfuerzos por tumbar el Obamacare en el momento de escribir estas líneas, es el propio Obamacare el que ha fracasado, y bastante, en su misión de proporcionar cobertura sanitaria universal, como hemos podido ver con el caso de Dan.

Veamos también el problema en el que se vieron los trabajadores de los casinos de Atlantic City. En los últimos siete años aproximadamente, casi la mitad de los trabajadores perdió su empleo. Y, con el empleo, también el seguro médico. De los casinos que quedaron, la mayoría pertenecían a la empresa privada o a compañías que atravesaban dificultades económicas, por lo que algunas eliminaron los seguros médicos y otras redujeron sus coberturas. El sindicato de empleados de los hoteles Atlantic City realizó una encuesta a sus miembros. Compartieron los resultados con Arnold Milstein, colega de Standford y experto en pólizas de seguros médicos, quien, a su vez, compartió algunos de aquellos datos conmigo.

El 72 % de los participantes afirmaba que el coste del seguro médico repercutía en su capacidad para llegar a fin de mes. El 72 % decía que no podía asumir el coste de sus problemas de salud. El 63 % creía que su salud estaba empeorando ahora que no tenían seguro médico, el 75 % no podía permitirse ninguna de las nuevas opciones de seguros, y más de la mitad de los encuestados afirmaron tener síntomas de depresión. La idea de que el acceso a la atención sanitaria ya no es un problema es falsa. De hecho, el problema es aún peor.

Los costes económicos del seguro médico suelen ser significativos, pero no solo para las personas, sino también para las empresas. En cierta ocasión, General Motors llegó a gastar más dinero en seguros médicos que en acero[4]. Cada año, las empresas gastan normalmente en torno a 12 000 dólares por empleado en planes de seguros que cubren a los empleados y también a sus cónyuges. Para una empresa de 1000 empleados, 12 millones anuales representa una suma lo bastante grande como para que la dirección preste atención al asunto. Incluso para empresas aún más grandes, los costes en seguros de salud son muy prominentes. Quienes eligen ofrecer seguros a sus empleados pueden verse ante una desventaja económica en comparación con otros competidores que decidan no ofrecerlo.

El objetivo político de que los seguros médicos dejen de ser un factor de competitividad entre las empresas para que sus coberturas no tiendan a la baja es una de las razones por las que en muchos otros países no dejen este tipo de decisiones y costes en manos de las empresas. En la mayoría de economías avanzadas se considera que el acceso a la sanidad es un derecho humano fundamental que no debería estar supeditado al interés económico de ninguna empresa. Al tratarse de una prestación costosa a la par que discrecional, las dos recesiones de finales y principios de los

2000, que propiciaron una contención de gasto exhaustiva en empresas de todo tipo y de todos los sectores de la economía estadounidense, afectaron a las coberturas sanitarias de los empleados y aumentó aún más el número de ciudadanos sin seguro médico.

Como señaló la Fundación Kaiser Family, en 2010, justo antes de que comenzara a aplicarse la Ley de Salud Asequible (ACA por sus siglas en inglés), había más de 49 millones de personas de mediana edad sin seguro en Estados Unidos[5]. El creciente número de no asegurados aumentó aún más, ya que la cobertura de los trabajadores de mediana edad cayó de un 69.3 % al 58.8 % entre 2000 y 2010[6]. En 2011, en torno al 40 % de las empresas no ofrecía seguro médico a ninguno de sus empleados. Y en el caso del 60 % que sí los ofreció más de uno de cada cinco empleados (el 21 % de la plantilla) no eran aptos para la cobertura, bien porque trabajaban solo a media jornada o por un número de horas insuficiente, o bien porque su relación laboral con la empresa había sido demasiado corta como para activar la póliza[7]. Además, «los trabajadores de bajos ingresos a los que se les ofrecen coberturas, por lo general no pueden permitirse pagar lo que les corresponde de la prima, especialmente si son pólizas familiares»[8].

Así como el seguro médico es cada vez más inaccesible para los trabajadores, mantenerlo también se ha ido encareciendo más y más para quienes sí se lo podían permitir. En solo diez años, entre 2001 y 2011, la contribución media del empleado a la cobertura individual pasó de 355 a 921 dólares (un aumento del 159 %) y, en el caso de la cobertura familiar, de 1787 dólares a 4129 dólares (un aumento del 131 %). En 2015, estos costes aumentaron aún más: hasta 1071 dólares la cobertura individual y hasta 4955 dólares la familiar[9]. Los gastos que asumen los empleados, tanto en coberturas individuales como familiares, se han encarecido a mayor velocidad que el total de primas de seguros, no solo porque las empresas están recortando estas coberturas y endureciendo los requisitos, sino porque están traspasando los costes a los empleados.

Y el problema no es solo que el acceso a los seguros sea más limitado o con más cargas para el empleado, sino que, en un esfuerzo más por reducir costes, los seguros médicos que contratan las empresas no suelen cubrir todo lo necesario; o sí, pero con copagos y franquicias tan elevados, que la gente renuncia a los tratamientos.

Los datos que arroja una encuesta del Gobierno federal son reveladores. En 2014, tras la aprobación del Obamacare, la proporción de personas que afirmaron renunciar a un tratamiento o a medicamentos por razones económicas fue de hecho mayor que en 1997, antes de la legislación nacional de seguros médicos, aunque en ambos casos la proporción era más baja que en 2010, es decir, justo después de la recesión y antes de que entrara en vigor la ley. Además, aunque el porcentaje de personas que afirmaba renunciar a tratamientos o medicinas por cuestiones económicas era obviamente mayor en el caso de los que no tenían seguro, incluso entre los asegurados casi el 6 % afirmó renunciar o retrasar tratamientos médicos por este motivo[10]. Un análisis sobre el sistema sanitario estadounidense, tan dependiente del criterio de los empleadores, publicado en el *New England Journal of Medicine* argumentaba que «la creciente prevalencia de infraseguros bien podría ser la tendencia más grave», peor incluso que la carencia de seguros y lo que ello supone para la salud. Los datos del informe confirmaban un sustancial traspaso de los costes a las personas y una mayor proporción de infraseguros, los cuales limitan el acceso a los servicios médicos[11].

Dado que depende de las decisiones de los empresarios, «tener un trabajo no garantiza el acceso a una cobertura sanitaria financiada por la empresa; de hecho, unos 38 millones de las personas que no tienen seguro (en torno al 77 %) son de familias en las que al menos trabaja uno de sus miembros»[12]. Además, el 61 % de los no asegurados pertenecían a familias en las que uno o más de sus miembros trabajaba a jornada completa. Los datos de las encuestas muestran que quienes no tienen seguros suelen ser minorías, de bajo nivel educativo, de familias de nivel adquisitivo bajo o moderado, o gente joven. Y más de cuatro quintas partes de los no asegurados son o bien nativos estadounidenses o ciudadanos nacionalizados, lo que significa que el hecho de no tener seguro médico no es un problema exclusivo de trabajadores sin papeles.

Esto implica que las profundas desigualdades raciales y económicas que se dan en materia sanitaria, algo que atrae cada vez más la atención de las investigaciones y medidas públicas, se deben, al menos en parte, a diferencias raciales y de ingresos familiares entre quienes tienen seguro médico financiado por su empresa. Por ejemplo, un análisis reveló que, aunque la gente de color constituye el 34 % de la población de Estados Unidos, representa el 52 % de las personas que no tienen seguro[13].

Las decisiones de los empleadores sobre si proveer o no seguro médico son, como ya he señalado, un típico problema de acción colectiva. Si todas las empresas ofrecieran seguros, ninguna se sentiría en desventaja económica por hacerlo. Además, a las empresas que contratan seguros no se verían perjudicadas por el traspaso de costes que se les carga (indirectamente) al haber otras que no los ofrezcan. Con este «traspaso de costes» me refiero al que se produce cuando los médicos y, en particular, los hospitales y clínicas, aplican tarifas más altas cuando tratan a pacientes asegurados. Así, compensan los gastos no resarcidos en los que incurren cuando atienden a pacientes sin seguro. Por ejemplo, según un estudio en el que se analizaron datos muy detallados a nivel estatal, en el año 2002 las facturas impagadas ascendieron a un total de 529 millones de dólares solo en el estado de Maryland[14]. Pero, como en toda situación de acción colectiva, el empresario a título particular encuentra más atractiva la opción de escurrir el bulto. Si no provee seguros, aligerará sus costes con respecto a la competencia, y lo que se ahorra en la sanidad de sus empleados ya lo pagará otro.

A medida que aumenta la proporción de empresas que no ofrecen seguros o que los que ofrecen son tan caros que casi ningún empleado los puede aprovechar, mayor es la desventaja económica de las empresas que sí ofrecen buenos seguros a sus empleados. El traspaso de costes que estas sufren se va acusando más y más, porque acaban pagando por partida doble: la primera, de forma directa, con el pago de la póliza y, la segunda, de forma indirecta, a través de los impuestos para financiar los programas de sanidad pública para atender a los no asegurados. Por consiguiente, como me comentaban los expertos en seguros que trabajan en asesorías de planes de compensación, llegaremos a un punto de inflexión en el que cada vez más empresas dejarán de ofrecer seguros médicos para poder ser competitivas y porque dejará de verse como una norma o como lo que toda buena empresa debería hacer. Y esto sucederá a pesar del Obamacare, porque la «multa» que tendrían que pagar las grandes empresas por no proveer de seguro médico a sus empleados les saldría sustancialmente más barata que el propio seguro.

Cuando la normativa cambia, también cambia nuestro comportamiento. Evidentemente, nadie sabe a ciencia cierta cuándo llegaremos a ese punto de inflexión. Pero he estado presente en reuniones de altos directivos de Recursos Humanos de algunas de las empresas más prominentes y pudientes, en las que se llegaba a plantear la posibilidad de que la empresa dejara de ofrecer seguro médico a sus empleados, independientemente de las medidas políticas que pudieran aprobarse a nivel nacional. Una propuesta que antaño nadie hubiese imaginado que se aceptaría por unanimidad.

Desde 2016, la Ley de Salud Asequible ha dado acceso a los servicios médicos a unos trece de los cuarenta y un millones de ciudadanos que no tenían cobertura sanitaria. Depende de cada Estado decidir si amplían o no los programas de Medicaid para dar mayor cobertura a los niños y a la población desfavorecida. Algunos Estados han aprovechado los fondos federales disponibles para fomentar dicha ampliación, pero muchos otros no. Los datos demuestran que la mayoría de los no asegurados son adultos con trabajo, gente como Dan, el albañil, lo cual indica que los efectos que tiene el seguro médico en el bienestar de las personas siguen siendo un asunto relevante.

3. CONSECUENCIAS DE NO TENER SEGURO MÉDICO PARA LA SALUD Y EL BOLSILLO

¿Cómo afecta al empleado el hecho de que una empresa decida contratar o no seguros médicos? En dos aspectos muy importantes. Primero, en la salud y el riesgo de mortalidad y, segundo, en el riesgo de insolvencia y el estrés financiero.

El seguro médico y la salud

Estas decisiones son importantes por algo tan simple como que el seguro médico, o la falta de él, afecta profundamente a la salud y al riesgo de mortalidad de las personas. Un estudio del Institute of Medicine (IOM) analizó datos de ciudadanos de entre 25 y 74 años entre 1971 a 1987, y datos del censo de ciudadanos de entre 25 y 64 años entre 1982 y 1986.

Según este estudio, el riesgo de mortalidad de los adultos en edad de trabajar que carecieran de seguro médico aumentaba un 25 %. Este resultado se mantenía incluso después de ajustar estadísticamente otras variables que pudieran influir en la mortalidad[15]. Tomando como referencia este porcentaje del aumento de la mortalidad y el número de personas que en aquel entonces no tenían seguro, el estudio del IOM estimó que se estaban produciendo unas 18 000 muertes en exceso al año en Estados Unidos. A medida que el número de no asegurados iba creciendo, el Urban Institute estimó, siguiendo la misma metodología que el IOM, que entre los años 2000 y 2006 se produjeron unas 137 000 muertes en exceso por carecer de seguro, 22 000 solo en el año 2006[16].

La metodología del IOM daba por sentado que la falta de seguro médico aumentaba el riesgo de mortalidad por igual en todos los rangos de edad. Pero eso no era del todo exacto. El riesgo de enfermar, sea cual sea el motivo, aumenta con la edad, así como el riesgo de contraer cáncer o alguna cardiopatía. Evidentemente, el hecho de carecer de seguro tiene menos consecuencias para la salud y la mortalidad cuando uno no está enfermo que cuando sí tiene una enfermedad grave. Y este es otro punto discrepante con el análisis inicial. Y es que el solo hecho de carecer de seguro guarda relación en sí mismo con el estado de salud. Antes de que se aprobara la reforma sanitaria del presidente Obama, solía coincidir que la gente cayera enferma con el hecho de que hubieran perdido su cobertura sanitaria. Además, la exclusión de las enfermedades preexistentes era una condición común a todas las pólizas. Teniendo todo esto en cuenta, un estudio reveló, tras ajustar los efectos en la salud de las personas y la probabilidad de que tuvieran seguro médico, que había una diferencia en el riesgo de mortalidad del 42 % entre los que tenían seguro y los que no, casi el doble de lo estimado por el estudio del Institute of Medicine[17]. Otro análisis que midió los datos de adultos de entre 55 y 64 años estimó que solo en este rango de mediana edad, mueren más de 13 000 personas al año por no tener seguro médico.

Un reciente análisis de estudios científicos apoya la conclusión original del estudio del Institute of Medicine: que «tener seguro médico reduce la mortalidad» y que «carecer de él acorta la esperanza de vida»[18]. En parte, porque tener seguro favorece que el paciente siga las prescripciones del médico. Este análisis señaló que uno de los motivos por los que Estados

Unidos tiene peor esperanza de vida que muchos otros países industrializados es que «el limitado acceso a servicios sanitarios de calidad contribuye a un mayor índice de mortalidad nacional por causas que se podrían haber evitado médicamente»[19].

Otros estudios muestran consecuencias de no tener seguro mucho peores. Un estudio longitudinal de unas 9000 personas de entre 17 y 64 años, realizado entre 1988 y 2000, reveló que la probabilidad de muerte era un 40 % mayor en el caso de los no asegurados, incluso tras ajustar estadísticamente variables como la edad, el sexo, el índice de masa corporal, el consumo de alcohol y de tabaco, el ejercicio y los diagnósticos médicos. Este análisis estimó que al año se producían casi 45 000 muertes en exceso por no tener seguro médico. O sea, que la falta de seguro médico causaba más muertes que la enfermedad renal[20].

Además de estos estudios sobre el exceso de mortalidad por cualquier causa, los estudios sobre mortalidad por enfermedades específicas también revelan índices de mortalidad más elevados en los casos de enfermos sin seguro en comparación con quienes sí estaban asegurados. Un estudio en el que participaron 189 pacientes nacidos con fibrosis quística y que habían sido ingresados al menos una vez en un centro médico universitario reveló que la media de supervivencia en pacientes sin seguro era de 6.1 años en comparación con los 20.5 (más del triple) en el caso de pacientes con seguro privado[21]. Otro estudio sobre la mortalidad por fibrosis quística comparó a enfermos de Canadá con los de Estados Unidos. Según aquel estudio, «los canadienses que padecen fibrosis quística sobreviven una media superior a 10 años más que los estadounidenses debido, en gran parte, a los diferentes sistemas sanitarios de ambos países». Aunque en el caso de los estadounidenses con seguro privado no había diferencias entre los índices de mortalidad de ambos países, el «índice de mortalidad canadiense era un 44 % más bajo que el estadounidense con respecto a beneficiarios de los programas Medicaid o Medicare, y un 77 % más bajo que el de los estadounidenses sin seguro»[22].

Un estudio sobre el cáncer de mama reveló que, habiendo tomado referencia de los estadios de la enfermedad cuando la paciente acudió al tratamiento, el riesgo de mortalidad ajustado era un 49 % superior en el caso de las pacientes sin seguro en comparación con las que sí tenían seguro privado[23]. Un análisis de mujeres con cáncer de cérvix, cuyo pronóstico depende en gran medida de lo avanzado que esté en el momento de detectarlo, reveló que las mujeres sin seguro tenían aproximadamente 1.4 veces más probabilidades de detectarlo en un estadio más avanzado que las mujeres aseguradas[24]. Y un análisis de pacientes que sufrieron derrames reveló que, dependiendo del tipo, el hecho de no tener seguro aumentaba el riesgo de mortalidad entre un 24 y un 56 %[25].

Los investigadores también han descubierto algunas de las vías y procesos causales que vinculan el hecho de tener seguro médico con el estado de salud. Una relación de causalidad entre tener o no tener seguro y la mortalidad es, por ejemplo, la relación entre tener seguro y realizarse chequeos preventivos para varias enfermedades. Las investigaciones demuestran «la eficacia de las pruebas preventivas (por ejemplo, de colesterol, mamografías, [...] pruebas de Papanicolaou) a la hora de reducir la morbilidad y la mortalidad», y todos los datos coinciden en que «es menos probable que quienes no tienen seguro se hagan pruebas preventivas en comparación con los que sí tienen»[26]. Por otro lado, la condición de «asegurado» o «no asegurado» es intermitente en muchas personas, por ejemplo, si cambian de empresa o si han encontrado trabajo después de haber estado tiempo en el paro. Los datos del estudio, a los que se aplicaron exhaustivos ajustes estadísticos acerca del estatus socioeconómico, demuestran que, aunque la falta de seguro médico fuera por períodos intermitentes, la realización de pruebas preventivas era sustancialmente menor en estos casos, y que estos efectos se mantenían durante algún tiempo después de volver a tener seguro[27].

El acceso al seguro médico también influye en que el paciente cumpla o no el tratamiento que le prescriben, por ejemplo, si adquiere o no los medicamentos que le han recetado. Según la Fundación Kaiser Family, «más de una cuarta parte de los asegurados afirman que en el último año no adquirieron sus medicamentos porque no podían permitírselo»[28]. Un estudio en el que participaron 1000 personas con y sin seguro comparó qué le sucedía a cada grupo después de que, o bien sufrieran una lesión no intencionada, o bien les hubiesen diagnosticado una o más enfermedades crónicas. Ante un cambio negativo en su estado de salud, las personas sin seguro eran menos propensas a solicitar atención sanitaria, acudían a menos visitas al médico y solicitaban menos medicamentos. Además, también eran doblemente propensas a no recibir seguimiento médico. No es de extrañar, por tanto, que, incluso siete meses después de que apareciera el problema de salud, los pacientes sin seguro tuvieran casi un 50 % más de probabilidades de que empeorara su estado de salud que los que sí tenían seguro[29].

Tener seguro también parece guardar relación con recibir una mejor atención una vez diagnosticada una enfermedad. Esto se debe a que, al estar asegurado, se tiene acceso a un mayor –y mejor– cuadro médico y a hospitales con más recursos financieros, lo que implica un abanico más amplio de tratamientos y cuidados más completos, incluido el seguimiento. Un estudio innovador decidió examinar a las personas que fueran a cumplir 65 años (edad a la que ya se pueden beneficiar del programa Medicare) para analizar cómo afectaba tener o no seguro en los tratamientos y en su salud. El análisis contemplaba las admisiones en urgencias por asma grave, infartos y derrames, y comparaba las diferencias entre quienes habían ingresado justo antes y justo después de cumplir los 65 años. El estudio reveló que quienes tenían 65 ya cumplidos recibieron más servicios y, por tanto, presentaban un 20 % menos de riesgo de fallecer, incluso aunque se tratara de pacientes muy graves. Esta diferencia en el índice de mortalidad se mantenía durante al menos nueve meses tras la hospitalización[30]. Otro análisis comparó los Estados que ampliaron la cobertura de Medicaid con Estados similares que no lo hicieron, y estimó que dicha ampliación de cobertura reducía la mortalidad general en torno a un 6 %. Parte de esa reducción se debía a que había menos pacientes que pospusieran sus tratamientos por razones económicas[31]. Estos estudios coinciden con otros que demuestran que las personas con seguro reciben más y mejor atención médica, y de forma más oportuna, que quienes no tienen seguro.

Seguro médico y problemas financieros

Numerosos estudios han hallado una relación entre tener seguro médico y ser insolvente o tener otro tipo de dificultades económicas. Un informe señaló que «casi el 40 % de los no asegurados tienen facturas médicas pendientes». Y otro estudio realizado en Oregón demostró que «los no asegurados tienen más probabilidades de pasar apuros económicos a causa de las facturas médicas y otros gastos». Como señaló la Fundación Kaiser Family en su informe sobre las personas sin seguro, «son conscientes de que probablemente no podrán permitirse el coste de la atención médica que pueda necesitar su familia, y eso puede generarles ansiedad y quizá llevarlos a retrasar o incluso renunciar a los tratamientos»[32]. El estrés financiero, como cualquier otro tipo de estrés, guarda relación con la mala salud, tanto física como mental, así como con la mortalidad[33]. El estrés afecta de forma directa a la salud e induce a conductas poco saludables, como fumar, beber y consumir drogas, lo cual agrava aún más los efectos nocivos en la salud y aumenta el riesgo de una muerte prematura[34].

No hay duda de que, hasta para los asegurados –pero en especial para los no asegurados–, las facturas médicas hacen más probables los problemas de insolvencia y otro tipo de dificultades económicas, si bien, aún hay cierta controversia sobre la magnitud de estos efectos. Un análisis de 1771 personas que se declararon insolventes en cinco (de los 77) tribunales federales de distrito estimó que aproximadamente en la mitad de estos casos alegaron motivos médicos. «Una suspensión de la cobertura durante los dos años previos a la declaración de insolvencia era un factor de peso para predecir insolvencia por causas médicas»[35]. Sin embargo, en torno a tres cuartas partes de los que se declararon en quiebra tenían seguro en el momento en el que empezaron a aparecer estos costes. Otro estudio analizó los cambios en los bienes familiares, sin contar el valor de la vivienda, comparando los de personas de mediana edad con seguro que acabaran de caer enfermos con los de personas de la misma edad que hubiesen caído enfermos sin tener seguro. En el caso de los enfermos sin seguro, el valor de los bienes familiares se reducía entre un 30 y un 50 % en comparación con los que tenían cobertura sanitaria[36]. Aunque es bastante común tener deudas médicas, «afectan en mayor medida a quienes no tienen seguro médico».

Evidentemente, tener deudas y estar en quiebra son situaciones traumáticas y estresantes. «Una encuesta realizada a nivel nacional descubrió que el 44 % de quienes tenían deudas médicas empleaban todos o casi todos sus ahorros para saldarlas [...]. Uno de cada cinco deudores acumula grandes deudas en su tarjeta de crédito o hipoteca su casa para poder hacer frente a las facturas [...]. Las personas con deudas médicas suelen acabar en juicios, o con embargo de salario, embargo de bienes, incluidas las cuentas bancarias, o con gravámenes sobre su vivienda, lo que puede dar lugar a la ejecución de la hipoteca»[37].

Como demuestra este somero repaso de las abundantes pruebas que existen, la falta de un seguro médico es algo realmente peligroso para la salud física y financiera de las personas e influye negativamente en la mortalidad. Por tanto, las empresas que ofrecen seguros de costes razonables protegen el bienestar de sus empleados, mientras que las que no lo hacen, les ponen en un serio peligro físico y psicológico.

4. SEGURO MÉDICO Y FUNCIONAMIENTO DE LOS MERCADOS LABORALES

Al haber empresas que proveen seguro médico y otras que no, surgen muchos problemas. Y esos problemas se vuelven especialmente graves si además las aseguradoras pueden negarse a cubrir las enfermedades preexistentes, lo cual era bastante común antes de la reforma sanitaria de la Administración Obama. Estos problemas no solo son malos para el bienestar del empleado, sino también para los resultados de la compañía.

El primero de estos problemas surge por la limitación de la movilidad laboral, lo que en Estados Unidos suele conocerse como *job-lock* (o «bloqueo laboral», es decir, el empleado no se siente libre de abandonar su trabajo si quisiera, porque entonces perdería su seguro médico y demás beneficios). Los enfoques más teóricos acerca del capital humano, que consideran a los trabajadores como objetos de las fuerzas del mercado, reconocen la función positiva de seleccionar y adecuar la mano de obra. En otras palabras, las empresas necesitan disponer de ciertas habilidades técnicas y atributos, y estos requisitos van cambiando con el tiempo conforme también lo hace el entorno competitivo. Por poner un ejemplo, las labores de manufactura apenas requerían habilidades matemáticas o de lógica antaño, pero la importancia que han adquirido las máquinas controladas numéricamente y la mayor complejidad de los procesos hacen que estas habilidades ahora sí sean más necesarias. Al otro lado de la ecuación, las aptitudes y gustos de los empleados también van cambiando con el tiempo, a medida que estos se van formando y aprendiendo con la experiencia en qué condiciones les gusta trabajar y en cuáles no.

Los mercados laborales funcionan mejor cuando las empresas pueden seleccionar libremente a sus trabajadores y si, a su vez, los trabajadores pueden cambiar de trabajo libremente, no solo porque esté mejor remunerado, sino también porque ofrezca condiciones más favorables para sus talentos y competencias. Muchos académicos y expertos en políticas reconocen que cuando esa libertad de ajuste empleado-empleador está constreñida, «se nota en los resultados de la economía en general por la menor eficiencia y productividad del mercado laboral»[38]. Porque «la movilidad del mercado laboral favorece que los trabajadores encuentren trabajo donde vayan a ser más productivos», por lo que «la inmovilidad debida a la desigualdad en las coberturas médicas que ofrecen las empresas puede hacer perder potenciales ganancias en productividad e ingresos, minar la satisfacción del empleado y alterar el volumen y calidad de los bienes y servicios producidos»[39].

Las prestaciones de jubilación no transferibles son otra causa de «bloqueo laboral». De hecho, uno de los propósitos de los planes de compensación diferida, como son las pensiones, es que los empleados queden aún más atados a la empresa y reducir así los costes por rotación de personal. Sin embargo, el hecho de que el seguro médico esté ligado a la empresa y de que a quienes ya tienen enfermedades les resulte difícil obtener coberturas en otro sitio, obstruye la movilidad de tal forma que entorpece el funcionamiento óptimo del mercado laboral. Los empleados se quedan en empresas que ya no les interesan porque no quieren perder su cobertura ni sus beneficios o porque temen no encontrar otro trabajo enseguida, o que el que encuentren ofrezca peores condiciones.

Es difícil calcular hasta qué punto la inquietud por el seguro médico influye en el bloqueo del mercado solo con los datos de panel sobre movilidad laboral disponibles. No obstante, la prueba empírica, que emplea metodologías más sofisticadas y ajusta de diversas formas otras variables que podrían afectar a la movilidad, ofrece estimaciones razonablemente consistentes que señalan una reducción significativa de la movilidad. Un estudio que analizó datos de los años ochenta calculó que el factor «seguro médico» reducía la movilidad laboral del 25 al 31 %, siendo este efecto más acusado en las mujeres que en los hombres[40], mientras que otro estudio que se centró en hombres de familias de doble fuente de ingresos, descubrió que la movilidad se reducía del 36 al 50 %[41]. Otro análisis reveló que las enfermedades crónicas reducían la movilidad laboral en torno al 40 % con respecto a otros trabajadores similares sanos[42]. También hay pruebas de que las políticas públicas que facilitan la obtención de un seguro médico al cambiar de empresa, como los mandatos de «continuación de la cobertura», hacen que el «bloqueo laboral» por razón del seguro tenga menos peso en la movilidad[43]. Las reducciones de la movilidad laboral de entre el 25 y 50 % son muy significativas y sugieren que el problema teórico de discordancia empleado-empleador tiene importantes consecuencias para la productividad y la eficiencia.

El segundo problema surge por las disposiciones actuales de los planes de seguros médicos en Estados Unidos, que dan lugar a una forma de selección adversa. La mayoría de planes de seguros grupales no excluyen las enfermedades preexistentes y cubren a todos los empleados que reúnan los requisitos pertinentes, como por ejemplo número de horas trabajadas o duración del contrato. Sin embargo, no todas las empresas ofrecen seguros médicos. Además, la oferta de seguros en el mercado privado individual limita en gran medida la cobertura de nuevas afecciones y no cubren las enfermedades preexistentes (o al menos así era antes de la reforma sanitaria). Así, los empleados que ya padecen problemas médicos se ven limitados a buscar trabajo en empresas que sí ofrezcan esta cobertura. Por consiguiente, dichas empresas tienden a atraer a una mayor proporción de personal enfermo que acarreará costes médicos más elevados, lo cual motiva que, con el tiempo, estas empresas vayan reduciendo o limitando la cobertura para paliar las desventajas que les supone este efecto de selección adversa. Por otro lado, elegir empleo atendiendo a criterios de cobertura sanitaria interfiere claramente en procesos de selección en los que deberían primar las competencias y el interés, lo cual redunda en pérdidas de productividad y eficiencia.

Las distorsiones que el bloqueo laboral y el efecto de selección adversa generan en el mercado laboral hacen que cada vez resulte más caro para las empresas ofrecer seguros médicos. Esto explica por qué la cobertura privada ha ido cayendo de esta manera. Pero reducir la cobertura no «soluciona» el problema de costes derivados de los seguros de salud. Sino que estos costes se transfieren a otros pagadores (que suelen ser las clínicas públicas y privadas que suministran los servicios impagados) y, además, a un precio aún más alto, porque los pacientes suelen llegar en peor estado o con la enfermedad más avanzada al haber ido eludiendo el tratamiento por carecer de cobertura sanitaria.

5. OFRECER SERVICIOS MÉDICOS EN LA PROPIA EMPRESA

Las buenas empresas cuidan de sus trabajadores proporcionándoles seguros médicos. Un empleado sano es más productivo y ofrecer seguros médicos atrae y retiene a los trabajadores[44]. Las empresas que ofrecen seguros –y otros beneficios– a sus empleados muestran que se preocupan por su gente. Ofrecer buenas prestaciones sanitarias, especialmente cuando la competencia recorta en esas partidas, activa el principio de reciprocidad y fomenta que el empleado corresponda a la empresa con mayores niveles de lealtad y compromiso.

Pero las empresas que se preocupan por la salud de sus empleados se enfrentan a ciertos dilemas. Primero, como ya hemos comentado, a medida que suben los costes sanitarios, las empresas que quieren hacer lo correcto se ven de pronto en un brete competitivo: confrontados, por un lado, con los inconvenientes de la selección adversa –ya que los trabajadores más enfermos acuden en manada a las empresas que ofrecen cobertura– y, por otro, con el problema de competir con empresas que gozan de costes más bajos porque han externalizado los costes sanitarios de su plantilla a la sociedad o a las clínicas y hospitales, o a ambos. Segundo, las empresas estadounidenses se enfrentan a un sistema sanitario plagado de costes administrativos: para comercializar los planes de seguros a empleadores y empleados, revisar y abonar las reclamaciones, resolver los recursos por las reclamaciones denegadas, conceder autorizaciones para pruebas y tratamientos –y muchas de estas cosas apenas guardan una relación tangencial con el propio servicio sanitario. Gail Adcock, director de servicios médicos, supervisa las prestaciones sanitarias y se encarga de la atención médica que se suministra en la gran compañía de *software* SAS Institute. Me dijo que «la sanidad gestionada consistía más en gestionar costes que otra cosa», algo que no solo incrementó los costes generales, sino que también despertó desconfianza entre los trabajadores. Algunos investigadores de Harvard estiman que los costes generales se llevan casi un tercio del gasto que Estados Unidos hace en sanidad, y que esta gran carga administrativa es una de las razones de que Estados Unidos no obtenga mejores resultados en materia de salud pese a lo mucho que invierte en este ámbito[45].

Dadas estas circunstancias, cada vez son más las empresas que optan por ofrecer los servicios sanitarios en su propia sede. Esta solución no solo reduce considerablemente los gastos administrativos que generan las aseguradoras, sino que permite a los empleadores estar más próximos a los problemas de salud de sus empleados, lo cual favorece una intervención en las etapas más tempranas de la enfermedad y, a su vez, permite ahorrar dinero y mantener sana a la plantilla. Se sabe que la relativamente pequeña proporción de empleados que hay con enfermedades graves es inversamente proporcional a los costes sanitarios que se les asigna; también es sabido que se puede predecir el riesgo de que una persona pase a formar parte de este grupo de alto riesgo/coste, lo cual brinda la posibilidad de intervenir a tiempo para evitar que eso suceda, y así reducir los costes médicos[46].

Hace décadas, algunas empresas tenían médicos *in situ* o en las inmediaciones, sobre todo si eran empresas ubicadas en lugares muy alejados o cuya actividad entrañara mucho peligro de lesión o enfermedad. Con el tiempo, estas medidas dejaron de adoptarse conforme el vínculo empleado-empleador evolucionaba hacia una relación más transaccional, haciendo que estos ya no se sintieran tan responsables del bienestar de sus empleados. Pero es una opción que ofrece muchas ventajas. En primer lugar, la posibilidad de ver al médico en el trabajo ahorra mucho tiempo en desplazamientos. En el campus de Sprint en Overland Park, Kansas, los empleados «podían fichar para salir e ir a donde fuera que estuviera la consulta de su médico –y, lo normal, es que volvieran al día siguiente–, o bien podían atravesar el campus [...] y ver al médico en una de las tres salas de exploración de la clínica y volver a su puesto [...] en cuestión de media hora, más o menos»[47].

En segundo lugar, el ahorro de costes. Con las visitas médicas en las propias instalaciones de la empresa se eliminan los gastos generales de clínicas y hospitales, así como de la intermediación de las aseguradoras. En estos casos, el personal sanitario suele estar en nómina en lugar de ser contratado puntualmente para cada servicio, lo que también supone un ahorro. Otra gran ventaja en la que coinciden muchas empresas es que permite reducir las bajas y mejora la salud y productividad de los empleados. Es más factible que visiten al médico si este se encuentra en las instalaciones, no solo porque les resulta más cómodo, sino porque los copagos suelen ser más reducidos o inexistentes. Al mantener contacto con los empleados con más frecuencia, el personal médico puede reaccionar a tiempo para evitar que sus dolencias empeoren y fomentar hábitos saludables. Además, lo tienen más fácil para hacer seguimiento y asegurar que estos hábitos se mantengan. Otra de las ventajas que citaban las empresas que participaron en la encuesta es que las pautas para el tratamiento se basan en pruebas y se emplean más registros electrónicos que facilitan la coordinación de los cuidados. «Los estudios apuntan a rendimientos relativamente buenos. Las empresas que ofrecen servicios médicos en sus instalaciones consiguen un ahorro de 2 dólares por cada dólar invertido. Otros estudios indican niveles de ahorro de hasta 3 y 6 dólares por cada dólar invertido»[48].

Gracias a estas ventajas va creciendo el número de adeptos a este modelo. «Según [...] el National Business Group on Health, en 2007 el 23 % de las empresas encuestadas de más de 1000 empleados afirmaron ofrecer servicios médicos en sus sedes» y se espera que este número haya seguido creciendo[49]. Este modelo ha llegado incluso a empresas más pequeñas. Por ejemplo, Wilson Tool International, en White Bear Lake (Minnesota), y Turck, Inc., en Plymouth, tienen consulta médica en sus empresas, y eso que solamente cuentan con unos 400 empleados[50]. Ahora hay varias empresas que se dedican a facilitar la creación de consultas médicas *in situ* para otras empresas, una idea de negocio que está en auge.

Obviamente, estas clínicas sirven para dolencias relativamente leves y para consultas y tratamientos de rutina, como vacunaciones. Pero incluso esas incidencias rutinarias consumirían una cantidad de tiempo enorme si se resolvieran de otro modo. Eso y la posibilidad de reducir costes y poder demostrar con hechos el compromiso de la empresa con el bienestar de sus empleados son algunas de las ventajas más atractivas de este modelo.

6. TODOS PIERDEN

Los datos son claros: sin seguro médico sube el índice de mortalidad, empeora la salud, surgen dificultades financieras y hasta quiebra, y aumentan los niveles de ansiedad y estrés. Gran parte de la población de Estados Unidos sigue sin tener seguro médico. También es sorprendentemente grande la proporción de personas que, aun teniendo seguro, han de renunciar a sus medicamentos y tratamientos porque no se los pueden permitir. De los que no tienen seguro, la mayoría son trabajadores, muchos de ellos a jornada completa. Incluso en los casos en los que las empresas proveen seguros, se han traspasado los costes de estas al empleado, lo que ha dado pie a que las primas y copagos se encarezcan a un ritmo más rápido que los propios costes sanitarios y ha limitado a muchos el acceso a los servicios médicos. Y quienes tienen seguro –así como sus empleadores– a menudo tienen que sortear trabas administrativas para que las aseguradoras acepten abonar los gastos médicos, lo cual les distrae de su trabajo y les genera mucho estrés.

La inquietud por el seguro médico deriva en el famoso bloqueo laboral y reduce la movilidad del mercado que, a su vez, afecta a la productividad. La inseguridad de no saber si podrá recibir atención sanitaria afecta al rendimiento del empleado y le hace menos productivo. Proveer planes de seguros consume una enorme cantidad de recursos, y gran parte de esos costes van a parar a asesores, personal de Recursos Humanos que administre los planes y a los gastos administrativos de los propios servicios médicos. Estos costes son uno de los motivos de que cada vez más empresas se decidan a ofrecer atención médica en sus instalaciones para consultas rutinarias y dolencias relativamente leves.

No está nada claro que nadie salga beneficiado con el sistema actual, aparte de las aseguradoras, corredores de seguros y asesorías de beneficios. Además, se ha politizado mucho la cuestión de la sanidad y de quién paga por ella. Y no solo causa tensión política a nivel nacional y estatal (aunque las disputas de gobierno son frecuentes a todos los niveles), sino también en las empresas. En lo que respecta a la salud, los objetivos de reducción de costes de los directores financieros a veces chocan con los de Recursos Humanos que miran más por el bienestar de los empleados. Y, como sucede con cualquier conflicto político, es casi imposible predecir cómo evolucionará.

De lo que aún no se habla –ni a nivel gubernamental ni empresarial– con respecto a los seguros, los costes y la salud del empleado, es del coste humano al que conducen todas estas contradicciones y paradojas. La gente se ve de pronto ante la tesitura de afrontar cuantiosas facturas médicas con cada receta. Como alguien me dijo una vez, es bastante inhumano que una persona enferma, a veces incluso en peligro mortal, tenga que vérselas con aseguradoras, pólizas y consultoras, y estar a merced de estas entidades para tomar decisiones que a menudo son cuestión de vida o muerte.

En este aspecto, al igual que en muchos otros de los que abordamos en este libro con relación al entorno laboral, las decisiones y debates financieros pasan por alto la cuestión de la sostenibilidad humana. Y no está tan claro que las empresas se beneficien de tener una plantilla estresada, perdida en una maraña de formularios, tratando de averiguar qué servicios médicos pueden recibir y que autorizaciones previas requieren para ello, y mareados por los constantes cambios de precios y ofertas.

CONSECUENCIAS DE TRABAJAR DEMASIADO Y DE LAS DIFICULTADES PARA CONCILIAR

CAPÍTULO 5

Kenji Hamada tenía 42 años cuando falleció de un infarto sobre su mesa en la oficina en Tokio. Su viuda afirmó que Hamada había estado trabajando 72 horas semanales y que tardaba 4 horas cada día en ir y volver del trabajo. Había trabajado durante 40 días seguidos antes de su muerte. «Estaba muy estresado, trabajaba día y noche», aseguraba[1]. A finales de 2016, una empleada de 24 años de la gran agencia publicitaria Dentsu se suicidó tras confesar a sus amigos el acoso y las largas jornadas laborales a las que estaba sometida. Trabajaba sábados y domingos y llegó a hacer más de 100 horas extra al mes[2].

Hasta existe un término en japonés para la muerte por exceso de trabajo: *karoshi*. El primer caso documentado de *karoshi* ocurrió en 1969, cuando un trabajador de 29 años, casado, del Departamento de Envíos del periódico más importante de Japón, murió de un derrame cerebral. A partir de entonces, comenzó a comentarse y a prestarse más atención a este problema en Japón, donde ya está reconocido formalmente como causa de muerte por la Oficina de Compensación al Trabajador del Ministerio de Trabajo. «En 2012, el Gobierno de Japón indemnizó a 812 familias que pudieron demostrar la relación entre el exceso de trabajo y las enfermedades y muertes, incluidos 93 suicidios»[3]. En 2015, las reclamaciones ascendieron a 2310, «aunque suponemos que la verdadera cifra rondará las 10 000 muertes, más o menos las mismas que se cobran los accidentes de tráfico al año»[4].

Según un estudio japonés: «No hay prácticamente nadie que no conozca esta palabra [...]. El *karoshi* preocupa a muchos trabajadores japoneses y a sus familias». Pero, pese a la difusión y escrutinio públicos, el problema sigue ahí. Una encuesta realizada en octubre de 2016 reveló que casi una cuarta parte de las empresas participantes afirmaron que algunos de sus empleados llegaron a trabajar más de 80 horas extra al mes[5]. Desde 1987, el Ministerio de Trabajo de Japón empezó a publicar estadísticas sobre el *karoshi*, aunque estas no se consideraban del todo fiables porque en casos aislados es difícil atribuir de forma inequívoca esas muertes prematuras o repentinas al exceso de trabajo, y no a otras causas[6].

Pero Japón no es el único país en el que las largas jornadas laborales y sus perjuicios para la salud suponen un problema. Li Jianhua, regulador bancario chino de 48 años, falleció de un infarto tras 26 años de duro trabajo, mientras se apresuraba a terminar un informe. Gabriel Li, que trabajaba en la sede de Pekín de la agencia de publicidad Ogilvy, murió en mayo de 2013, justo en su primer día después de volver de una baja médica. Entre otras muertes por exceso de trabajo ocurridas en China podemos citar, por ejemplo, «un empleado de 24 años de Ogilvy Public Relations Worldwide» y «un auditor de 25 años de PricewaterhouseCoopers»[7]. Las fábricas chinas, especialmente las que se dedican al ensamblaje de productos electrónicos para muchas de las empresas más icónicas (como Apple, HP, Cisco, etc.), destacan no solo por sus bajos salarios y condiciones laborales estresantes e inhumanas, sino por someter a sus trabajadores a turnos de trabajo extremadamente largos y a veces hasta impredecibles. De hecho, si las empresas de productos de consumo como Apple mantienen sus cadenas de suministro al mínimo y aun así son capaces de introducir nuevos productos casi de inmediato desde que el diseño está terminado, es precisamente porque sus subcontratistas están dispuestos a hacer lo que sea (literalmente, hasta despertar a sus trabajadores en mitad de la noche) con tal de acelerar la producción.

Como no podía ser de otra manera, en chino también existe un término para referirse a la muerte por exceso de trabajo: *guolaosi*. Por lo visto es un serio problema en China: «Unas 600 000 personas mueren cada año por trabajar demasiado según el *China Youth Daily*. La emisora estatal Radio Internacional de China fija la cifra en 1600 muertes al día». Según una encuesta realizada a empleados de Pekín por el decano de la Escuela de Economía Laboral, de la Universidad Capital de Economía y Empresa de China, el 60 % de los encuestados afirmó que superaba el límite legal de horas de trabajo en dos horas extra diarias[8].

Se tiende a pensar que el exceso de trabajo es un problema exclusivo de las economías emergentes, porque en los países industrializados las jornadas laborales están reguladas. Estas regulaciones determinan aspectos como el límite de horas que pueden trabajar los becarios, la remuneración de horas extra y la obligación de conceder días de vacaciones o permisos remunerados para así limitar la cantidad de horas de trabajo anuales.

Pero no siempre se cumplen. Los colectivos más vulnerables, como los inmigrantes que temen ser deportados o los trabajadores de bajos ingresos que temen perder su empleo, no suelen reivindicar sus derechos. Algunos cargos, como gerentes y supervisores, así como los oficios profesionales, a menudo son una excepción a estas disposiciones de pago de horas extra. Como me dijeron en cierta ocasión sobre Airbus, fabricante de aviones francés cuyo grueso de operaciones tienen lugar en un país en el que supuestamente solo se puede trabajar 35 horas semanales, hay gerentes de nivel medio que trabajan 60 horas a la semana y se quedan hasta las 8 de la tarde. Los oficios profesionales y administrativos han aumentado a medida que Airbus ha crecido y se ha asentado en el mercado. Sin embargo, al contrario que en algunos países, como Estados Unidos, los gerentes de Airbus casi nunca trabajan los fines de semana y sí que disfrutan de sus cinco semanas de vacaciones.

Algunos sectores y profesiones son especialmente propensos a alargar las jornadas laborales. La banca de inversión, por ejemplo, se conoce por las largas jornadas y consiguientes perjuicios para la salud que impone a sus trabajadores, independientemente del país del que estemos hablando. Como ya mencioné anteriormente, en 2013, Moritz Erhardt, el becario de 21 años que hacía sus prácticas en la sucursal londinense de Merrill Lynch, del Bank of America, falleció por haber estado trabajando hasta las 6 de la mañana durante tres días seguidos. Por lo visto, había pasado en la oficina hasta ocho noches enteras durante dos semanas. Un informe sobre su muerte señaló que «el señor Erhardt parecía ser uno de los muchos becarios que acostumbraban a coger el famoso tiovivo mágico, que consiste en volver a casa en taxi y pedir al conductor que te espere mientras te duchas y cambias de ropa, para que te lleve de vuelta a la oficina, listo para otro largo día de trabajo». Otro becario comentaba que «nos hacen trabajar como locos, y quizá acabó siendo demasiado para él»[9].

La abogacía también se caracteriza por sus largas jornadas laborales y su cultura de horas facturables en la que, cuantas más personas trabajen (y facturen), más dinero gana la firma. En su artículo sobre su exmarido, que falleció por problemas relacionados con el consumo de drogas, Eilene Zimmerman escribió que «llevaba 20 años trabajando 60 horas a la semana desde que empezó Derecho para labrarse su carrera y asociarse con el despacho de propiedad intelectual Wilson Sonsini Goodrich & Rosati»[10].

Las compañías tecnológicas, con sus hordas de trabajadores nocturnos atiborrados de Red Bull, son otro ejemplo en el que impera la explotación. La Fundación Médica de Palo Alto (PAMF, por sus siglas en inglés) opera una unidad móvil en Silicon Valley, con dos salas de exploración y un laboratorio. La furgoneta atiende a más de dos docenas de las empresas más grandes de la zona. ¿Y por qué una unidad móvil? Como el director de servicios médicos de la PAMF explicó, «los trabajadores están tan sumamente ocupados, que ni se plantean sacar tiempo para ir al médico»[11]. El 40 % de las personas a las que atienden no tienen médico de cabecera pese a que perciben buenos sueldos y trabajan para empresas que ofrecen seguros médicos. Simplemente están demasiado ocupados como para preocuparse por su salud. «Algunos pacientes ni siquiera dejan sus teléfonos móviles mientras les están reconociendo»[12]. Como resultado, tenemos «ingenieros de 30 años con cuerpos de 50: con barriga, columna torcida, tez apagada, problemas en las articulaciones, sin vitalidad y con un alto riesgo de contraer diabetes y cardiopatías»[13].

Por tanto, el problema de trabajar demasiado y sus consiguientes perjuicios para la salud se dan, al menos en cierta medida, en la mayoría de países, por no decir todos, y en trabajos y sectores muy diversos. «Trabajar demasiadas horas ya es algo habitual y se ha generalizado en muchos países desarrollados durante los últimos años»[14]. Las jornadas laborales en Estados Unidos son particularmente largas e irregulares, una situación que ha ido empeorando con el tiempo. Como David Waldman, vicepresidente de Recursos Humanos en la Fundación Robert Wood

Johnson destacó, «el exceso de trabajo no es una novedad en este país [...]. Pero, de alguna manera, parece que estamos llegando a una masa crítica»[15]. En Estados Unidos, el promedio de horas trabajadas anualmente [...] ha ido aumentando de forma constante durante las últimas décadas y actualmente supera el promedio de Japón y el de muchos países de Europa occidental», de modo que, si en 1979 Estados Unidos no era el país con las jornadas laborales más largas, en los 2000 empezó a destacar por ello. Un estudio que analizó los datos de horas diarias descubrió que casi el 30 % de los trabajadores estadounidenses afirmaba trabajar los fines de semana, una proporción superior a la observada en Francia, Alemania, Holanda y Reino Unido, y más del doble que en España. Este estudio también examinó la proporción de trabajadores de Estados Unidos que afirmaron trabajar de noche, entre las 10 de la noche y las 6 de la mañana. En Estados Unidos, más de una cuarta parte de los encuestados afirmó trabajar de noche, una proporción sustancialmente mayor a la de cualquiera de los países del estudio[16].

Trabajar durante muchas horas se ha convertido en la norma para aquellos empleados que ambicionan el éxito profesional. Como una *coach* ejecutiva me dijo, casi todos sus clientes trabajan entre diez y doce horas diarias, entre las 8 de la mañana y las 6 de la tarde. Descansan un rato para cenar y luego vuelven a la carga, desde las 8 hasta medianoche o hasta más tarde. Y la mayoría trabajan al menos un día durante el fin de semana. Está tan arraigado en los patrones laborales de la gente, que la *coach* ya no se solidariza con los que se quejan de los estragos que estas condiciones laborales causan en su salud y en sus relaciones. Se ha llegado a considerar como parte del precio a pagar por tener una carrera de éxito, y en muchos casos, niveles adquisitivos altos.

Además, hasta cuando se supone que la gente no está en el trabajo, la línea que separa el tiempo de trabajo y de ocio es ahora muy difusa debido a la omnipresencia que confieren los dispositivos electrónicos. Los empleados siempre están localizables y potencialmente disponibles para realizar algún trabajo, incluso aunque no estén físicamente en la oficina. En una encuesta, el 81 % de los participantes afirmó que consultaba el correo electrónico durante los fines de semana, el 55 % dijo que se conectaba después de las 11 de la noche y el 59 % consultaba el correo durante las vacaciones[17]. Estamos pendientes del correo hasta en funerales o mientras nace nuestro hijo. Es conmovedora la descripción que Eilene Zimmerman escribió sobre el funeral de su exmarido, abogado:

> «Muchos de los abogados estaban absorbidos por sus teléfonos, leyendo y contestando correos. Su amigo y colega había fallecido y ni siquiera en un momento como ese fueron capaces de parar y escuchar las palabras que se le estaban dedicando[18]».

Ahora en las empresas se espera de los empleados que estén localizables para llamadas o correos de trabajo mientras están en sus casas o de vacaciones. Un empleado de Uber, compañía conocida por su exigente e impetuosa cultura, comentaba en *BuzzFeed*:

> «Recibía mensajes los fines de semana. Correos a las 11 de la noche. Y si no respondía en cuestión de 30 minutos, se amontonaba una cadena de unas 20 personas [...]. Había períodos de 3 o 4 meses en los que me despertaba los viernes, sábados y domingos sobre las 3 o las 4 de la mañana porque había que arreglar algo», decía un ingeniero [...]. Eso además de estar trabajando 10 horas diarias o más»[19].

Pero este no es un problema exclusivo de las compañías tecnológicas, banca digital o de la abogacía. La idea de que el empleado debe estar permanentemente conectado y disponible se está generalizando cada vez más. Dean Carter, director de Recursos Humanos de Patagonia, me contó una anécdota de cuando trabajaba para la cadena de centros comerciales Sears:

> «Recuerdo que cuando trabajaba en Sears recibí un correo en Nochebuena, a las 7 de la tarde. Respondí a la mañana siguiente, a las 8 de la mañana. El día de Navidad. Pero uno de los directivos a quienes dirigía el correo me respondió diciendo: "Dean, no me explico cómo has tardado tanto en contestar sabiendo que estamos en plena transformación. Deberías ser más diligente"».

En vista del problema de que el trabajo empezara a solaparse con el tiempo de ocio, Francia aprobó en 2016 una ley que reconociera el «derecho a desconectar». Aunque esa ley no prohíbe enviar correos fuera del horario de trabajo, «obliga a que las empresas de más de 50 empleados negocien un nuevo protocolo para garantizar que los empleados no trabajen en sus días libres o hagan horas extras excesivas». En su justificación de la necesidad de esta ley, el ministro de Trabajo francés señaló que «los empleados están cada vez más pendientes del trabajo mientras están fuera de la oficina»[20].

Mientras algunos se mofan de las medidas tomadas por Francia sobre el horario laboral, un estudio de 365 trabajadores confirmó que el hecho de recibir correos fuera de su horario afectaba negativamente a los empleados, desequilibrando su vida personal y conduciéndoles a una situación de agotamiento y desidia. El estudio destacó que tener que estar constantemente disponible vía correo electrónico era una fuente de estrés laboral[21].

Las jornadas laborales excesivamente largas o irregulares son perjudiciales para la salud, sean de la forma que sean. Una, por ejemplo, es trabajar muchas horas en un día o una semana, lo cual conduce a la privación de sueño y debilita el sistema inmunitario. Un estudio de Gallup de más de 7000 adultos de Estados Unidos encontró una correlación positiva entre las horas de sueño y un mejor estado de salud autopercibido. Aproximadamente un 40 % de aquella muestra dormía menos de siete horas, el mínimo recomendado para un estilo de vida saludable[22].

Otro ejemplo es trabajar durante demasiadas horas a lo largo del año, sin periodos de descanso remunerado, si es que acaso se dispone de ese tiempo libre para irse de vacaciones o desconectar. Un estudio demostró que en torno a un tercio de los empleados estadounidenses no disfrutan del tiempo de vacaciones al que tienen derecho[23], y otro estudio más reciente descubrió que más de la mitad de los trabajadores estadounidenses con derecho a vacaciones remuneradas no utilizaban todo el tiempo que se les asignaba, y les quedaba de media unos siete días de vacaciones no disfrutados[24]. En torno a un cuarto de los estadounidenses ni siquiera tienen vacaciones[25].

Un tercer síntoma de este problema es que una persona enferma no se coja la baja médica por creerse que, si lo hace, corre el riesgo de perder su puesto de trabajo o que, de alguna manera, no demuestra su compromiso con la empresa. La BBC publicó en 2014 un estudio según el cual más del 25 % de los empleados en Estados Unidos afirmó que «siempre trabajan cuando están enfermos», mientras que «casi una cuarta parte de los adultos en Estados Unidos han sido despedidos o amenazados con el despido si se cogían la baja para recuperarse o para cuidar de algún familiar»[26]. Otra encuesta representativa en la que participaron 1000 personas de Estados Unidos reveló que el 62 % confesó ir al trabajo estando enfermo[27]. Tener un trabajador enfermo no solo es malo por el hecho de que no rendirá al 100 %, sino porque se corre el riesgo de que contagie a sus compañeros. La cadena de comida rápida mexicana Chipotle «achacó el brote de norovirus que se produjo en 2015 a que algunos empleados habían ido enfermos a trabajar»[28].

Un cuarto ejemplo es el trabajo por turnos o trabajar en horarios contrarios a nuestros ritmos circadianos, como los turnos de noche, por ejemplo. Según un estudio longitudinal realizado durante quince años sobre trabajadores de una fábrica de papel, el índice de enfermedades cardiacas aumentó en más del doble en los trabajadores que llevaban más de diez años trabajando por turnos[29].

Las empresas tienen elección

Debemos tener claro que trabajar durante muchas horas o no tomarse tiempo de descanso, ya sea una baja médica o vacaciones, no es una consecuencia inevitable e impuesta por las particularidades de la economía moderna, como la competencia global o la evolución de la tecnología. No. Porque cada empresa tiene sus políticas horarias y pueden ser radicalmente diferentes, incluso entre empresas que operan en el mismo país y en un mismo sector. El horario laboral es fruto de la voluntad y decisiones de la dirección. «En muchas empresas se da esa cultura de trabajo prolongado; de echar muchas horas, incluso aunque no sea imprescindible por el interés de la empresa»[30]. Un estudio que analizó los datos de una encuesta británica reveló que en torno a un tercio de la variación en las horas semanales se daba a nivel de empresa, y que esas diferencias eran particularmente importantes en el sector de servicios privados.

Hace unos años en Dublín, Irlanda, Google hizo un experimento al que llamó «Dublin Goes Dark» (Dublín se apaga). Para el experimento, propusieron al personal que antes de marcharse dejaran en la recepción cualquier aparato electrónico. «Los teléfonos, *tablets* y ordenadores se quedaron en la sede, y con ellos, el estrés. Los trabajadores afirmaron disfrutar de tardes más agradables y sin estrés», contaba Laszlo Bock, director de Gestión de Personas [Recursos Humanos] en Google»[31].

Patagonia establece un horario fijo y ofrece servicio de guardería en sus instalaciones. Su director de Recursos Humanos comentaba que «a las 5:30, cuando se cierran las guarderías, el *parking* se vacía. Todo el mundo se marcha. Es raro ver coches aparcados después de las seis». La empresa implantó jornadas laborales de 9 horas diarias para que cada dos viernes los empleados pudieran tener el día libre (es decir, que al año disfrutan de 26 fines de semana de 3 días). Y sus empleados no reciben llamadas ni correos durante esos días de descanso. Como me dijo una persona, «estas cosas no pasan».

Zillow Group, que opera una web inmobiliaria, es otro ejemplo de empresa que fomenta la limitación del horario para que sus empleados disfruten de un mejor equilibrio entre la vida laboral y personal. Como alguien señaló en cierta ocasión, «hasta que no formas parte de la empresa y ves que muchos ya no se llevan el portátil a casa, que pueden dejar a sus hijos en la guardería y estar en su puesto de trabajo a las 9:45, no te das cuenta de la diferencia que marca en sus vidas, de que esta cultura les permite realmente equilibrar estas dos facetas».

Landmark Health, una *start-up* que provee atención médica a domicilio para personas con enfermedades, incluye durante el proceso de adaptación e incorporación a la empresa una formación específica para que los empleados sean más conscientes de a qué hora envían los correos. Salvo que tenga que ver con el tratamiento del paciente, los empleados tienen órdenes de no enviar correos por la noche, ni en fines de semana, ni en vacaciones. Por supuesto, muchas otras empresas también han tomado medidas para gestionar sus jornadas laborales, limitar los momentos en que se puede llamar por teléfono a los empleados y ofrecer horarios de trabajo más flexibles.

Si la cantidad de horas que se trabaja y la posibilidad de desconectar del trabajo son diferentes en función de la empresa y su cultura, y no depende solo de los imperativos del negocio, entonces la jornada laboral (y sus consecuencias) es una medida variable que el empresario puede controlar hasta cierto punto y que los gobiernos pueden modificar introduciendo cambios en las normativas sociales y regulando el mercado laboral. Por tanto, ambos tienen potestad sobre la jornada laboral y en cómo afecta a la salud de los trabajadores.

1. ALGUNAS RAZONES POR LAS QUE SE TRABAJA TANTO

Son los propios empresarios y empleados quienes dejan que esto ocurra, haciendo que el trabajo se vea como una prioridad competitiva en su vida. Por eso, está tan bien visto trabajar horas extra. Tanto empleados como jefes lo ven como una demostración de compromiso y lealtad hacia la empresa. Además, por lo general, los empleados consideran su trabajo como algo importante. El trabajo duro y el hecho de hacer sacrificios por el trabajo les inclina a verlo así por el principio de coherencia. Inconscientemente, es una forma de justificarse y hacer que tenga sentido tanto esfuerzo. Al fin y al cabo, si el trabajo es importante (y hasta esencial) hay que darle prioridad. Esa es una de las posibles justificaciones que los investigadores encuentran al hecho de que haya tanta gente que dedica aún más horas a labores no lucrativas, porque consideran que ese trabajo responde a un fin superior[32]. Pero, obviamente, no por ello se libran de acabar quemados por tanto esfuerzo.

Trabajar durante muchas horas a menudo se ve como un alarde de fuerza y resistencia. Un contable me dijo que «esto se ve mucho. Se da, sobre todo, en la cultura de Silicon Valley. Se pican entre ellos diciéndose cosas como, "yo tengo más aguante, trabajo más que tú"». Es algo que puede dar puntos cuando aparece la oportunidad de conseguir un ascenso. Aquel contable me contó una anécdota de cuando trabajaba para una entidad sanitaria:

> «Cuando empecé aquí, si un día iba diciendo que tan solo había dormido cuatro horas, mi jefe, el vicepresidente financiero me contestaba que él solo había dormido tres. No se le ocurría responder algo así como "anda, tómate el día libre". Y, por supuesto, así es como yo trataba a la gente de mi equipo. Si algo no estaba acabado me parecía inaceptable y les exigía terminarlo, "sea la hora que sea"».

Los empleados «calientan la silla» lo que haga falta en un mercado laboral tan competitivo, en el que la competencia es cada vez más numerosa y las oportunidades de ascenso cada vez menores. Hasta los profesionales que más ganan –o, mejor dicho, sobre todo los que más ganan– trabajan aún más horas, pero lo acaban pagando. La encuesta realizada por Sylvia Ann Hewlett en 2004 mostró que el 62 % de sus participantes (empleados de altos ingresos) trabajaban más de 50 horas a la semana y el 10 % más de 80. Casi la mitad afirmaron que trabajaban unas quince horas a la semana más de lo que solían trabajar hace apenas cinco años. Suelen privarse de sus vacaciones y, aunque dan la impresión de que sus vidas son un éxito, al menos en el plano económico, el 69 % cree que llevaría una vida más sana si trabajara menos, el 58 % afirma que el trabajo ha interferido en la relación con sus hijos y el 46 % cree que ha afectado a su relación matrimonial[33].

Hace décadas, el tiempo libre era un distintivo de estatus social. La piel bronceada daba a entender que te podías permitir unas buenas vacaciones. Asimismo, las prendas de playa también marcaban cierto nivel social. Hoy en día, las personas de mayor rango social y económico trabajan más que los de un rango inferior. Las tornas han cambiado de un modo perverso, y ahora el estatus lo marca lo mucho que se trabaja. Se entiende como una señal de lo importante (incluso imprescindible) que es una persona. Drake Baer resumía este fenómeno de la siguiente manera en el libro de Arianna Huffington, *Thrive*:

> «Estar ocupado ahora está de moda. Es hasta un objetivo al que aspirar en la cultura estadounidense [...]. Cuando más alto llegas, más apretada está tu agenda [...]. Hablar de "horario de locos" en las postales [...] ya empezaba a estar bien visto en los sesenta [...]. En Estados Unidos la palabra *ocupado* se asocia con *estatus* [...]. Mostrarse tan poco disponible indica que estás muy solicitado, que la sociedad te valora[34]».

Con este panorama, la gente hace por trabajar muchas horas, para demostrar lo valiosos que son.

Por qué a las empresas les gustan las jornadas laborales largas

Pese a la nula o negativa correlación entre la productividad y las horas que se trabaja (como veremos más adelante), en muchas empresas se ve como normal trabajar demasiado y renunciar a las vacaciones. Además, ¿quién osaría oponerse a «trabajar duro», cuando lo que toda empresa quiere es un empleado leal y comprometido, que esté dispuesto a darlo todo para superar a la competencia? Obviamente, la lealtad y compromiso de un trabajador no es algo que se pueda apreciar fácilmente de forma directa. Es mucho más fácil medir la devoción del empleado con indicadores más indirectos como, por ejemplo, la cantidad de horas que dedica a su trabajo, si gasta o no todos sus días de vacaciones, o si sacrifica su tiempo libre por el bien de la empresa. En la empresa, las horas de trabajo (que son fáciles de medir) suelen tomarse como referencia para valorar ese importante atributo del trabajador que no es tan evidente a simple vista: su dedicación.

Dado que el hecho de trabajar muchas horas se considera una señal de esfuerzo y lealtad del empleado, la empresa recompensa a quienes más horas le dedican, en parte porque tienen predilección por quienes están dispuestos a hacer sacrificios por la empresa. ¿Qué mayor demostración de compromiso que estar dispuesto a, literalmente, morir por la empresa? Los estudios demuestran de forma contundente que la cantidad de horas trabajadas tiene sus efectos en los salarios y cambios de sueldo a largo plazo, incluso en aquellos casos en los que supuestamente no se cobra por horas (por razones obvias, quienes cobran por horas ganan más cuanto más trabajan).

Los empresarios tienden a hacer jornadas más largas porque implícitamente creen que el rendimiento es directamente proporcional a la cantidad de horas trabajadas, es decir, que más horas equivalen a más producción. Esta relación se da en determinados tipos de trabajo y, sobre todo, antiguamente, cuando los procesos de producción dependían menos de la tecnología, la creatividad o de la concentración mental. Pero por lo que respecta al trabajo creativo, o que requiere concentración, o que esté enfocado a la innovación, se llega a un cierto punto en el que más horas no son sinónimo de más productividad. Más bien al contrario. Esta se resiente cuando se traspasa cierto límite, porque el agotamiento y el hastío empiezan a hacer mella en el trabajador, que ya no piensa con tanta claridad y quizá cometa algún que otro error.

Si los empresarios aprecian y elogian el hecho de que alguien trabaje hasta el infinito, los empleados entienden que es una actitud que se premia y actuarán en consecuencia. Antes de que en la mayoría de empresas se utilizaran las tarjetas con las que abrimos puertas o accedemos a equipos (como impresoras) y se popularizaran las hojas de registro, no era raro que en Silicon Valley hubiera empleados que ficharan el fin de semana y luego se marcharan, o bien se echaran una siesta, o que hicieran cualquier otra cosa no relacionada con el trabajo, aunque supuestamente estuvieran en la oficina. Incluso hoy en día hay empleados que reconfiguran el reloj de sus ordenadores para simular que envían correos a altas horas de la noche, se dejan las luces encendidas o jerséis en las sillas para hacer ver que siguen allí, y se ingenian otras muchas artimañas para que sus jefes crean que siempre están trabajando. El objetivo de estas estratagemas es demostrar a los jefes, y más concretamente al jefe directo, lo mucho que trabajan. Pero, por supuesto, aparentar o calentar la silla no quiere decir que todo ese tiempo haya sido efectivo, ni que la cantidad de tiempo que se pasa en la oficina esté necesariamente correlacionada con la cantidad de trabajo que alguien saca adelante. Pero simularlo y los resultados simbólicos que da el aparentar haber trabajado tantas horas sigue siendo importante para una carrera profesional.

Dado que las mujeres suelen cargar con más responsabilidades familiares que los hombres, a veces no pueden dedicar tanto tiempo al trabajo. Y esas horas de menos suelen traducirse en menos posibilidades de éxito profesional. Un estudio realizado por los profesores de escuela de negocios, Olivia O'Neill y Charles O'Reilly, reveló que el control estadístico de horas trabajadas neutralizaba la desigualdad que a menudo se observa entre los salarios de hombres y mujeres[35]. Sostenían que este efecto se hacía aún más prominente en el transcurso de la carrera profesional. Inicialmente, las personas son contratadas en base a una promesa y cada una tiene sus conocimientos y aptitudes. Pero la gran mayoría de carreras se organizan más bien como torneos –en cada nivel, los empleados compiten por el ascenso, y quienes pierden, se quedan con aún menos posibilidades de llegar a la cima. Con el tiempo, los menos competentes o quienes no tienen tanto tiempo para dedicar al trabajo acaban eliminados. Por consiguiente, en los estratos más altos de las organizaciones, la diferenciación radica sobre todo en la motivación y esfuerzo –léase *horas*– ya que, en cuanto a capacidades, la diferencia no es tanta. En otras palabras, la cantidad de horas que se dedica al trabajo va ganando más y más peso a medida que avanza la carrera profesional. Aunque no todos los estudios sobre el tema demuestran que el ajuste por las horas trabajadas elimine el factor género en la desigualdad salarial, numerosos estudios han descubierto que dicho ajuste sí reduce las diferencias de ingresos que se dan entre hombres y mujeres.

De modo que los empleados se han convertido en cómplices de esta cultura del trabajo interminable. Con su afán por destacar y demostrar su compromiso, cada individuo sube la apuesta. Incluso aunque la empresa ofrezca vacaciones retribuidas y aparente flexibilidad, muy pocos lo aprovechan. Por ejemplo, en IBM, la presión entre compañeros es tal, que nadie se coge todas las vacaciones que le corresponden e incluso durante los días que no están contestan llamadas y correos del trabajo[36]. Sin embargo, la dedicación y el compromiso son conceptos relativos –que se demuestran sobre todo en comparación con otros. Se crea así una dinámica de competencia feroz en la que, para demostrar lo valioso y solícito que uno es, cada individuo decide hacer más horas que sus compañeros, que también trabajan más y así sucesivamente hasta que les toca trabajar noches enteras y acaban enfermos y, finalmente, muertos.

Al igual que en el caso de los despidos, hay muchas pruebas epidemiológicas que demuestran lo perjudicial que resulta trabajar demasiadas horas o por turnos rotativos, pero muy pocas pruebas de que esas prolongadas jornadas laborales de hecho beneficien a las empresas en modo alguno. Y es así, trabajar demasiadas horas impone costes humanos ocultos y que pasan desapercibidos, sin que de ello se derive ningún beneficio para el empleador. Esta es otra medida empresarial que podría cambiarse para bien, por el bienestar físico y mental del empleado, sin que ello suponga un perjuicio para los rendimientos de la empresa. Más bien al contrario, se beneficiaría.

2. TRABAJAR DEMASIADAS HORAS O DE FORMA IRREGULAR PERJUDICA LA SALUD

Paul trabaja en una gran cadena de televisión, en la producción del telediario, desde hace unos quince años. Como Paul dijo, «si quieres prosperar en el ámbito periodístico tienes que hacer los peores turnos. Yo he trabajado fines de semana, en los horarios de máxima audiencia, he hecho trabajo de campo, noticias de última hora...». Por ejemplo, Paul cubrió los tiroteos de Tucson, cuando la congresista Gabrielle Giffords fue gravemente herida y seis personas asesinadas. Para Paul, esa clase de turnos solían terminar con un descanso de apenas tres horas y después volvía a trabajar. Con esa alteración de los patrones del sueño, Paul afirmó que perdió la capacidad de dormir más de 3 o 4 horas seguidas, incluso aunque no estuviera en el trabajo ni le tocara ningún turno. Y añadía:

> «La privación de sueño me atacó por tres frentes: hipotiroidismo, falta de ejercicio y mala alimentación. No tenía tiempo para hacerme la comida. A las 6:30 de la mañana, con todo el estrés, si me entraba hambre iba a la máquina expendedora y me comía unos Doritos. Mientras estuve trabajando allí estuve bajo el mando de ocho presidentes diferentes. Desde que ascendí a productor sénior en 2008 hasta que finalmente dimití en 2012 porque no podía más, había engordado más de 27 kilos. Mi metabolismo no funcionaba bien y mis funciones corporales, que supuestamente tendrían que ayudarme a mantenerme sano, estaban desequilibradas».

Las pruebas son claras. Trabajar durante demasiadas horas, ya sea por voluntad propia para hacer méritos o por imposición de los jefes, o porque el trabajador gane tan poco que se vea obligado a estar pluriempleado, afecta negativamente a la salud física y mental e incrementa el riesgo de mortalidad. Además, las investigaciones ya empiezan a identificar algunas vías específicas por las que trabajar en exceso hace mella en la salud.

En primer lugar, como hemos visto en el caso de Paul, trabajar demasiado suele provocar un descanso insuficiente y altera los patrones del sueño. Y la falta de descanso es mala para la salud. Un estudio realizado en la provincia de Quebec, Canadá, demostró que dormir poco influye más en la obesidad que la falta de ejercicio o la ingesta excesiva de grasas[37]. Otro artículo señalaba las múltiples formas en las que la falta de sueño afecta al metabolismo, por ejemplo, por el aumento del cortisol –la hormona del estrés– y por una menor tolerancia a los carbohidratos, lo que aumenta el riesgo de contraer diabetes[38].

En segundo lugar, se ha demostrado la relación entre trabajar demasiadas horas y consumir drogas, en particular estupefacientes o drogas duras como la cocaína, que actúan como estimulante[39]. Entre 2005 y 2011, «se triplicaron los ingresos en urgencias por el consumo de estimulantes con receta no prescritos por un médico, entre adultos de 18 a 34 años», mientras que, entre 2010 y 2012, el número de pacientes de centros de desintoxicación que citaron los estimulantes como la principal sustancia que consumieron, aumentó en más de un 15 % en comparación con los datos de los tres años anteriores. La fundadora de una *start-up* que, irónicamente, desarrollaba una aplicación para la salud, estuvo durante 9 meses durmiendo una media diaria de 3 horas y 25 minutos, hasta que acabó ingresada en un centro de desintoxicación. Los médicos señalan que los estimulantes pueden producir ansiedad, adicción y alucinaciones, y les preocupa «la presión añadida en el lugar de trabajo, donde el consumo de unos pocos puede influir en que otros se enganchen»[40].

En tercer lugar, trabajar demasiado produce estrés. Dedicar tanto tiempo al trabajo desequilibra la vida familiar, lo cual tiene sus propios efectos negativos en la salud, como veremos más adelante en este capítulo. Las largas jornadas laborales suelen darse como respuesta a un nivel de exigencia excesivo, son reflejo del estrés derivado de la presión laboral. En cuarto lugar, si una persona trabaja demasiado apenas le queda tiempo para relajarse y desconectar.

Y, en quinto lugar, cuanto más tiempo se dedica al trabajo, más probabilidades hay de quedar expuesto a otras fuentes de estrés laboral como el acoso o la tiranía de los jefes. No es casualidad que en muchas profesiones en las que el cansancio puede tener consecuencias fatales –como, por ejemplo, en pilotos de avión, camioneros o personal sanitario– se exigen por ley periodos de descanso y se limitan los horarios y la cantidad de horas de trabajo. Y, aun así, las empresas de estos sectores intentan hacer que estas restricciones reculen o se suavicen.

Las pruebas de que el trabajo en exceso perjudica la salud son abundantes y se conocen desde hace décadas. El problema es que no se les ha prestado la suficiente atención como para incorporarlas a políticas y medidas que limiten el coste y el daño que esto produce.

Las pruebas

Hace más de un siglo, un estudio descubrió que la incidencia de la enfermedad coronaria era mayor en hombres que trabajaban más de 48 horas a la semana[41]. Un estudio de unos 7100 funcionarios británicos de entre 39 y 62 años sin cardiopatías reveló que, transcurridos 10 años, los que trabajaban 10 horas diarias tenían un 45 % más de probabilidades de sufrir un infarto, y un 67 % más en el caso de quienes trabajaban 11 horas diarias, en comparación con quienes trabajaban 8. La cantidad de horas trabajadas permitía predecir el riesgo de infartos, incluso ajustando estadísticamente otras variables que influyen en ello como la edad, el sexo, la tensión y el colesterol. Dada la metodología longitudinal del estudio, es más fácil establecer la causalidad: el exceso de horas de trabajo es la causa de los infartos y no al revés.

Los análisis de datos de California del año 2001 sobre 24 000 personas en edad de trabajar, demostró que había una correlación positiva entre las horas trabajadas por semana y la hipertensión autopercibida, la cual es, en sí misma, un factor de riesgo de infartos y derrames. En comparación con las personas que trabajaban entre 11 y 39 horas a la semana, las que afirmaron trabajar entre 41 y 50 horas a la semana tenían un 18 % más de probabilidades de indicar una tensión elevada, y un 29 % más en el caso de los que trabajaban 51 horas a la semana[42].

Un estudio de casi 1000 empleados de una constructora japonesa investigó los efectos de la adicción al trabajo en la salud. El adicto al trabajo decide voluntariamente dedicarse a trabajar y tiene dificultades para parar o desconectar de actividades que tengan que ver con el trabajo. El estudio demostró la correlación negativa entre la adicción al trabajo y el desempeño laboral y la satisfacción con la vida, así como su correlación positiva con la mala salud[43].

Un metaanálisis de 21 muestras de estudios reveló una pequeña, pero estadísticamente significativa, relación entre la cantidad de horas de trabajo y síntomas generales de mala salud, tanto a nivel físico y psicológico[44]. Y un análisis realizado por el Instituto Nacional de Seguridad y Salud Ocupacional, de 52 estudios que investigaban la relación entre trabajar mucha horas y las enfermedades y el desempeño laboral, concluyó:

> «En 16 de los 22 estudios sobre los efectos generales en la salud, el exceso de trabajo se ha relacionado con un peor estado de salud autopercibido, mayores índices de lesión, enfermedad o mortalidad. Otro metaanálisis sugería una leve pero posible relación de las largas jornadas laborales con los partos prematuros. También han sido relacionadas con el aumento de peso en dos estudios, con el aumento de consumo de alcohol en dos de tres estudios, con el aumento del consumo del tabaco en uno de dos estudios, y con peores resultados en los test neuropsicológicos en uno de los estudios[45]».

Trabajar en exceso también perjudica la salud mental, ya que aumenta el estrés y el cansancio, e impide dedicar el tiempo necesario al descanso. Por ejemplo, un estudio de 473 auxiliares de enfermería que trabajaban en una residencia reveló que las probabilidades de sufrir depresión aumentaban un 400 % en las personas que trabajaban más de 50 horas a la semana, más de dos fines de semana al mes y con más de dos turnos dobles al mes[46]. Otro estudio comparó a 1350 empleados que hacían horas extra con 9092 empleados que no las hacían. Tanto los hombres como las mujeres que hacían horas extra presentaban índices significativamente mayores de trastornos de ansiedad y de depresión. Además, el alcance de los problemas psicológicos guardaba una relación lineal dosis-respuesta con respecto a la cantidad de horas extra. Es decir, a mayor cantidad de horas extras, más fuertes eran la ansiedad y la depresión[47].

Cuando Boeing acumuló años de retraso en las entregas de sus aviones 787, cayó una enorme presión sobre los hombros de los ingenieros y aumentaron los horarios considerablemente en un intento de la empresa por llegar a las entregas de este nuevo e importante producto. Una persona cercana a la comunidad de ingenieros me comentó que esas largas jornadas acabaron quemando a los trabajadores, y que el personal médico del área halló índices de enfermedades mucho más altos entre los empleados que participaron en el programa 787.

Es lógico. De hecho, si un paciente se presenta en la consulta con gripe o con enfermedades más graves, dudo mucho que el médico le recomiende trabajar todavía más (en lugar de guardar reposo en la cama) para curarse. El estrés debilita el sistema inmunitario, y el exceso de trabajo es una importante fuente de estrés.

Trabajar demasiado y sus consecuencias en el desempeño

Como demuestran las pruebas, trabajar demasiado no es necesario para que la empresa obtenga buenos resultados financieros. Demasiadas empresas parecen encantadas de tener empleados tan devotos, pero está más claro que el agua que les iría mejor si no sobreexplotaran a su plantilla. Tendrían empleados más sanos, los costes sanitarios asumidos tanto por el empleado como por la empresa serían más bajos, y la productividad y capacidad de innovación del empleado no se resentirían. Más bien al contrario, seguramente mejorarían.

Cuando trabajamos cansados podemos equivocarnos. Como decía un ingeniero de Uber cuando me hablaba de un error que cometió en una base de datos principal y que hizo caer el sistema en 2015, «cuando llevas cinco días despertándote a las 3 de la mañana y no puedes dormir más que 3 o 4 horas al día, y luego tú te equivocas en algo, ¿de quién es la culpa en realidad?»[48].

Los investigadores de la OCDE prepararon un gráfico en el que se mostraban las horas trabajadas por persona en los países de la OCDE entre 1990 y 2012, y el PIB generado por hora trabajada. El gráfico «señala que la productividad es mayor en los trabajadores que dedican menos horas al trabajo»[49].

Durante la Primera Guerra Mundial, el Comité de la Salud de los Trabajadores de Munición británico realizó un estudio para averiguar cómo aumentar la productividad en las fábricas de munición. Cuando John Pencavel, economista de Stanford, analizó aquellos datos, descubrió que el número óptimo de horas de trabajo era de aproximadamente 48 a la semana. Por debajo de esa cifra, la producción se reducía proporcionalmente a la reducción de horas de trabajo. Pero, «a partir de las 48 horas [...] la producción también caía»[50].

En 2012, la Organización Internacional del Trabajo (OIT) publicó un análisis muy amplio de las investigaciones sobre los efectos de la jornada laboral en la productividad y los resultados corporativos[51]. Aquel informe resaltaba investigaciones pormenorizadas que demuestran que con jornadas más largas se suele reducir el desempeño. Por ejemplo:

- Un estudio que analizó datos de panel de 18 industrias de Estados Unidos descubrió que las horas extra reducían la producción media por hora trabajada en casi todas las industrias de la muestra. El aumento de horas en un 10 % se traducía en un 2.4 % menos de productividad[52].

- Un análisis de 18 países de la OCDE en el que se estudiaba la productividad a nivel nacional desde 1950 reveló que el aumento de la jornada laboral siempre traía aparejada una reducción de la productividad por hora. En cuanto se superan las 1925 horas de trabajo anuales, cada aumento del 1 % en las horas conllevaba una reducción de la productividad de un 0.9 %[53].

- Un informe más reciente de la OIT señaló mejoras en la productividad al reducir la jornada laboral[54].

- Un estudio a empleados descubrió que, al reducir las horas de trabajo, los empleados sentían mejorar su rendimiento[55].

- Un estudio de seis centros de salud dental realizó un experimento sobre la jornada laboral. A los empleados de estos centros se les ubicó de forma aleatoria en uno de los tres grupos experimentales: al primer grupo se le redujo la jornada laboral en dos horas y media a la semana, con un aumento de ejercicio físico. Al segundo grupo les redujeron la jornada también en dos horas y media a la semana, pero sin aumento de ejercicio físico. El tercero era el grupo de control. La productividad se midió tanto desde la percepción de cada trabajador, como con una medida objetiva, es decir, el número de pacientes a los que atendieron. Los dos grupos con jornadas más cortas atendieron a un mayor número de pacientes. Y en el grupo en el que además de reducir la jornada se aumentó el ejercicio físico tenían una mayor sensación de haber sido productivos, y se produjeron menos bajas por enfermedad[56].

Por tanto, la teoría simplista de que cuanto más se trabaja más se produce es incorrecta. Un trabajador cansado comete más errores al cabo del tiempo. Multitud de pruebas empíricas demuestran sistemáticamente que, pasado un cierto límite, reducir las horas de trabajo aumenta la salud del empleado, *y* también la productividad y el desempeño. El hecho de dejar que los empleados trabajen menos para que mejore su salud no supone sacrificios económicos de ningún tipo.

3. DIFICULTADES PARA CONCILIAR LA VIDA LABORAL Y FAMILIAR Y SUS CONSECUENCIAS

Paul, el productor del telediario, trabajaba en una unidad en la que la mayoría del equipo eran mujeres, y la mayoría de ellas solteras. «Las llamamos las nuevas monjas. No creo que a ninguna de ellas le guste el término, pero ya está muy arraigado». De las 42 personas que formaban el departamento cuando Paul llegó, solamente quedaron 12 al cabo de 5 años. Paul era el único casado y con hijos. Y no era de extrañar. Después de que Paul dejara de trabajar en aquella cadena, habló un día con su hija, la cual siempre se había sentido muy orgullosa de que su padre fuera productor en las noticias.

> «Le pregunté, "¿te da pena que ya no trabaje allí?". Y me respondió: "No, me alegro. Porque ahora estás aquí y puedes escucharme y contarme cuentos". Aunque enseguida matizó: "Antes también lo hacías, pero siempre estaba contigo el señor Scrolly". El señor. Scrolly era mi BlackBerry».

Cuando alguien tiene más cosas que hacer que tiempo para hacerlas está sobrecargado. Pero cuando una faceta de la vida, como puede ser la laboral, exige tanto a una persona como para que le resulte incompatible compaginarla con otra faceta de su vida, como la familiar, entonces surge el conflicto, la falta de conciliación. Desde hace tiempo existen muchos artículos e investigaciones acerca de la sobrecarga de trabajo y la falta de conciliación que demuestran que las personas que sufren estas incompatibilidades y a las que se les exige asumir más tareas de las que pueden abarcar sufren más estrés[57]. Por tanto, no debe sorprendernos que la dificultad para conciliar y la sobrecarga de trabajo guarden relación con peores resultados en la empresa, desde una mayor rotación de personal hasta una menor productividad.

Los problemas de conciliación pueden darse de dos formas. Una, cuando los asuntos personales interfieren en el trabajo, es decir, cuando un trabajador se distrae de sus labores o pierde tiempo de trabajo para atender problemas familiares, como cuidar a alguien enfermo o buscar a otra persona que lo haga; y dos, cuando el trabajo interfiere en la vida personal, es decir, cuando tiene tanto trabajo que le impide cumplir con sus obligaciones familiares, como reunirse con los profesores de sus hijos, interesarse por sus actividades extraescolares o pasar tiempo con su pareja y demás miembros de la familia.

Como cabría esperar, las investigaciones empíricas demuestran constantemente que los problemas de conciliación, en cualquiera de estas dos formas, afectan negativamente a la salud física y mental. Por ejemplo, un estudio de casi 2000 personas del condado de Erie, Nueva York, confirmó –previo ajuste estadístico de variables como sexo, raza, nivel educativo, nivel adquisitivo, estado civil y número de hijos– que en los casos con mayores dificultades para compaginar la vida laboral y familiar se daban mayores índices de depresión, peor estado de salud física y mayores niveles de consumo de alcohol. Estos mismos resultados se obtuvieron también en un estudio en el que participaron unos 700 hogares de Buffalo, Nueva York. Y en ambos estudios se vio que este problema afectaba de forma similar a hombres y mujeres[58].

Según un estudio en el que participaron unos 2700 empleados, aquellos que afirmaron tener problemas para conciliar el trabajo y la familia tenían entre 2 y 3 veces más probabilidades de padecer algún problema mental significativo en comparación con quienes no tenían problemas de conciliación, el efecto dependía del estado de ánimo específico o del trastorno de adicción que se examinara[59]. Por supuesto, cabe la posibilidad de que los problemas psicológicos y de salud sean los causantes de las dificultades de conciliación, y no al revés. Para explorar esta posibilidad y hacer una mejor valoración de causalidad, se realizó un estudio longitudinal de cuatro años de duración que mostró que cuando el conflicto se daba por interferencia de los asuntos personales en el trabajo, este se relacionaba con un peor estado de salud físico y mayor depresión, mientras que cuando era el trabajo el que interfería en la vida familiar, se daban mayores índices de consumo de alcohol[60].

La sobrecarga que caracteriza a los problemas de conciliación afecta a la relación conyugal[61] y a la satisfacción con la vida matrimonial[62]. En general, la dificultad para conciliar ambas facetas (laboral y familiar) puede llevar al empleado a mentir en la organización –lo cual tiene sentido, porque una forma de resolver la situación de conflicto e incompatibilidad es mentir[63]–.

Los problemas de salud a nivel físico y mental, las mentiras, la insatisfacción con la vida conyugal y otros resultados similares son ejemplos de lo que la profesora del IESE, Nuria Chinchilla, denomina «contaminación social». ¿Y a qué conduce? El conflicto laboral-familiar propicia ausencias por enfermedad, lo cual perjudica a las empresas[64].

Unas condiciones laborales más flexibles, permisos para asuntos personales más generosos y jornadas más cortas son medidas que interesan tanto a empresas como a la sociedad en general, porque ambos asumen el coste social que producen el exceso de trabajo y la dificultad para conciliar.

4. POR QUÉ LA SITUACIÓN ES DIFERENTE EN OTRAS EMPRESAS Y PAÍSES

Pero, evidentemente, esto no es así en todas partes. No todas las empresas y países fomentan largas jornadas laborales ni dificultan la compatibilidad de ambas facetas. Algo estarán haciendo bien. El director de Recursos Humanos de Patagonia, Dean Carter, comenta lo generosas y profamilia que son las iniciativas de la compañía:

> «Aquí la familia es algo muy importante. Tenemos guardería en las instalaciones, así que los empleados pueden pasarse en cualquier momento para ver un rato a sus hijos. Pueden desayunar o comer con ellos. Incluso si en sus descansos quieren jugar con ellos, también pueden hacerlo. Las bajas de maternidad y paternidad [remuneradas] también son muy generosas. Los padres disponen de 12 semanas, y 16 las madres primerizas. También pueden tomarse un permiso retribuido de 12 semanas para cuidar de algún progenitor enfermo.
>
> »Si tuviera que decir qué característica de la cultura de Patagonia es la que causa más impacto, diría que nuestras políticas de familia. Son realmente extraordinarias. Por ejemplo, si eres madre y necesitas cuidar de tu hijo, pero por trabajo tienes que hacer un viaje, la empresa paga el billete del niño para que pueda ir contigo, así como a la persona encargada de cuidar de él mientras tú estás trabajando».

Las empresas y países compiten por el talento. Y quienes hacen posible la conciliación entre la vida familiar y la laboral llevan las de ganar. En Patagonia, «sabemos que el 99 % de las trabajadoras que han sido madres vuelven al trabajo, es decir, un 20 % más que la media nacional, porque se lo ponemos muy fácil».

La «guerra por el talento» es una expresión generalizada desde hace tiempo. Los países invierten en la calidad de su capital humano mediante reformas y planes educativos. Las empresas también invierten, pero no solo en formación, sino también en políticas y programas que propicien la retención de los empleados de mayor potencial. Curiosamente, el horario, la flexibilidad y las políticas que facilitan la conciliación familiar son factores de peso que contribuyen a este objetivo.

A nivel empresarial, las enumeradas en la lista de Mejores Empresas en las que Trabajar de *Fortune* superan al resto en cuanto a los rendimientos de sus accionistas. Y estas compañías son más propensas a implantar medidas que fomenten la compatibilidad como, por ejemplo, programas de trabajo compartido (dos trabajadores se dividen el sueldo y el horario de un mismo puesto), semanas laborales comprimidas o de 4 días, posibilidad de teletrabajar y otras medidas benévolas con el empleado y que fomentan la conciliación en lugar del conflicto. Muchas empresas, incluidas Deloitte Consulting, Google y otras empresas de consultoría, contabilidad y servicios profesionales procuran resolver los problemas del horario y la flexibilidad con el fin de atraer y retener empleados, quienes cada vez están menos dispuestos a sacrificar su vida personal por su carrera profesional. Las empresas que ofrecen un clima que facilita la compatibilidad del trabajo con la vida familiar tienen ventaja sobre las demás a la hora de contratar y, más importante, retener a los empleados.

Google, que suele clasificarse como mejor empresa en la que trabajar en Estados Unidos, tiene la visión de «hacer que su plantilla sea la más sana y feliz de todo el planeta». Como se describía en un artículo de 2011:

> «Google lanzó en 2010 su programa "optimiza tu vida" (*optimize your life*) como complemento a su nuevo plan de cobertura médica [...]. Los beneficios de bienestar emocional de Google incluyen un programa de asistencia al empleado [...], orientación, sesiones de sueño profundo, ejercicios de agilidad mental, grupos de apoyo y espacios para recargar energías [...] en la oficina, durante descansos de 20-30 minutos[65]».

Pero claro, hablamos de Google. Se lo puede permitir. Sin embargo, las compañías de *software* no son las únicas que cuidan de sus empleados y les permiten trabajar en horarios razonables. En Whole Foods Market, que opera en la feroz industria alimentaria y en 2017 ocupó el puesto 58 en la lista de Mejores Empresas en las que Trabajar, el 85 % de los empleados encuestados afirmó que se les permitía tomarse tiempo libre en el trabajo si lo consideraban necesario[66].

Las empresas difieren en su forma de abordar cuestiones como los horarios y otros aspectos que afectan a la salud de sus empleados. Y depende principalmente de los valores –y criterios– de sus líderes. El consejero delegado de Landmark Health considera que sus empleados deben cuidar de sí mismos para que luego puedan cuidar de los demás. El fundador de Patagonia escribió un libro titulado *¡Que mi gente vaya a hacer surf!*, y cree firmemente que el trabajo no debería serlo todo en la vida.

Pero dejar en manos de un fundador o un consejero delegado las decisiones y medidas que repercutirán en la salud de los empleados, implica poner su bienestar físico y psicológico a merced de los antojos y caprichos de estas personas. Sin embargo, esto no pasa cuando se trata de salud alimentaria, por ejemplo, ni tampoco dejamos que sean ellos quienes decidan si contaminar o no el medioambiente. Así que, si la salud del empleado es tan importante como estos otros aspectos, no debería quedar supeditada a los criterios del consejero delegado de turno, como es el caso ahora. Pero profundizaré en esta cuestión en el último capítulo.

Las empresas y países adoptan enfoques diferentes a la hora de abordar el problema de conciliación laboral-familiar. Como ya he dicho anteriormente, Estados Unidos es un caso aparte, pero no en el buen sentido, pues es la única economía avanzada en la que las empresas no están obligadas a ofrecer vacaciones pagadas ni bajas por enfermedad remuneradas, y también la que menos normativas tiene para facilitar la compatibilidad de la vida familiar y laboral. Un informe del Centro para el Derecho Laboral-Familiar, de la Facultad de Derecho de la Universidad de California en Hastings, destacaba lo siguiente:

> «Entre los 20 países de altos ingresos estudiados y comparados con Estados Unidos, 17 tienen estatutos para ayudar a los padres a ajustar su horario laboral; 6 ayudan al empleado a compatibilizar el

> trabajo con sus responsabilidades familiares; 12 permiten modificar el horario para facilitar la formación continua; 11 apoyan la jubilación progresiva y 5 países tienen estatutos que permiten al empleado pactar condiciones laborales diferentes, sea por la causa que sea[67]».

Aunque la causalidad es difícil de demostrar, es interesante señalar los posibles efectos de estas políticas, o de la falta de ellas, en la participación femenina en la fuerza laboral. «En Estados Unidos, la participación de las mujeres en su mejor edad activa (de los 25 a los 54 años) en la fuerza laboral se ha estancado y ahora es más baja que en 14 de los 20 países analizados [...]. La participación de mujeres con estudios universitarios en la fuerza laboral en Estados Unidos es la más baja que la de cualquiera de estos países»[68].

Las reiteradas pruebas y numerosas anécdotas sugieren que las medidas y políticas sobre horarios y asuntos familiares influyen en la capacidad de los países y empresas para atraer, desarrollar, retener y explotar todo su capital humano –algo que crece en importancia en un mundo en el que cada vez más trabajos exigen más creatividad y habilidades.

5. QUÉ DEBERÍAN HACER LOS TRABAJADORES

Quizá las medidas públicas atajen el coste social que trae consigo el exceso de trabajo y la falta de conciliación, pero, con la reducción en la regulación del mercado laboral a escala global, no pondría la mano en el fuego. Tal vez las empresas decidan dar voluntariamente los pasos para remediar estos problemas, como ya han hecho algunas. Pero, de nuevo, yo no contaría con ello.

En pocas palabras, los trabajadores (ya sean autónomos o trabajen por cuenta ajena) tienen que cuidarse. Y no solo en el plano económico, aunque obviamente es un elemento crucial. Mientras investigaba para escribir este libro, oía con frecuencia comentarios de este tipo: «soy consciente de que mi ritmo de trabajo es insostenible, que apenas paso tiempo con la familia y que todo eso puede acabar pasándome factura física y mentalmente. Pero (solo será por un tiempo; no tengo elección; a mí no me va a pasar porque soy muy joven; tengo buena genética; etcétera)». Casi todo el mundo cree tener algo que mágicamente le hará inmune a los entornos laborales tóxicos y por lo que su salud no se verá dañada en modo alguno.

Pues déjame que te de un consejo: No te engañes creyendo que las consecuencias de las malas decisiones no te afectarán a ti. Deja de ponerte excusas de por qué no haces lo que sabes que deberías hacer para cuidarte en el trabajo. Limita tu jornada y trabaja a un ritmo que sea sostenible, asume que el aguante de cada uno es diferente y que la capacidad de resistencia se puede modificar. Vete de vacaciones, tómate un descanso y pasa tiempo con tu familia y amigos para nutrirte de apoyo social, tan necesario para nuestro bienestar como tantas investigaciones ya han demostrado. No programes una cesárea para poder dar a luz a tu hijo cuando le venga bien a la empresa (aparte de las consideraciones físicas, el elevado índice de nacimientos quirúrgicos es una de las –muchas– razones por las que han aumentado los costes sanitarios).

Y, lo más importante, cuando debas decidirte por un posible empleo, empresa y otros aspectos de tu vida laboral, considera todas las consecuencias físicas y mentales de tus decisiones y acciones. Que mucha gente sufra –e incluso muera– por trabajar, no significa que tú también tengas que hacerlo.

DOS ELEMENTOS CRÍTICOS PARA CREAR UN ENTORNO LABORAL SALUDABLE

C A P Í T U L O 6

Las empresas saben muy bien lo que les cuesta la rotación de personal y las bajas por enfermedad. También saben lo importantes que son la voluntad y el empeño de sus trabajadores, y muchas realizan encuestas para medir lo comprometidos que están. Pero, en su intención por crear un ambiente laboral más agradable, las empresas a menudo canalizan sus esfuerzos en la dirección equivocada –baratijas y beneficios de quita y pon– en lugar de incidir en aspectos realmente trascendentes de las condiciones laborales en sí, que realmente representen un reto y, más importante, un cambio. En Silicon Valley y otros focos de tecnología punta, por ejemplo, no dejan de proponer incentivos a cada cual más extravagante, que dejan con la boca abierta a periodistas de economía y demás. Como decían en uno de los artículos que consulté, estos «beneficios laborales tan estrafalarios son tan intrínsecos al acervo de Silicon Valley como los unicornios o los multimillonarios en deportivas». Si buscas en Google «beneficios laborales más raros», descubrirás que algunas empresas ofrecen a sus empleados paseos gratuitos en helicóptero, suministro ilimitado de bebidas, servicio de peluquería en las oficinas, actividades deportivas, servicio de reparación de bicicletas, sillones-cápsula para echarse la siesta, piscinas de bolas, canchas de baloncesto, salas recreativas o puestos de dulces»[1].

Las empresas que atraen, retienen y motivan a los mejores trabajadores y les mantienen sanos física y mentalmente no lo hacen a base de comodidades banales. La gente no se ciega tan fácilmente con estas chucherías, porque tener dónde echarse la siesta, que te den comida gratis o que te dejen traer tu perro al trabajo no impide que el entorno pueda resultar estresante.

Lo que realmente influye para que el empleado se implique, sea productivo y, sobre todo, tenga buen estado de salud son las condiciones laborales y el trabajo en sí mismos, es decir, que estos no sean la propia fuente del estrés. Cosas como, por ejemplo, que tu jefe no te infravalore o acose –porque está demostrado que el *bullying* y las faltas de respeto hacen mella en la salud[2]– o que dispongas de un despacho o, por lo menos, de un espacio con buena temperatura, bien iluminado y aislado acústicamente[3]. Y, lo más importante (sobre lo que tratará este capítulo), para que el entorno laboral sea saludable deben darse dos elementos cruciales. Dos elementos que cualquier empresa de cualquier sector puede permitirse ofrecer sin necesidad de tirar la casa por la ventana y que, por lo tanto, deberían proveer por el bienestar de su plantilla: la autonomía o control sobre el trabajo y el apoyo social. A continuación, demostraré lo importante que son estas dos dimensiones del trabajo e ilustraré con un par de ejemplos cómo crear entornos laborales que confieran autonomía y control sobre el trabajo y fomenten la unidad y apoyo entre los trabajadores por el bien de su salud mental y física.

1. CONTROL, AUTONOMÍA Y SALUD

En los años setenta, el epidemiólogo británico Michael Marmot y sus compañeros se dieron cuenta de un hecho curioso: cuanto más alto escalaba alguien en el escalafón de la Administración Pública británica, menor era la incidencia y riesgo de mortalidad por enfermedades cardiovasculares[4]. ¿Y qué tiene que ver estar en lo más alto de la jerarquía con gozar de mejor salud? Marmot realizó una serie de estudios longitudinales a los que denominó «Whitehall Studies» (o «Estudios de Whitehall», porque así es como se llama el edificio en el que trabajan los funcionarios) para averiguar el porqué de esta correlación. Fueron estudios de series prospectivas en los que reclutaron a los participantes, los evaluaron al inicio y también al cabo de un tiempo, y monitorizaron su estado de salud. Por supuesto, y como suele ocurrir inevitablemente en un estudio de campo, se trataba de una muestra de la población británica escasa y aleatoria y, además, por razones éticas y prácticas, no se podía imponer aleatoriamente a los participantes otras condiciones laborales que alteraran su nivel de control sobre su trabajo. Pero en el estudio sí que podían ajustar estadísticamente –y así lo hicieron– variables como el índice de masa corporal, la tensión, los niveles de colesterol, de glucosa en sangre, la edad y el sexo, así como otros factores que pudieran afectar a la salud, como, por ejemplo, el hábito de fumar. Incluso con todos esos ajustes, el estatus social (que en este caso se medía por la jerarquía) resultó ser relevante para la salud. ¿Por qué?

La investigación reveló que las diferencias en la capacidad de decisión sobre el propio trabajo, las cuales tenían que ver con el escalafón, eran lo que explicaba que el nivel jerárquico influyera en las enfermedades cardiovasculares. Como en la gran mayoría de empresas, los funcionarios que ostentaban los cargos más altos gozaban de mayor control sobre sus trabajos y más capacidad de decisión sobre qué hacer, cómo y cuándo, aunque estuvieran sometidos a un mayor nivel de exigencia. Tiene sentido, cuánto más alto se está en la jerarquía, más poder de decisión se suele tener. En la segunda parte de los Estudios de Whitehall («Whitehall II»), Marmot y su equipo examinaron a más de 7300 personas desde 1985 hasta los años 1991 y 1993. Algunos afirmaban tener angina de pecho autopercibida y a otros les habían diagnosticado estrechamiento de las arterias coronarias. Marmot y su equipo de investigación resumieron sus conclusiones:

> «En comparación con los hombres de mayor rango (administradores), y habiendo ajustado por la variable de la edad, los funcionarios de categorías inferiores (personal administrativo y auxiliares) presentaban un *odds ratio* (o razón de probabilidad) de 1.50 de desarrollar enfermedades coronarias. Las diferencias más amplias se daban en los diagnósticos de isquemia (el *odds ratio* para los de categorías más bajas comparado con el de los funcionarios más altos era de 2.27). En el caso de las mujeres, las de los escalafones más bajos presentaban un *odds ratio* de enfermedades coronarias de 1.47. De los factores de riesgo que se examinaron, el que más contribuía al gradiente socioeconómico de la frecuencia de enfermedad coronaria era el bajo control

> sobre el propio trabajo. Factores como la estatura [que a menudo se toma para reflejar los efectos de haber tenido una vida saludable y bienestar desde muy temprano] y los factores comunes del riesgo de enfermedad coronaria influían en menor medida[5]».

Esto significa que, tras los ajustes de edad (puesto que los problemas de salud y el riesgo de mortalidad se incrementan a medida que la gente envejece), los hombres y mujeres de las categorías más bajas presentaban un 50 % más de probabilidades de indicar dolor y angina de pecho autopercibidos, y los hombres tenían más del doble de probabilidades de que les diagnosticaran estrechamiento de las arterias en comparación con los hombres con puestos más altos en la jerarquía. Además, el control sobre el trabajo era el único pronosticador principal de contraer enfermedades coronarias –más relevante incluso que fumar.

Es cierto que la enfermedad coronaria es un solo indicador de salud, pero uno muy importante. Los Estudios de Whitehall también cuantificaron las diferencias en las bajas por enfermedad entre los estratos jerárquicos. Marmot y su equipo descubrieron que los funcionarios (varones) de los niveles más bajos presentaban un índice de bajas por enfermedad seis veces superior al de los funcionarios de niveles más altos. En el caso de las mujeres, la diferencia no era tan amplia, pero aun así importante, entre dos y cinco veces mayor[6]. Los datos de Whitehall también relacionaron el estrés laboral (medido como la combinación de una elevada presión laboral con poco control sobre las propias tareas) con la presencia del síndrome metabólico, un conjunto de factores de riesgo que predicen el desarrollo de cardiopatías y de diabetes tipo 2. Los empleados que sufrían estrés crónico en el trabajo tenían dos veces más probabilidades de presentar síndrome metabólico en comparación con quienes no sufrían estrés[7].

Pero los efectos que pueda tener en la salud el mayor o menor control sobre el trabajo no es algo exclusivo del funcionariado británico. El Estudio Longitudinal de Wisconsin examinó una muestra aleatoria de más de 10 000 hombres y mujeres que se graduaron en el instituto en Wisconsin en el año 1957. Este estudio de largo plazo preguntaba a los participantes sobre su salud, las características de su trabajo y otras variables de control importantes como, por ejemplo, el nivel educativo, la salud durante la infancia y hábitos personales como fumar o beber. La muestra no era del todo aleatoria, ya que en 1957 había relativamente pocas minorías entre los alumnos de instituto de Wisconsin y había una fracción sustancial de la población que no llegaba a terminar el instituto. Sin embargo, el estudio permite extraer conclusiones razonables acerca de la causalidad porque se trata de información recogida a lo largo del tiempo. En un análisis se estudiaron los cambios que se produjeron en la salud de estos participantes entre sus 54 (encuesta de 1993) y 65 años (encuesta de 2004). En este lapso de 11 años fallecieron el 7.4 % de las mujeres y el 11.2 % de los hombres. El estudio evaluó las afirmaciones sobre su estado de salud autopercibido como un resultado, pero no se relacionaron las características laborales ni otras variables con el fallecimiento. No obstante, el estudio descubrió que la relación entre el control sobre el trabajo indicado en 1993 y la salud física autopercibida de las mujeres 11 años después era estadísticamente significativa (no así en los hombres)[8].

Hubo otro estudio que también descubrió una relación entre el control sobre el trabajo y la salud. Un estudio transversal de empleados de hospital en Europa reveló que en la parte occidental del continente se daba una relación positiva entre la autonomía laboral y la salud[9]. Un estudio de 8500 trabajadores de oficina en Suecia descubrió que aquellos a quienes habían reubicado y que habían podido opinar en el proceso de reorganización y adquirieron un mayor control sobre sus tareas indicaban niveles más elevados de bienestar en comparación con quienes tuvieron menor capacidad de decisión e influencia. El grupo de trabajadores con mayor control presentaba índices más bajos en los síntomas de 11 de los 12 indicadores de salud, causaron menos bajas y experimentaron menos depresión[10]. Un estudio longitudinal de 2363 habitantes de Wisconsin realizado por la Universidad de Indiana durante siete años descubrió que las personas sometidas a mayores niveles de exigencia en el trabajo y con poco control sobre sus tareas presentaban un índice de mortalidad un 15.4 % más alto[11].

Como no podía ser de otra manera, la capacidad de decisión no solo afecta a la salud física, sino también a la mental. Al fin y al cabo, no poder controlar tu entorno de trabajo es estresante y es un reflejo indirecto de impotencia, independientemente de cuánto cobre el trabajador en cuestión o de su rango «oficial». Un estudio de casi 700 personas de 72 organizaciones diversas del nordeste de Estados Unidos reveló relaciones negativas estadísticamente significativas entre el control sobre el trabajo e índices de ansiedad y depresión[12]. Cuanta más capacidad de decisión tenían estas personas, menores eran los niveles de ansiedad y depresión que padecían.

Por qué la falta de control es tan perjudicial

Para volver loco a cualquier organismo, ya sea una rata, un perro o un ser humano, y hacer de él un ser quejumbroso, decaído y desesperado, lo más fácil es administrarle una serie de castigos aleatorios, es decir, que no pueda relacionar con ningún comportamiento concreto. O, dicho de otro modo, imponerle situaciones a capricho que le hagan sentir que no puede controlar su entorno. Me imagino que cualquiera que haya trabajado el tiempo suficiente, en algún momento se habrá enfrentado a cambios en los plazos de entrega o encargos arbitrarios, o críticas injustificadas a su trabajo, sin que dichas críticas vinieran acompañadas de alguna orientación que brindara una oportunidad de mejora. Durante mi investigación, algunas personas me contaban cómo les «reorganizaban» los viajes de trabajo, a veces incluso en plena ruta, sin dar razón alguna. Otros comentaban que los criterios de evaluación de desempeño que les aplicaban cambiaban sin parar, por lo que les resultaba muy difícil saber qué hacer para prosperar en el trabajo. Otros incluso contaban que algunos compañeros ejercían de «oteadores» para calibrar el estado de humor del jefe a su llegada a la oficina, para que todos supieran de antemano si les esperaba un buen día o un mal día.

Otra persona me contó una historia que por otro lado es bastante típica: un líder pasó a estar a cargo de un equipo, y cada uno tenía una cuenta de resultados que manejar. Resulta que la que mejores resultados obtenía y que además era considerada por la organización (y por su propio equipo) como mejor gerente, fue despedida. Presionado a justificar este suceso ante la sorprendida organización, el líder respondió a su segundo al mando que él no tenía que dar explicaciones a nadie.

Cuando un líder actúa de forma arbitraria, la gente no sabe a qué atenerse y eso pasa factura a nivel psicológico y físico. Los estudios sobre la indefensión aprendida demuestran que, aunque hay sucesos que no podemos controlar, estos «pueden debilitar organismos considerablemente; producen pasividad ante los traumas, incapacidad de aprender que reaccionar es efectivo, y estrés emocional»[13]. No es de extrañar que el control sobre el trabajo sea un factor que pronostique morbilidad y mortalidad. Cuanto mayor es la capacidad de control sobre el trabajo mejor es la salud y más prolongada la esperanza de vida.

Según los estudios sobre la indefensión aprendida, los hechos incontrolables afectan negativamente a la motivación de las personas, a su cognición y aprendizaje y a su estado emocional[14]. Y es lógico. Sin control nos desmotivamos. Si una persona llega a la conclusión de que, haga lo que haga, no está en su mano lo que le suceda, ni se molestará en intentarlo. ¿Para qué malgastar energías si de todas formas no va a influir en el resultado y acabará siendo un esfuerzo inútil? Por eso, las investigaciones demuestran que, al eliminar la relación entre las acciones y sus consecuencias, las personas perciben que tienen muy poco o ningún control sobre lo que les pase en el trabajo, y eso les quita la motivación y las ganas de esforzarse.

Una persona que trabaja en una empresa de organización de conferencias de salud digital me contaba que cuando enseñó a su jefe el borrador del programa de la próxima conferencia le respondió: «No hay por dónde cogerlo. Quita esto de mi vista y tráeme algo mejor». Aparte de que estaba sobrecargado de trabajo, aquello le hizo sentirse totalmente infravalorado. Por otro lado, el jefe no le había dado ningún tipo de *feedback* o recomendación que le ayudara a mejorar, así que, ¿para qué molestarse? La crítica gratuita, como ocurrió en este caso, lleva al empleado a la apatía, a preguntarse qué sentido tienen sus esfuerzos.

Veamos lo que sucede en cuanto a la capacidad de aprendizaje. El ser humano es adaptable en tanto que aprende (aunque de forma imperfecta) de lo que observa en los demás y también por su propia experiencia: si tocamos un fogón encendido aprendemos que nos quemamos, vamos conociendo el sabor de los distintos alimentos, sabemos cómo prosperar en diversos entornos. La capacidad del ser humano de aprender mediante la observación de la relación entre las acciones y sus consecuencias nos permite adquirir cierto grado de dominio sobre el entorno y nos confiere ventaja evolutiva. Pero el principio más fundamental del aprendizaje es que varias acciones tienen consecuencias razonablemente predecibles, de modo que las personas podemos inferir qué debemos hacer para llegar al resultado deseado. Imagina lo difícil que sería conducir un coche si, de pronto y sin razón alguna, el pedal del freno funcionara como acelerador y luego hiciera las veces de embrague. Los estudios demuestran que, cuando los resultados son incontrolables, no solo se dificulta el aprendizaje, sino aún peor, «la experiencia de incontrolabilidad pone obstáculos al aprendizaje que retrasan la percepción de control»[15], incluso si la persona había desarrollado cierto grado de dominio.

Y la falta de control sobre el trabajo hace que la gente se deprima. Lo que nos hace sentir bien con nosotros mismos es, en parte, esa sensación de dominio y éxito que nos da el hecho de haber cumplido nuestras tareas de forma competente. Pero en entornos de bajo control sobre el trabajo, las personas tienen menos responsabilidad y capacidad de decisión, por lo que no se sienten competentes ni exitosos y, con mayor probabilidad, acaban experimentando estrés y depresión. El fracaso en el trabajo y no saber cómo remediar la situación lleva inevitablemente al desistimiento, ya sea abandonando la empresa, trabajando con menos ahínco, o de ambas formas. Pasa sobre todo si esa persona fue exitosa en el pasado. Además, el hecho de no poder controlar lo que haces ni lo que te pasa produce estrés y este, a su vez, lleva a otros estados negativos como la depresión y la ansiedad. La falta de control afecta a la capacidad de aprender de las personas, a su motivación y a su estado emocional –y, por consiguiente, a su salud física y mental.

2. QUÉ ES EL CONTROL SOBRE EL TRABAJO Y POR QUÉ ES TAN POCO COMÚN

Cuando somos niños, la gente (padres, profesores) nos dice lo que tenemos que hacer. A medida que crecemos asumimos más responsabilidades –nos sacamos el carné de conducir, podemos decidir cuándo comer y dormir– y comenzamos a tomar decisiones trascendentes para nuestra vida como, por ejemplo, la carrera que vamos a estudiar, dónde vamos a vivir, con quién nos juntamos o a qué dedicamos nuestro tiempo cada día. De pronto, un día consigues un trabajo y, dependiendo de tu jefe, de la empresa y de cómo está organizado tu trabajo, desaparece tu capacidad de decisión sobre qué hacer y cómo (al menos en lo que respecta al trabajo). Una pena. Las personas, al menos la mayoría, quieren tomar decisiones y aplicar su experiencia y habilidades a su trabajo. Cuando no pueden decidir ni tienen suficiente control sobre sus tareas, se estresan y se deteriora su estado de salud, como demuestran claramente las abundantes pruebas que existen al respecto.

Un abogado licenciado en Berkeley que trabaja en la industria del juguete me comentó que en muchas empresas los ascensos se hacen atendiendo a criterios que nada tienen que ver con la gestión de personas, sino por detalles como saber gestionar un presupuesto o culminar proyectos dentro de los plazos, entre otras cosas. Por eso, uno de los peores «pecados» que según este abogado y muchas otras personas se cometen en el mundo laboral es la microgerencia, ya que la mayoría de los gerentes no saben orientar a sus equipos ni allanarles el camino para que hagan mejor su trabajo. Cuando un gerente microgestiona a sus subordinados, les hace perder autonomía y sensación de control por su incapacidad de delegar. El abogado me contaba:

> «En mi empresa se lleva mucho la filosofía de calentar la silla. Tienes que estar en tu puesto, y si no, mal asunto. Además, el teletrabajo, los horarios flexibles y ese tipo de medidas están totalmente descartados, lo cual desmoraliza bastante. Necesito autonomía, sentir que tengo algo de control, aunque sea ilusorio o solo sobre pequeñas cosas. No sé, algo. Necesito sentir que ejerzo mi libre albedrío como ser humano y que influyo en mi día a día. Trabajar para microgerentes no es agradable».

Pero el trabajo no tiene por qué ser así. En Patagonia, Dean Carter señalaba que el fundador y copropietario, Yvon Chouinard, veía a la empresa como un lugar en el que «de alguna manera, todo el mundo sabe cuál es su papel y puede hacer su trabajo sin necesidad de que les supervisen al milímetro. Se rige por un principio al que denomina "gerencia ausente"».

En Patagonia se aseguran de que no haya microgerencia manteniendo una «estructura organizativa realmente plana. Intentamos que haya más gente de la que un gerente podría microgestionar. Está todo pensado». Un líder de su unidad de tecnologías de la información destacaba el hecho de que el fundador hubiese escrito el libro *Que mi gente vaya a hacer surf* y que, «cuando se dan buenas condiciones para practicar estos deportes [hacer surf en Ventura, esquiar en Reno], se permite a los empleados salir y aprovecharlas», pues constituye uno de los valores de la compañía.

Uno de los cuatro principios de liderazgo de Zillow es «Deja hacer a tu equipo». Tal y como dijo un encargado de aprendizaje y desarrollo en la compañía, la misión del gerente es apoyar al equipo y estar ahí para ayudarles a superar obstáculos, no para ser un dictador». Heather Wasielewski, que dirige Recursos Humanos en Landmark Health tras una década de trabajo en DaVita señalaba que «cuando sientes que no valoran tu trabajo, que no tienes voz ni voto y que te tienes que limitar a acatar órdenes, te sientes muy poco realizado y con menos energía».

A menudo se cree que la capacidad de control solamente es posible en determinados trabajos y con determinada gente. Pero no es así. Se puede dar más margen de decisión y de control a todas las personas y en cualquier trabajo. A Collective Health, la compañía con sede en San Francisco dedicada a la provisión de beneficios médicos, también le preocupa la salud de su propia plantilla. Andrew Halpert, médico contratado por la empresa como director sénior de soluciones clínicas y de red, me contaba que en Collective Health habían creado los puestos de «abogados de pacientes», personas que responden al teléfono para ayudar al cliente con problemas difíciles de resolver. Por supuesto, la compañía se vale de las bazas mínimas que exige la reñida competición por el talento –ofrecer un entorno agradable, comida sana, etc. Pero también contrata diferentes tipos de persona y les concede más autonomía y capacidad de influencia. Según apuntaba Halpert:

> «Al contrario que la mayoría de seguros, cuyos centros de llamadas se ubican en alguno de los estados del Medio Oeste, con gente con muchos años de experiencia en asistencia telefónica, nosotros contratamos a alumnos de las mejores universidades, como Standford,

Pensilvania o la Universidad de California en Davis. El perfil típico es alguien especializado en biología humana y que quizá aspira a ser médico, pero que, mientras tanto, quiere trabajar en algo o entrar en una *start-up*. Y entonces te preguntas, "¿cómo haremos para mantener a la gente inteligente motivada y feliz, y evitar que se queme o se sienta insatisfecha?".

»En primer lugar, les formamos muy bien. Y ellos ya vienen con conocimientos técnicos realmente avanzados, así que son capaces de acometer el trabajo. Pero, al final, gran parte de lo que hacen consiste en hablar con la gente por teléfono. Una de las cosas que hacemos es cambiarles de sitio cada pocas semanas, a otra zona de la planta, para que tengan una pequeña sensación de cambio. También les rotamos a tareas diferentes, de modo que una semana pueden estar coordinando consultas sobre beneficios, y otra pueden ocuparse de los problemas por servicios fuera del área. Así tienen una visión más completa.

»La persona que les dirige les dice que, tan pronto como identifiquen un problema, lo cubran y colaboren con otros grupos, por ejemplo, ingeniería, para resolverlo. En otras palabras, se les deja hacer y trabajar en equipo para encontrar una solución al problema que han descubierto. Si cuentas con gente inteligente y dejas que razonen y apliquen sus conocimientos y recursos, resolverán los problemas con mayor eficiencia. De lo contrario, el problema surgirá una vez, y otra, y otra, hasta que acaban en reclamaciones. Desde el punto de vista de los costes, se diría que este planteamiento es más caro, porque el centro de llamadas de Collective Health contrata a gente más cualificada, mejor remunerada y que además dedica más tiempo a resolver los problemas. Pero los resolvemos, al contrario que otros sistemas en los que los partes y los conflictos se van dejando hasta que adquieren vida propia».

Dar libertad al personal para que trabaje en equipo y consiga una mejor experiencia para el cliente trae muchos beneficios. En primer lugar, el sistema provee un seguro médico que los empleados del cliente ven como una ventaja real y no como un incordio, lo cual favorece su retención de empleados. En segundo lugar, esta forma de organizar el trabajo y ceder la iniciativa aumenta la retención de la propia plantilla de Collective Health, pues sienten que realizan un trabajo interesante y que tiene un sentido. Y, en tercer lugar, esta medida resulta más eficaz para resolver problemas, ya que no los retrasan hasta que terminan en los despachos de Recursos Humanos de la empresa del cliente.

Como ilustra el ejemplo anterior, el control sobre el trabajo también marca la diferencia en la propia empresa, no solo en el trabajador y su salud. Investigaciones de hace décadas demuestran constantemente que la autonomía en el trabajo –la capacidad de decisión sobre qué hacer y cómo– es uno de los factores más importantes para predecir la satisfacción y motivación laborales, a menudo incluso más importantes que el salario[16]. La autonomía también es positiva para el desempeño[17], en parte por la motivación y en parte porque permite al empleado utilizar todos sus recursos y conocimientos para realizar su trabajo como mejor sabe hacer.

Al igual que con muchas otras situaciones que tratamos en este libro, no se trata de tener que elegir entre establecer condiciones laborales que sea buenas para la salud del empleado o bien condiciones que aumenten la motivación y el desempeño por el interés de la empresa. No son opciones contrapuestas. Los empleos que conceden más autonomía y control aumentan la motivación, la satisfacción y el desempeño, y de paso mantienen al empleado en buen estado de salud y con un pronóstico de esperanza de vida más favorable.

Por qué no sé concede más control y autonomía

Si el control es bueno para el empleado y otorgar capacidad de decisión sobre cómo acometer su labor también lo es para la empresa, ¿por qué no están más generalizadas estas prácticas? ¿Por qué hay tan poca gente que pueda controlar lo que hace, cómo y cuándo? Los estudios en empresas demuestran que en muchos países los empleados tienen cada vez menos autonomía[18]. Esta reducción –que en parte se debe a la creciente monitorización informática de cualquier aspecto del trabajo como, por ejemplo, cuántas llamadas se atienden, o cuántos pacientes se reciben en la consulta, o cuántas pruebas solicita un médico– explica por qué las encuestas realizadas por Gallup y por otras grandes consultoras de recursos humanos demuestran constantemente una progresiva insatisfacción y desmotivación de los empleados con su trabajo.

La incógnita de qué es lo que limita la autonomía laboral es precisamente lo que nos pusimos a investigar el psicólogo social Robert Cialdini, dos alumnos de doctorado y yo hace casi 20 años. Partimos de la suposición de que a las personas nos gusta sentirnos bien con nosotros mismos y con nuestra eficacia y competencia –la motivación de la automejora–, por lo que nuestra cognición se inclina a desarrollar creencias y percepciones que ratifiquen nuestra sensación de competencia y aptitud.

Pero de estas motivaciones de automejora se derivan dos consecuencias psicológicas. La primera es que suele producirse una ilusión del control que nos hace creer que, como hemos tomado parte de alguna manera en una situación, eso va a favorecer a los resultados. Los clásicos estudios de ilusión del control demuestran que las personas sobreestiman su capacidad de influir en acontecimientos aleatorios[19]. Y la segunda es que, como nos gusta pensar bien de nosotros mismos y creer en nuestra capacidad de influir positivamente en los resultados, tendemos a valorar el trabajo realizado más positivamente cuanto mayor haya sido nuestra intervención (o al menos la que percibimos como tal) en dicho trabajo. En pocas palabras, nos creemos muy buenos supervisores del trabajo de los demás.

Para probar esta teoría, llevamos a cabo un experimento con tres grupos. Dos personas venían a una sesión experimental y suponían que uno sería el supervisor (que se elegiría aleatoriamente) y el otro haría algún trabajo, en este caso se trataba de elaborar un primer borrador para un anuncio de relojes Swatch. De hecho, ambos eran supervisores, pero daban por hecho que otro en otra sala estaría haciendo el trabajo. Había un grupo de control en el que los participantes solamente vieron el anuncio final. Uno de los grupos, al que llamaremos grupo de supervisión, vio un borrador del anuncio en su fase intermedia y tuvieron ocasión de rellenar un formulario estándar de observaciones. Pero les dijeron que, por problemas de comunicación, la persona de la otra sala no recibiría sus comentarios. El otro grupo, el encargado de dar *feedback,* vio el mismo borrador, rellenaron el formulario y creyeron que sus recomendaciones sí llegarían a la persona de la otra sala. En los tres grupos vieron el mismo anuncio final y tuvieron que calificar dicho anuncio, a sí mismos como supervisores y también a sus subordinados.

El grupo de *feedback*, es decir, los que creían que sus «subordinados» habían recibido sus comentarios, dieron al anuncio, a sí mismos y a sus subordinados una calificación dos veces mejor que los que solamente vieron el anuncio final. La calificación del grupo de supervisión se quedó en un punto intermedio. Esta diferencia no es solo estadísticamente significativa, sino que resulta sumamente trascendental el hecho de que alguien califique algo el doble de bien simplemente porque tiene la ilusión de haber supervisado la tarea mínimamente.

Además, el solo hecho de participar en el estudio también influyó en el juicio de estas personas. Quienes no participaron en el estudio dieron calificaciones aún más bajas, lo que sugiere que el mero hecho de participar influyó para que los demás valoraran el anuncio algo mejor. Si las personas califican a la tarea, a sus subordinados y a sí mismas de forma más favorable solo porque creen que han intervenido en su creación, no nos sorprende que resulte tan difícil delegar. Cuando cedemos el control a otras personas, percibimos a los demás y a nosotros mismos como menos efectivos y consideramos que el producto habría quedado mejor si lo hubiésemos supervisado nosotros[20].

Si bien este sesgo psicológico puede dificultar el acto de delegar, los estudios sobre el desempeño laboral y los efectos en la salud sugieren que el control sobre el trabajo es una dimensión laboral crucial que afecta tanto a la salud como a la productividad. Y, como ilustra el ejemplo de los empleados de atención al cliente de Collective Health, así como la numerosa cantidad de investigaciones sobre la autonomía en el trabajo, se pueden crear trabajos con más autonomía en todo tipo de empleos.

3. APOYO SOCIAL, SALUD Y BIENESTAR

En un vídeo sobre la cultura de DaVita, una mujer cuenta que, cuando le diagnosticaron cáncer de mama, sus compañeros organizaron una venta de dulces para recaudar dinero para ella y le llevaban comida, muchísima comida. Una madre soltera narra con un nudo en la garganta toda la ayuda que recibió de la empresa y de sus compañeros después de que la atropellara un coche en un paso de cebra, rompiéndole la pelvis y dejándola prácticamente inhabilitada para cuidar de su hijo pequeño. Lo que sacamos en claro de ambos casos es que estas mujeres no solo valoraban la ayuda en sí, sino el hecho de formar parte de una comunidad, ese «todos para uno» que dirían los tres mosqueteros.

Si tener control sobre el trabajo es un aspecto importante para que el entorno laboral sea saludable, también lo es el sentir apoyo social. Ya desde los años setenta las investigaciones siempre han demostrado la relación que existe entre el apoyo social y la salud[21]. Tener amigos protege «tu salud tanto como dejar de fumar, y mucho más que hacer ejercicio», incluso aunque las encuestas sugieren que el «número de estadounidenses que afirma que no tiene amigos íntimos casi se ha triplicado en las últimas décadas»[22].

Está demostrado que el apoyo social –tener familia y amigos con quienes contar, o relaciones estrechas– tiene su impacto directo en la salud y amortigua los efectos que diversos factores de estrés y de presión psicosocial provocan en la salud, la famosa hipótesis de la amortiguación. Un análisis, por ejemplo, señalaba que «las personas que estaban menos integradas socialmente presentaban mayores índices de mortalidad», al igual que «las personas con bajo apoyo social [...], sobre todo de muerte por enfermedades cardiovasculares [...]. Sin embargo, también hay pruebas preliminares que vinculan el apoyo social con un menor índice de cáncer [...], de enfermedades contagiosas [...] y de mortalidad»[23]. Una encuesta que realizó Gallup en 2012 a personas de 139 países demostró que, incluso tras ajustar variables como la edad, el nivel educativo, el sexo y el estado civil, quienes afirmaban tener familia y amigos con los que podían contar ante cualquier problema se sentían más satisfechos con su salud personal[24].

Los estudios y metaanálisis han demostrado que el apoyo social influye en la salud y también contribuye a amortiguar los efectos nocivos del estrés[25] –incluido el estrés laboral[26]– que propician el desarrollo de enfermedades[27]. Además, una investigación reciente ha descubierto algunas de las vías fisiológicas específicas a través de las cuales el apoyo social impacta en la salud. Bert Uchino, psicólogo de la salud de Utah, expuso pruebas que vinculaban el apoyo social con alteraciones en las funciones «cardiovascular, neuroendocrina e inmunológica» y que demostraban que el apoyo social guardaba relación con «perfiles biológicos» más positivos de estos «sistemas correspondientes a las respectivas enfermedades»[28].

Pero estos hallazgos no deberían ser una novedad para nadie. Las personas necesitamos el contacto con los demás, la sensación de pertenencia. Está más que demostrado. Un análisis de todos estos estudios destacaba que «las personas creamos lazos sociales con facilidad» y «nos resistimos a deshacer los existentes. La pertenencia parece ejercer múltiples y sólidos efectos en nuestros patrones emocionales y procesos cognitivos»[29]. Aislar a un individuo, como se hace por ejemplo en las celdas de aislamiento de las cárceles, es un duro castigo que para algunos sobrepasa los límites legales. Separar a prisioneros de guerra como método para lograr que se derrumben y revelen secretos es una técnica muy recurrente porque suele funcionar. El apoyo social y las relaciones favorecen el bienestar. Lo cual nos lleva a la pregunta de qué pueden hacer las empresas para fomentar una cultura de apoyo social y relaciones interpersonales sólidas.

No poner obstáculos a las relaciones, en primer lugar

En muchos trabajos se llevan prácticas que ponen trabas a la creación de relaciones y el apoyo entre compañeros. Pero no es tan difícil cambiar el entorno para que mejoren las cosas, basta con detener las prácticas que generan un ambiente tóxico.

Quizá la sugerencia más importante que podríamos hacer es eliminar la clasificación forzada, el método de evaluación de desempeño a menudo representado mediante una campana de Gauss y que popularizó (y aún mantiene) el exconsejero delegado de General Electric, Jack Welch. Como apuntaba Andrew Hill, escritor del *Financial Times*, esa distribución forzada fue la causa de la «década perdida» de Microsoft, que dividía a sus trabajadores según su desempeño, y sus empleados a menudo lo describen como el proceso más destructivo que ha habido en el seno de la compañía. Una de las contrapartidas de este método es la lucha interna y la falta de colaboración[30]. La clasificación forzada reduce la cooperación y el trabajo en equipo, y ese es uno de los motivos por los que Deloitte afirma que es un método caduco, impopular tanto entre evaluadores como evaluados y que cada vez son más las empresas que deciden dejar de aplicarlo[31].

Pero al margen de estos perjuicios en el espíritu de colaboración y de trabajo en equipo, genera un enfrentamiento que debilita las relaciones entre los empleados y diluye el apoyo social, tan necesario para un ambiente laboral saludable. Aunque aún no hay pruebas sistemáticas de los efectos de la clasificación forzada en la salud, ni datos que demuestren que esta forma de evaluar reduce el apoyo social, lo que sí está claro es que enfrentar a los empleados alimenta la rivalidad interna. En Uber, por ejemplo, la clasificación forzada creó una cultura competitiva que los empleados calificaron de injusta y hermética, que producía incertidumbre y aumentaba el estrés, ya que se sentían a merced de un proceso de evaluación caprichoso e incierto[32].

Y por otro lado tenemos a GE, como me comentó un ex alto cargo:

> «Todo el mundo luchaba por ganar terreno. Todos querían controlar y atribuirse cosas. De pronto me vi en la necesidad de defender mi territorio, en una especie de batalla por mi puesto, aquel por el que me habían contratado [...]. Asumíamos que solo había ascensos para unos pocos. Era como estar en una competición de lucha libre, como me pasó con mi compañero Jim. Porque podían ascendernos a cualquiera de los dos, sin importar lo bueno que fuera cada uno. Ese era el tipo de mentalidad feroz que imperaba en la cultura de la empresa. Tan pronto subes como te dan la patada. Y cuando te despiden, los buitres que quedan tratan de hacerse con tu puesto».

El estrés de esta rivalidad interna (y el hecho de que la propia competición enfrentara al personal hasta el punto de que algunos se quedaran trabajando hasta las tantas o no pararan de viajar) pasó factura a esta persona y a muchos de sus compañeros.

Otra condición que caracteriza a los trabajos de hoy en día y merma el apoyo social es el caos organizativo y la falta de *feedback*, especialmente cuando se trata de refuerzo positivo. Las empresas se organizan en estructuras ligeras en lo que respecta al número de gerentes, lo cual hace que resulte más difícil dar ese *feedback* positivo porque todo el mundo está demasiado liado como para preocuparse de los demás. Por ejemplo, una chica que se graduó en Publicidad entró a trabajar en Ogivly & Mather. Era su primer trabajo. Entre que el departamento en el que trabajaba estaba creciendo a gran velocidad y que nadie tenía tiempo para tutelar u orientar a una recién graduada, se sentía «abandonada». Comentaba que «si alguien me hubiese dicho "buen trabajo", a la próxima me habría esforzado todavía más para hacerlo mejor. Me hacía mucha falta ese apoyo que no recibí».

Con invertir un poquito en los procesos de gestión para que el personal reciba apoyo y orientación de sus superiores, y con eliminar la práctica de la clasificación forzada que enfrenta a los empleados unos contra otros en una feroz competición interna, las empresas estarán dando los pasos adecuados para suprimir esos elementos dañinos que impiden que se produzca un ambiente laboral solidario.

Apoyar a los empleados que tienen dificultades (y al empleado en general)

Como ya hemos visto en capítulos anteriores, la inseguridad económica es una enorme fuente de estrés, y el estrés deteriora la salud. Muchas empresas tienen una visión transaccional de sus empleados, es decir, ven a su gente como factores de producción, y su relación con ellos se reduce a un mero intercambio de dinero por trabajo, sin demasiada conexión emocional.

Sin embargo, las empresas que aspiran a crear buen ambiente suelen implantar programas y actividades con las que consiguen dos cosas:

primero, demostrar el compromiso de la compañía para con su plantilla y, segundo, involucrar al personal en actividades en las que cuiden los unos de los otros. Además de ese apoyo tangible, estas medidas muestran a los empleados que pueden contar con los demás si les surge cualquier problema, y ese apoyo emocional, esa sensación de unión con jefes y colegas, es tan importante como cualquier otro tipo de beneficio.

SAS Institute, que suele estar en lo más alto de las listas de mejores empresas en las que trabajar, y cuya estrategia de negocio se basa en forjar relaciones a largo plazo con sus clientes (y sus empleados) demuestra su preocupación por el bienestar de su plantilla con detalles grandes y pequeños. Por ejemplo, poco después de que un gerente de programa se incorporara a la compañía, este descubrió que a su madre le habían diagnosticado un cáncer terminal. La empresa le proporcionó servicios de enfermería y los compañeros le ayudaron a construir una rampa para la silla de ruedas en su casa. Uno de sus empleados falleció en un accidente marítimo durante el fin de semana. Lo primero que se preguntaron algunos era qué pasaría con sus pequeños, que estaban apuntados a la guardería subvencionada por SAS. ¿Cuánto tiempo más les permitirían quedarse? La respuesta fue: tanto como fuera necesario o hasta que sobrepasaran la edad, a pesar de que ya no tuvieran un padre que trabajara en la compañía[33]. Pero no hay mejor prueba del compromiso de SAS con el bienestar de sus empleados que su inversión en un director de salud. Una figura que no solo se encarga de dirigir los servicios sanitarios de la sede, sino que se asegura de que todos los empleados reciben atención médica preventiva, así como los cuidados oportunos si caen enfermos.

La cultura empresarial de Southwest Airlines siempre ha fomentado que se cuiden unos a otros, y también al cliente[34]. La gran empresa de servicios médicos y diálisis DaVita tiene la comunidad DaVita Village Network, que «brinda un canal por el que los compañeros se ayudan mutuamente en momentos de crisis –por ejemplo, si han sido víctimas de un desastre natural, un accidente o una enfermedad– haciendo pequeñas contribuciones voluntarias extraídas de sus nóminas. Así, DaVita logra recaudar cada año unos 250 000 dólares[35]. Cuando el suroeste de Florida fue arrasado en 2004 por una serie de huracanes, un administrador de diálisis recordaba cómo «gracias a DaVita Village Network tuvimos alojamiento mientras nuestras casas fueron inhabitables. También nos financiaron la comida hasta que pudimos remontar»[36].

Google apoya a sus empleados más allá de los mínimos necesarios o de lo que cabría esperarse como moralmente correcto, sobre todo mientras Laszlo Bock estuvo al frente de Recursos Humanos. Como él apuntaba, «no todo lo que hacemos tiene que ver con la eficiencia, la comunidad o la innovación. Algunos de nuestros programas existen simplemente porque hacen la vida más fácil a nuestra gente»[37], por ejemplo, ampliar la baja de maternidad (en Estados Unidos) a 5 meses, una decisión que tomó Google en 2011. Aunque quizá la medida más extraordinaria de la compañía fue su plan de beneficios por defunción:

> «En 2011 decidimos que, cuando ocurriera lo peor, el cónyuge supérstite recibiría de inmediato el paquete de acciones de la compañía al que tuviese derecho el empleado fallecido. También decidimos que seguiríamos pagándole el 50 % de su salario anual, durante los siguientes 10 años. Y si el empleado dejaba hijos, la familia recibiría una paga adicional de 1000 dólares al mes hasta que alcanzaran los 19 años, o hasta los 23 si decidían seguir estudiando a tiempo completo[38]».

El coste era lo de menos, según Bock, «aproximadamente una décima parte del 1 % de una nómina», pero la compensación a nivel psicológico era tremenda. Como decía Bock, «en 2012, el equipo de nuestro departamento de beneficios recibió este correo anónimo de un empleado»:

> «Sobreviví a un cáncer y cada seis meses tengo que hacerme revisiones para controlar si se ha vuelto a reproducir. Uno nunca sabe cuándo las noticias van a ser malas [...], por eso, mientras estoy tumbado en el escáner le doy mil vueltas a mi correo a Larry [Page] pidiéndole que mi familia siga teniendo derecho a mis acciones, aunque yo muera. Y cuando recibí vuestro correo anunciando la nueva cobertura de seguro de vida rompí a llorar. No pasa un día sin que agradezca todas las cosas buenas que suceden en mi vida gracias a esta compañía. Esta [...] es una más de mi larga lista de razones por las que estoy tan orgulloso de trabajar en Google[39]».

Bock y Google se centraron simplemente en hacer cosas que crearan comunidad. Bock cree que «cuando la gente se siente parte de una comunidad, hace mejor su trabajo»[40]. Estos son ejemplos de cómo el apoyo social favorece el buen estado de salud físico y mental del empleado. También es una forma de hacer que los empleados se sientan valorados, lo que a su vez ayuda a la empresa a atraer y retener el talento.

Crear cultura de comunidad

La gente se lleva mejor y es más propensa a ayudar a las personas con quienes tienen algún tipo de relación o con quienes se siente identificado, y con quienes ha conectado, aunque solo sea por haber pasado por las mismas experiencias. La lógica evolutiva dice que sobreviven quienes saben distinguir al amigo del enemigo, «nosotros» y «ellos», así como reconocer a aquellos con quienes se comparten similitudes genéticas. Por tanto, tiene sentido que las similitudes constituyan una base fundamental para la atracción personal[41] y que las personas ayuden y atiendan casi automáticamente las peticiones de aquellos con quienes comparten alguna característica, aunque sea casual o aleatoria, como el cumpleaños o patrones de las huellas dactilares[42]. Si quisieran, las empresas podrían crear fácilmente una cultura que fomente ese sentido de comunidad y de puntos en común.

Primero, hay que adaptar el lenguaje, para que los títulos o cargos no marquen una distancia entre las personas, y emplear un lenguaje que sea coherente con la idea de comunidad. En DaVita a veces se refieren a sí mismos como un «pueblo». Y su consejero delegado se suele llamar a sí mismo «alcalde» (tal y como llamaríamos a quien gobierna un pueblo). A los empleados se les llama «compañeros», y desde luego nunca «trabajadores», ya que denota inferioridad y marca más las distancias con los «managers» o «líderes».

Segundo, deben fomentar la creación de vínculos, ya sea mediante actos sociales o de cualquier otra manera. Los eventos formativos y de socialización DaVita Academy reúnen a unos cientos de personas de una misma región, y en ellos se organizan en equipos para preparar y representar teatrillos y comedias con disfraces y todo (a veces un tanto ridículos). Como comentaba un empleado en un vídeo de presentación de la empresa, la gente conecta más cuando comparte ese tipo de momentos, como cantar una canción, representar una obrita o hacer el tonto juntos. Cosas que ayudan a romper el hielo con los demás.

Pero no hace falta llegar a tanto, también vale con juntar a la gente para comer o compartir otro tipo de momentos. Muchas empresas tienen cafeterías, no solo para que los empleados pierdan menos tiempo al no tener que salir de las instalaciones para comer, sino para hacer que se reúnan y se sientan en comunidad al comer juntos. En Patagonia, los empleados comparten aficiones con las actividades al aire libre. Eso, sumado a la cantidad de tiempo que muchos llevan trabajando allí, ha contribuido a desarrollar esa sensación de pertenencia. Como comentaba un directivo de la sede de Reno:

> «En Patagonia somos una comunidad. Creo que [...] el hecho de que nos animen a salir y hacer lo que nos apasiona, aparte de que la mayoría llevemos muchos años trabajando en Patagonia [...], hace que las relaciones y la misión de la organización sean tanto o más importantes que el día a día en el trabajo. Es algo único que no he sentido en otras empresas en las que he trabajado».

Las empresas a veces dan a sus empleados la oportunidad de hacer voluntariado y ayudar a entidades locales sin ánimo de lucro. Así también aprovechan los beneficios de tener trabajando por un objetivo común a personas que quizá de otro modo no habrían podido colaborar juntas. En 2013, una encuesta de UnitedHealth reveló que el 76 % de las personas que habían hecho voluntariado durante el último año afirmaban sentirse más sanas por ello, y que el 78 % indicó tener menos estrés. Y el 81 % de los empleados que participaron en voluntariados a través de sus empresas «estaban de acuerdo en que hacer voluntariado con los compañeros reforzó sus relaciones»[43].

Las fiestas, los cumpleaños y las celebraciones en general, como lanzamientos de producto u otros hitos de la empresa –casi cualquier cosa que sirva para juntar a la gente en un contexto lúdico y trascendental– ayuda a construir una identidad compartida y a estrechar lazos entre los miembros de la plantilla. Southwest Airlines es conocida por sus divertidas fiestas de Halloween, a las que los empleados acuden disfrazados[44]. El exconsejero delegado Herb Kelleher es famoso por sus disfraces (a veces va de Elvis Presley). Divertirse juntos crea vínculos sociales y alimenta esa sensación de pertenencia a una comunidad.

El mensaje de este capítulo es simple, pero casi nadie lo aplica. Permitir que los empleados tengan más control sobre sus tareas y brindarles apoyo social es muy beneficioso para su salud mental y física. Además, estas medidas también favorecen su retención y compromiso, por consiguiente, no benefician solo al personal, sino también a la empresa.

CAPÍTULO 7

POR QUÉ PERMANECEMOS EN TRABAJOS TÓXICOS

Quienes trabajan en entornos nocivos y tóxicos saben que lo están pasando mal. Sienten el estrés, son conscientes de las medidas que toman para combatirlo y tienen presente que la situación les está costando salud física y psicológica.

Y no solo eso. Mucha gente intuye que ciertas empresas puede que no sean precisamente un paraíso para trabajar ni nada que se le parezca, pero aun así aspiran a trabajar allí y aceptan incorporarse a la compañía. Como el caso de una joven estadounidense de ascendencia coreana que entró a trabajar en Amazon, en Seattle. Esta joven graduada en Interacción Hombre-Máquina se incorporó al departamento de comercio electrónico y sabía muy bien dónde se estaba metiendo. Tal y como ella dijo «no desconocía la mala fama que rodeaba a la compañía, pero es algo que se lleva más bien en silencio. No es algo de lo que se hable porque da una imagen poco profesional». Kim aceptó la oferta de trabajo a sabiendas de que el entorno laboral seguramente no sería el mejor, pero el prestigio de la compañía tuvo más peso en su decisión. «Se dice que, "si puedes trabajar en Amazon, podrás trabajar donde quieras", así que aposté por el estatus que adquiriría en Amazon, y porque era una empresa nueva y en pleno auge».

Al poco de entrar, el estrés hizo su aparición propiciado por largas jornadas laborales y la presión de trabajar en una estructura organizativa caótica, entre rencillas internas y bajo el mando de un jefe imposible de complacer. Kim tenía dolores de cabeza y de estómago y hasta le salieron erupciones cutáneas. Se sentía mal consigo misma. La depresión la llevó a comer y beber de forma compulsiva. Antes de entrar en Amazon la idea que tenía era ir a la universidad, encontrar un buen trabajo y ser útil para la sociedad. «Pero una vez en Amazon, todo eso ya me daba igual, solo podía pensar en medicarme con lo que encontrara, y procurar aprovechar cualquier cosa para sentirme algo mejor, por decirlo de alguna manera». Kim me decía que los asiáticos suelen aparentar menos edad de la que tienen. Pero en su caso, en poco tiempo empezó a aparentar la edad de su madre.

La historia de Kim no es nada inusual. Otra empleada de Amazon comentaba que, estando de vacaciones, iba todos los días al Starbucks para aprovechar la conexión wifi y poder trabajar algo. «Ahí fue cuando empezaron las úlceras»[1]. Pero esto no pasa solamente en Amazon. Muchas personas me han contado lo machacados que están por culpa del trabajo, y la cantidad de síntomas de estrés que padecen, como jaquecas, erupciones y dolores de estómago. La gente que trabaja en entornos tóxicos que comprometen su salud física y mental saben que no están en el lugar adecuado para crecer. Al igual que Kim, algunas personas aceptan trabajos sabiendo perfectamente que no será lo mejor para su bienestar. Pero los aceptan de todos modos.

Un ex alto directivo de General Electric reconocía ser consciente de lo malo que era su trabajo para su salud, su físico y la relación con su familia, y que había pensado dimitir muchas veces. En un año podía llegar a hacerse entre 250 000 y 300 000 kilómetros y a veces se pasaba semanas enteras fuera de casa, sin ver a su mujer ni a sus hijos, «¿qué clase de empresa te mantiene alejado de tu familia durante tanto tiempo?», decía. Una directora financiera de una empresa sanitaria era consciente de lo perjudicial que estaba siendo para ella trabajar tanto, así como sus remedios para «automedicarse» –alcohol, estimulantes y narcóticos–, porque ni resolvían el problema ni mejoraban su salud. De hecho, a lo largo de mi investigación no he encontrado a casi nadie que no fuera consciente del daño que sus trabajos tóxicos les estaban causando.

Esto nos lleva a preguntarnos: ¿Por qué sabiendo que nuestro entorno de trabajo es perjudicial elegimos quedarnos de todas formas?

1. MOTIVOS ECONÓMICOS

Una de las respuestas es, obviamente, la necesidad económica. Salvo el que ha tenido la suerte de heredar una gran fortuna, por lo general, el común de los mortales necesita trabajar para pagar sus facturas. Una mujer que trabajaba para una empresa en la que «todo era para ayer, había que quedarse hasta tarde casi todos los días y teníamos esas temidas reuniones en las que el consejero delegado criticaba todo nuestro trabajo sin decirnos nada constructivo», comentaba que no le quedaba más remedio que aguantar porque su marido estaba estudiando y ella era la que ponía el pan en la mesa. Debía hacerlo para poder mantener a su familia.

Además, algunas organizaciones eligen ubicar sus nuevos establecimientos en función de dónde puedan encontrar mano de obra más barata y menos exigente en cuanto a las condiciones laborales. Cuando cierran fábricas y empresas, la oferta de empleo disminuye. Pero toda esa gente que se ha quedado sin empleo necesita trabajar en alguna parte. Amazon tiende a ubicar sus almacenes en zonas con dificultades económicas, algo que aprovechan para acceder a una gran cantidad de mano de obra que estaría agradecida por casi cualquier trabajo que les permitiera ganarse la vida. Por ejemplo, un artículo que describía la decisión de Amazon de abrir centros de distribución en Chattanooga, Tennessee, en Carolina del Sur, decía lo siguiente:

> «El anuncio de Amazon representa la mayor creación de empleo que ninguna empresa nueva haya hecho este año en Tennessee [...]. Los seleccionadores locales y representantes de la compañía destacaron que la ubicación de las instalaciones [...] ofrece un mercado laboral que le permite abastecerse de los miles de trabajadores estacionales que Amazon necesita. [...] Alrededor de algunos establecimientos de Amazon se instalan los denominados *campistas laborales*, que viven en caravanas mientras realizan trabajos estacionales para el gigante de internet[2]».

Amazon no es ni mucho menos la única empresa que elige la ubicación de sus establecimientos atendiendo a este criterio. El excedente de mano de obra y la tendencia a los bajos salarios que se derivan de una elevada tasa de desempleo, así como el hecho de tener a trabajadores dispuestos a trabajar por duras que sean las condiciones, son aspectos muy convenientes para muchas empresas. Si haces una búsqueda en internet sobre los criterios de ubicación para nuevas sucursales, encontrarás multitud de listas o artículos (como uno sobre centros de llamadas o de datos) que enumeran «el coste y la disponibilidad de la mano de obra» en primer lugar o casi encabezando la lista[3].

Ubicar los centros de llamadas en sitios de bajos ingresos y alto desempleo, y fábricas en áreas donde otras habían cerrado anteriormente también favorece a las empresas, ya que pueden aprovechar los incentivos públicos para promover la apertura de nuevas instalaciones. Incentivos como, por ejemplo, exenciones fiscales sobre bienes inmuebles o de otro tipo, préstamos de bajos intereses, e incluso terrenos gratuitos o edificios ofrecidos por la comunidad, que quiere atraer nuevas oportunidades de creación de empleo. Las instalaciones de Chattanooga le salieron gratis a Amazon, además consiguieron un acuerdo para pagar solo el 27 % del impuesto sobre bienes inmuebles. Una vez abren sus nuevas instalaciones, las empresas pueden encontrar mano de obra más dispuesta a soportar malas condiciones laborales y quedarse pese a todo, porque no tienen otro sitio al que ir.

El estancamiento de los salarios y la inseguridad económica generalizada de la que tanto se habla en las noticias hace que la gente se sienta agradecida de tener un trabajo, el que sea, y más aún si el sueldo es bueno y si la empresa para la que trabajan les confiere estatus y enriquece sus currículums. La necesidad de ganarse la vida hace que otros aspectos del trabajo como, por ejemplo, cómo afecta a su salud física y mental, pasen a un segundo plano.

2. EL PRESTIGIO DE LA EMPRESA Y LO INTERESANTE QUE ES EL TRABAJO

Otro motivo para que la gente esté dispuesta soportar malas condiciones laborales es la credibilidad que da trabajar en una empresa de prestigio. Ya lo dijo el director general de GE, «acepté el puesto porque nunca había estado al frente de nada tan grande y a mis 36 años pensé que sería muy bueno para mi carrera [...]. Y, siendo claros, me vino bien. Ya de vuelta en Silicon Valley, cuando dices a la gente que has dirigido una división de GE, te miran como diciendo "este sabe lo que hace"». Kim mencionó explícitamente el prestigio de Amazon como criterio para decidirse a trabajar ahí, y, de hecho, de todas las personas con las que he hablado, son muy pocas las que no citaban el factor reputación para seguir trabajando en una empresa reconocida a pesar de otras pegas que tuviera el trabajo.

Además, hasta en trabajos estresantes, la gente hacía algo interesante, trabajos que representaban un reto y que estaban relacionados con su carrera profesional. Por ejemplo, una mujer me hablaba de lo emocionantes que le parecían los eventos que tenía que organizar, aunque le supusiera estar sometida a mucha presión. Otra persona que abandonó una compañía eléctrica con TEPT (trastorno de estrés postraumático) me dijo que, antes de que acabara tan quemada por la sobrecarga de trabajo, había disfrutado de poder interactuar con los funcionarios locales y ayudar a la compañía en sus relaciones con las entidades públicas. El ejecutivo de GE disfrutaba del reto de liderazgo que representaba dirigir un negocio de tal magnitud. En su artículo en el *New York Times*, Eilene Zimmerman señalaba que a su exmarido (que trabajaba para un prestigioso despacho de abogados de Silicon Valley y falleció por una infección propiciada por su adicción a las drogas) «su trabajo le suponía un reto intelectual, y eso le encantaba»[4].

Si el trabajo da prestigio y además la gente lo disfruta y es el trabajo para el que se han formado, se quedan. En parte también porque no terminan de percatarse del perjuicio físico y psicológico que ese trabajo les supone a diario, y porque a menudo creen –o se autoconvencen de– que, aunque cambiaran de trabajo, las cosas no iban a ser muy diferentes.

Sin ánimo de restar importancia a estas razones, todo el mundo, sea cual sea su trabajo o profesión, tiene un cierto margen de elección. En casi todos los sectores e industrias hay empresas más saludables que otras. Y algunas de las empresas más sanas y humanas –Google o SAS Institute, por ejemplo, que a menudo se clasifican entre las listas de mejores empresas para trabajar y de mejores empresas para familias– son bastante prestigiosas y jugosas para el currículum.

El sector de venta minorista, por ejemplo, se caracteriza por sus bajos salarios, así como por la inseguridad económica que produce la fluctuación e imprevisibilidad de los horarios, y porque los beneficios que ofrece son muy limitados. Sin embargo, Container Store, cadena de productos y materiales para embalaje, suele situarse entre los primeros puestos de la lista de mejores empresas en las que trabajar. Men's Wearhouse, empresa de ropa a medida para caballero, ofrecía salarios más altos, recurría en menor medida a los trabajadores de media jornada y mantenía una cultura centrada en el empleado que le llevó a clasificarse en la lista, al menos mientras estuvo al frente su fundador, George Zimmer. Costco, bajo el liderazgo de su cofundador y exconsejero delegado, Jim Sinegal, ofrecía mejores salarios y más beneficios que su competidor, Sam's Club. Creó un entorno laboral tan humano que sus empleados estaban dispuestos a permanecer en la empresa durante años, en un sector que, por lo general, se caracteriza por su elevada rotación. Las aerolíneas difieren entre sí por sus políticas de despidos y sus condiciones salariales. Por ejemplo, Southwest, al contrario que sus competidores de Estados Unidos, nunca ha echado a nadie ni les ha planteado reducciones de sueldo.

La cuestión es que siempre hay excepciones a las empresas tóxicas, aunque compitan en el mismo sector del mercado, en el mismo ámbito geográfico o sean igualmente prestigiosas. Es decir, el trabajador puede elegir. Y, a la hora de elegir dónde trabajar, haría bien en sopesar las consecuencias que uno u otro trabajo tendrá para su salud; y esto es aplicable a cualquier persona, independientemente de su nivel educativo, ubicación u oficio.

3. DOS ARGUMENTOS QUE NO SE SOSTIENEN

Las personas tienen otros motivos de índole económica para justificar su permanencia en trabajos perjudiciales para su salud, pero las pruebas que los respaldan brillan por su ausencia.

Los economistas y otros expertos que confían en la capacidad racional del ser humano sostienen que los trabajos no pueden ser tan malos como los pintan, de lo contrario la gente se iría. La teoría de la preferencia revelada, originalmente desarrollada para explicar el comportamiento de los consumidores y que posteriormente se aplicó a otras situaciones de toma de decisiones, afirma que las personas revelan sus preferencias por cómo se comportan en el mercado laboral[5]. Como ya señaló el Nobel de Economía, Amartya Sen, la teoría de la preferencia revelada permite «definir el interés de una persona de tal forma que, haga lo que haga, continúa mostrando sus intereses con cada decisión particular que toma»[6]. La preferencia revelada es, en otras palabras, tautológica. Y no, no estoy queriendo decir que las personas sean masoquistas por aceptar trabajar en malas condiciones. Ni que «prefieran» trabajar así o que no estén reconociendo los inconvenientes de su trabajo.

Otro concepto que permite entender un poco más que las personas estén dispuestas a soportar malas condiciones laborales es el diferencial compensatorio de los salarios. Es decir, a peores condiciones laborales se ofrece una mayor remuneración para compensar los riesgos extra y demás inconvenientes que asume el trabajador[7]. Esta idea sostiene que las personas eligen consciente y deliberadamente cobrar más a cambio de correr más riesgos para su seguridad y salud en el trabajo. Solo que hay un problema. Pese a la lógica intuitiva de este concepto, las pruebas empíricas de los diferenciales salariales compensatorios no son del todo convincentes[8].

Las personas son perfectamente conscientes de las condiciones en las que trabajan. Saben si tienen o no vacaciones pagadas y cuántas de esas vacaciones han disfrutado ya. Las vacaciones y bajas suelen reflejarse en las nóminas. Otro caso, por ejemplo, era el de una ejecutiva de una compañía de tecnología punta, cuyo marido se quejaba de que viajaba y trabajaba demasiado. Naturalmente, una persona de su talento e inteligencia era plenamente consciente de que sus decisiones laborales le estaban pasando factura a nivel familiar.

No me creo que la gente ignore las condiciones laborales a las que están sometidos, pero sí que desconozcan la magnitud de las secuelas en su salud. Tampoco creo que tanta gente «elija» consciente y concienzudamente perjudicarse a sí mismos para ganarse la vida o por una (supuesta) compensación por «peligrosidad» a cambio de trabajar en peores condiciones. Como demuestran cada vez más investigaciones, las personas no son tan racionales a la hora de tomar decisiones, sobre el trabajo o sobre lo que sea[9]. Al contrario, en muchos sentidos, están atrapados en esos trabajos tóxicos.

No les quedan fuerzas para abandonar

La inercia es una de las causas que explica que la gente aguante en malos entornos laborales. Muchas personas me han llegado a decir que es más fácil quedarse como están, por desagradable que sea la situación.

Buscar trabajo es un trabajo en sí mismo y, como tal, consume energía. A veces ocurre que, con la falta de sueño y la cantidad de estrés acumulado, al trabajador no le quedan fuerzas físicas ni mentales para cumplir las obligaciones de su trabajo actual y encima ponerse a buscar otro. Y así es como se queda atrapado. En cierto modo, el solo hecho de estar estresado y abrumado hace que le resulte imposible escapar de esa situación que le está haciendo enfermar. Un empleado de marketing de Salesforce lo expresaba así:

> «Es como estar entre la espada y la pared. No era capaz de rendir al 100 %, no daba pie con bola. Mi estado era tal que, si me proponían salir el viernes yo respondía, "¡claro!"», y al cabo de un minuto estaba preguntando "¿y cuándo quedamos?". ¿De verdad crees que estaba en condiciones de hacer entrevistas o de impresionar a mis nuevos jefes si me hubiesen cogido en alguna?».

Y añadía:

> «Te sientes mal y avergonzado por estar estresado, porque además crees que es culpa tuya. De verdad sentía como si mi cerebro estuviese apagado. Era incapaz de recordar conversaciones a los pocos segundos de tenerlas, literalmente. Tenía miedo de que me fueran a despedir. La razón por la que quería la baja médica es porque mi reputación personal en la empresa era realmente buena, pero mi rendimiento en

> los últimos meses estaba siendo desastroso. Y me preocupaba que eso fuese a perjudicar mi reputación en Salesforce. Pensé que lo mejor sería tomarme un descanso. Iba llorando a trabajar cada día porque iba sin ganas, sintiéndome totalmente incapaz y sin saber cómo aguantaría todo el día»

En ese estado, buscar trabajo (y no digamos ya encontrarlo) parece misión imposible. Y seguramente lo es. Así que una razón muy simple, pero importante, para que la gente siga en trabajos tóxicos es que están demasiado afectados psicológicamente y agotados físicamente por el estrés y el agobio, como para reunir fuerzas para dejarlo.

4. ¿ES QUE NO ERES LO SUFICIENTEMENTE BUENO? ORGULLO Y EGO

Hablé con un director general de GE que solo duró allí tres años por su cultura laboral. Aunque podría haber estado menos aún. Hubo varias ocasiones en las que quiso dimitir, pero sus jefes le decían, «¿es que no eres lo suficientemente bueno para ser un líder de GE?». ¡Pues claro que lo era!, se decía a sí mismo, por eso se quedaba, o al menos así fue durante un tiempo. Tal y como me dijo, nada más empezar se dio cuenta de que no le habían contado lo que había de verdad, «esta división era un tren descarrilado». Así que tenía dos opciones: aguantar o salir por la puerta. «Elegí aguantar».

Si abandonas, das a entender a los demás que te has rendido. Y a nadie le gusta dar la impresión de que se rinde fácilmente. Sus jefes de GE le decían, «un verdadero líder sabe arreglárselas y recuperar el control de la situación». Lo que implícitamente significaba: «si fueras lo suficientemente bueno, estarías a la altura de las exigencias del cargo y lo desempeñarías con éxito. ¿Cuál es tu problema?». ¿Y quién querría admitir que no es lo suficientemente bueno?

Cuando Kim empezó a darse cuenta de que no estaba a gusto en Amazon, su primera reacción fue culparse a sí misma y pensar que era ella la que no daba la talla. Amazon dice claramente que ahí no trabaja cualquiera, solo los mejores. Lo cual implica que, si no puedes soportar ese entorno es que no lo eres. Por tanto, eres débil, un fracaso. En un vídeo de Amazon para anunciar nuevas vacantes, una joven decía que «o encajas o no encajas»[10]. El seleccionador principal de Amazon apuntaba que «esta compañía aspira a lograr grandes cosas, innovadoras, rompedoras, y no es tarea fácil [...]. Querer alcanzar la Luna hace que el trabajo se vuelva un desafío. Y no todo el mundo puede con ello»[11]. En un artículo sobre Amazon incidían en la idea: «Amazon es ese lugar en el que ni el trabajador más tenaz llega a estar satisfecho del todo»[12]. En un entorno laboral tan competitivo, orientado a resultados y obsesionado con medirlo todo, o aguantas y sigues si quieres tener alguna oportunidad, o te largas –que sería tanto como reconocer ante ti mismo, tu familia y amigos que no eres capaz de soportar la presión y que no eres lo suficientemente bueno para jugar en esa liga.

Las personas prefieren (y, de hecho, el impulso que les mueve es muy fuerte) pensar de sí mismos que son competentes y eficaces. Uno de los motivadores humanos más poderosos que existen es la motivación de la automejora, el deseo de sentirse bien con uno mismo[13]. Existen numerosas manifestaciones de esta búsqueda psicológica de autoafirmación. Si pidiéramos a varias personas responder una encuesta anónima para que se calificaran a sí mismas en cualquier rasgo positivo como, por ejemplo, el sentido del humor, la inteligencia, el atractivo físico o su capacidad para escribir, más de la mitad se calificaría por encima de la media, un fenómeno conocido como efecto de superioridad ilusoria[14]. Al decirle a alguien que está extraordinariamente dotado de alguna cualidad o atributo, tenderá a sobrestimar y sobrevalorar la importancia que tendrá ese rasgo concreto para triunfar. Así, pensamos que estamos por encima de la media y que nuestros atributos positivos son más significativos de lo normal para tener éxito.

Al igual que otras manifestaciones del deseo humano de automejora y de sentirse bien con uno mismo, nos creemos que todo lo que tocamos será mejor y tendrá éxito porque hemos intervenido en su desarrollo y creación. Como ya describí en el capítulo 6, en el estudio que investigaba este fenómeno, el grupo que tuvo ocasión de aportar sus comentarios en el proceso de creación de un anuncio vio dicho anuncio (que era el mismo que vieron los demás grupos) con mejores ojos; los participantes se vieron a sí mismos como mejores supervisores y también dieron una calificación más favorable a sus subordinados. Por otro lado, cuando poseemos algo, lo valoramos más (ya sea una simple taza de café, un bolígrafo o una barrita de chocolate) por el simple hecho de que es nuestro, un fenómeno que se conoce como *efecto dotación*[15]. Las formas en las que se manifiesta este fenómeno de la automejora, así como las implicaciones que tiene para entender el comportamiento humano son muy numerosas y generalizadas.

A casi nadie le gusta admitir (ya sea ante uno mismo o ante los demás) que no es bueno en algo, sobre todo si ese algo afecta a su autoestima. Y, para mucha gente, el trabajo forma parte íntegra de su autoconcepto y autoimagen. En particular, para las personas con cargos relativamente importantes en empresas de gran prestigio, no hay precio lo bastante alto ni situación lo bastante complicada, porque de lo contrario estarían mostrando cierta debilidad o sería como un atisbo de fracaso. Así que la capacidad de resistir ante circunstancias imposibles se convierte en algo a lo que aspirar, porque así es como se demuestra aptitud, vigor y devoción.

Por consiguiente, la capacidad de supervivencia en condiciones de trabajo hostiles se convierte en todo un distintivo de honor. Un amigo que estuvo trabajando en Hewlett-Packard y que tenía un puesto muy bueno en el Departamento de Marketing me contaba que al año viajaba unos 400 000 km o más, con American Airlines la mayoría de las veces. Volaba tanto que hasta tenía el número de teléfono personal de un alto directivo de la aerolínea, por si le hacía falta ante los típicos caos que suelen organizarse en los aeropuertos. En Amazon, Dina Vaccari alardeaba de llevar cuatro días sin dormir por terminar un proyecto en plazo[16]. Los ingenieros de Silicon Valley se vanaglorian de su extraordinaria entrega, de su capacidad de aguantar toda la noche trabajando y de su voluntad de sacar los proyectos adelante pase lo que pase.

Y las empresas también ponen de su parte para que el ritmo no pare, facilitan a sus empleados servicios como limpieza, cafetería y mantenimiento de sus coches (y a veces hasta camas) para que no tengan que abandonar las instalaciones. Les dan comida y bebidas estimulantes y así se aseguran de que no les falte energía para seguir trabajando. Como comentó una astuta observadora de empresas de tecnología punta, muchas empresas modifican su oferta alimentaria para facilitar que sus empleados sigan al pie del cañón en momentos en que, de lo contrario, se irían a sus casas exhaustos. Señalaba que, aunque a la hora de comer ofrezcan ensaladitas y proteína, «si vas a Facebook, fíjate en lo que abunda a la hora feliz, cuando están a punto de empezar su segundo turno. Casi todo es comida muy pesada, con alto contenido en grasas y azúcar». No es lo más saludable, pero les da la energía necesaria para aguantar hasta la noche. Y, por supuesto, otra forma de alentar y reforzar ese comportamiento es a base de prometer ascensos, estatus, reconocimiento, premios, etc. Y siempre con el mismo mensaje, ya sea implícita o explícitamente: «¿Eres lo suficientemente bueno para dar la talla aquí?».

5. TÚ ELIGES ESTAR AQUÍ: JUSTIFICACIÓN Y COMPROMISO

Una vez que una persona toma una decisión (como pueda ser elegir un trabajo) y, sobre todo, si la toma pública y voluntariamente (es decir, si su familia y amigos tienen conocimiento de ello, y la persona no ha sido coaccionada para tomar dicha decisión) queda psicológicamente comprometida con ella. A nivel psicológico, el individuo se siente identificado con la decisión y sus implicaciones, y motivado a actuar de forma coherente con esa decisión que le compromete[17]. El compromiso es un proceso psicológico muy poderoso que lleva a las personas a seguir dedicando más y más recursos a líneas de acción fracasadas, a adoptar actitudes congruentes con sus decisiones, como revaluar la conveniencia de grupos y trabajos, y a comportarse con arreglo a la elección original. Por ejemplo, si una persona hace una donación o tiene un pequeño gesto, como colocar un poster para apoyar a un candidato político, es probable que luego emprenda medidas más significativas en la misma línea. Porque una vez ha hecho algo a favor de una causa o de un candidato, queda comprometida por las implicaciones del primer acto. Su conducta debe seguir siendo favorable al objetivo.

El compromiso implica diversos procesos psicológicos. La decisión que toma una persona es «su» decisión, y si antes hemos dicho que nos gustan nuestras tazas o nuestras barritas de chocolate por el mero hecho de que son «nuestras», lo mismo pasará con nuestras decisiones. Así, las personas permanecerán fieles a su decisión de incorporarse a una determinada empresa porque fue *su* decisión. Otro de los procesos es el de la automejora. Dado que nos gusta sentirnos bien con nosotros mismos, desde luego no vamos a admitir que hemos cometido un error o que lo que hemos hecho es una estupidez. He ahí otro motivo por el que la gente aguanta en malos trabajos y se mantiene firme en su compromiso: la reticencia a reconocer que en su día tomaron una mala decisión. En lugar de admitir el error o poner distancia entre su persona y su decisión, es mucho más fácil justificar la decisión de origen y la subsiguiente decisión de permanecer. El ser humano es un justificador consumado e increíblemente hábil.

Una forma de justificar el compromiso con un trabajo tóxico es decirse a sí mismo que esa situación no va a durar para siempre y que hay otras razones para quedarse. Por ejemplo, un empleado financiero pensaba en «la pasta gansa que me pagan, además tengo el trabajo al lado de casa». Un consultor comentaba que lo tenemos mejor que nuestros antepasados y que eso de que no te guste tu trabajo no es más que un «problema del primer mundo». Algunas de las justificaciones que he escuchado (montones de ellas) hasta pretendían dar un sentido al hecho de estar en trabajos tóxicos.

Como señalaba una *coach* ejecutiva sobre por qué sus clientes dedican tantas horas y hacen tantos sacrificios por su trabajo:

> «La mayoría de la gente se justifica diciendo cosas como "solo voy a aguantar así un poco más". "Solo por este trimestre". "Solo por este lanzamiento". Y así podrían seguir durante años. No duermen, van acelerados a las reuniones, no son conscientes de si respiran o no. Hay que decir también que son tan jóvenes que apenas notan las consecuencias. Por ahora».

El efecto del compromiso también se manifiesta por el deseo de las personas de parecer firmes y constantes. La constancia es una cualidad muy valorada. Rara vez se dice que alguien sea un veleta a modo de cumplido. Por eso, una vez se toma una decisión, quedamos atados a ella, y eso incluye las decisiones de dónde o en qué trabajar. Un currículum con cambios de empleo demasiado frecuentes dispara las alarmas de futuros empleadores, «¿qué tendrá de malo este individuo para que no dure en ningún sitio?» Y la presión de la coherencia también hace más difícil que lleguemos a admitir un error. Así, creemos que las cosas irán a mejor, o quizá que somos nosotros los que exageramos, o que la situación no es tan mala o dañina como parece. Son todos estos factores los que influyen en que la gente siga en sus trabajos a pesar de que son conscientes de que no es lo mejor para su bienestar ni su salud.

6. PRUEBA SOCIAL: CUANDO LO TÓXICO SE CONVIERTE EN LA NORMA

Observando a los demás aprendemos lo que podemos esperar o querer, lo que se considera lo normal. Los psicólogos describieron el fenómeno de la influencia social informativa hace más de 60 años, y sigue siendo un concepto fundamental[18]. Consiste en que los demás nos influyen porque su comportamiento nos aporta información útil sobre qué actitudes y comportamientos son apropiados (sobre todo cuando el otro es socialmente similar a nosotros). Como señaló el psicólogo social Robert Cialdini, confiar en la prueba social (es decir, en lo que hacen los demás) nos ahorra esfuerzo cognitivo[19]. Solo tenemos que mirar el comportamiento del otro. Y si creemos que los demás, la multitud, sabe lo que hace y que ha meditado sus decisiones, parece (y suele ser) sensato confiar en eso para guiar nuestras propias actitudes y comportamientos. Piensa que las palabras *norma* y *normativa* comparten una misma raíz, y que lo que constituye una norma y una normativa es, en definitiva, lo que la mayoría de la gente piensa y hace. En ese sentido, así es como colectivamente definimos una versión de la realidad, lo que cabe esperar y lo que es aceptable.

Los demás nos influyen profundamente en nuestras decisiones sobre el trabajo. Como señaló un contable de alto nivel que había trabajado en una financiera, «mis padres me decían que me hiciera contable y consiguiera un buen sueldo y un seguro médico». Muchas de las personas a las que he entrevistado me contaban la buena impresión que causaban a sus amigos por tener un buen trabajo en una empresa de prestigio. Por eso dimitir es tan difícil, porque supone ir en contra de las expectativas de padres y amigos. Y porque implica decirse a sí mismo –y a los seres queridos– que su trabajo de ensueño es en realidad una pesadilla.

La influencia social es poderosa. Un estudio sobre la rotación de personal en restaurantes de comida rápida reveló (y no puedo decir que me sorprenda), que la rotación era socialmente contagiosa[20]. Si alguien abandona un empleo, es mucho más probable que los demás le sigan –y también funciona a la inversa, si nadie o casi nadie se marcha, los compañeros se quedarán. A pesar de que los trabajos en los establecimientos de comida rápida están relativamente mal pagados y no son precisamente gratificantes, la reacción de las personas a ese entorno laboral, en cuanto a quedarse o marcharse, depende de lo que hagan los compañeros. Asimismo, la actitud de las personas hacia su empleo –sus labores específicas– y hacia las organizaciones para las que trabajan se ve influida por las actitudes e impresiones de los demás en la plantilla[21]. Si todos creen que ese trabajo es interesante y estimulante, debe de serlo; y, al contrario, si todos los compañeros piensan que ese trabajo –y el jefe– es horrible, será porque lo es.

La influencia social y lo que hagan y crean otros importa en nuestra sociedad. Nada nuevo bajo el sol, en realidad. Pero lo que sí es nuevo es lo que eso implica. Sí, de alguna manera sabemos que quienes quieren dejar su adicción a la bebida deben cortar relación con otros bebedores, y lo mismo quienes quieran dejar el tabaco o las drogas. Y quizá hayamos leído que el sobrepeso se propaga en los grupos sociales a medida que socialmente se interpreta y define la norma y cuáles son los hábitos alimenticios y pesos adecuados. Esas mismas fuerzas también son aplicables al hecho de tolerar o no un mal entorno laboral, hasta qué punto y por qué. Estar rodeados de personas que actúan como si fuera normal trabajar demasiadas horas, no poder decidir o no tener vida más allá del trabajo, acaba llevándonos a asumir esa misma interpretación de la situación, a consentir y seguir, incluso aunque en el fondo sepamos que está siendo a costa de nuestro bienestar y que quizá no sea tan «normal» después de todo.

Desgraciadamente, las largas jornadas laborales y otros aspectos tóxicos del trabajo se han convertido en la norma en muchas empresas. Así que, cuando la gente se encuentra ante tales circunstancias no ven nada raro en ello. Es más, parece que lo raro es quejarse de esas mismas condiciones que soportan sus amigos y compañeros, o dejar trabajos en los que otros eligen quedarse. Además, cuando esas condiciones –como trabajar demasiado– son la norma, las perspectivas de encontrar otro trabajo mejor parecen escasas.

En Amazon, uno de los jefes le decía a Kim que las empresas en las que había trabajado eran mucho peores, así que en comparación Amazon era un lujo. La *coach* ejecutiva decía a sus clientes que lo de trabajar muchas horas era común a todos. En todas partes las condiciones son duras y se trabaja demasiado, y si todos dedican ese tiempo y aguantan lo que les echen, se convierte en la norma.

De hecho, trabajar a destajo y cumplir plazos imposibles se ha convertido en parte de nuestra cultura y de nuestra definición de normalidad. Como me comentaba la *coach* ejecutiva, «cuando baja el ritmo y la gente no se queda hasta las 2 de la mañana, se sienten raros e incluso vagos, "¿cómo es que hemos dejado de trabajar?" piensan, a eso me refiero con "normalización". Al cabo del tiempo acaba cundiendo este adoctrinamiento y piensan que es así como se supone que hay que trabajar y vivir». Lo anormal y dañino se define como lo normal, lo aceptable, lo esperado –y hasta deseado, porque denota éxito y logro.

7. LAS HISTORIAS QUE NOS CONTAMOS Y LA AUTOPERCEPCIÓN

Aunque implícito en algunos de los ejemplos anteriores, este factor es lo suficientemente notorio como para que le dediquemos un apartado: las historias que nos contamos para explicar las situaciones y las personas. Nos ayudan a dar sentido a lo que nos rodea y, una vez hecha la interpretación, tendemos a asimilar la nueva información que nos parezca coherente con nuestra versión e ignoramos y olvidamos con más facilidad la información que no cuadra con esa idea que nos hemos formado.

Existen dos versiones confrontadas en torno a los trabajos tóxicos. Una es que estas condiciones caracterizan a las empresas competitivas y exigentes. Estas compañías tan intensas o, mejor dicho, estresantes, «deben» funcionar así si quieren ser disruptivas y alcanzar los objetivos económicos que se han propuesto. Esta es la versión de Amazon que cuentan algunos, y que explica por qué Uber y su polémico exconsejero delegado, Travis Kalanick, son como son. Como sostiene el inversor y comentarista sobre Silicon Valley, Jason Calacanis, «entre las tecnológicas de Silicon Valley, se cuentan con los dedos de una mano, o dos a lo sumo, la cantidad de directivos que han creado su empresa con solo cinco personas y las han hecho crecer hasta llegar a ser 5000 o 50 000 [...]. Uber ha tenido que luchar hasta por su propia existencia [...]. Cuando pasas tanto tiempo luchando, esa es la mentalidad que se te queda»[22].

Se supone que estas personas deberían sentirse felices y orgullosas de trabajar en estas empresas y estar dispuestas a sacrificar sus insignificantes y egoístas intereses, e incluso su bienestar, por el bien del colectivo. Como el contable que había estado trabajando en One Medical me dijo:

> «Entré y me pareció un paraíso porque tenían una misión. Realmente llegué a hacer mía esa misión de conseguir que los servicios médicos fueran accesibles y asequibles para el paciente. Creía en el bien que hacíamos. Y eso fue lo que hicimos todos. Lo dábamos todo para que saliera adelante. Dejamos a un lado nuestras vidas para que la empresa tuviera éxito. La cultura que desarrollamos dictaba que había que hacer cuanto fuera posible [...], pero nos descuidábamos a nosotros mismos.
>
> »Lo que puedo decir sobre las empresas y su toxicidad es que hemos acabado canjeando la idea de cobrar un sueldo, tener éxito, una carrera y dinero por cualquiera que fuera nuestro significado o tipo de vida. Ser parte de una empresa que tiene una misión es una cosa, pero nuestro propósito, el sentido que tenga nuestra vida, es otra. En mi caso, todo sentido que tuviera mi vida lo perdí por ese otro propósito».

Lo bueno de esta idea de entregarse a una causa es que juega con el deseo de las personas de alcanzar la inmortalidad, o algo que se le parezca, al vincularse a una entidad más grande que ellos mismos (y que perdurará tiempo después).

La otra versión es la siguiente: algunas empresas son, en efecto, lugares tóxicos en los que el bienestar del ser humano y hasta su salud y su vida quedan supeditados a la ambición de un líder, y a menudo a su plan por el poder, el prestigio y la riqueza, así como a medidas de rendimiento económico que no siempre tienen en cuenta todo el coste humano que suponen. En One Medical, «el líder de la compañía no consideraba el cuidado de uno mismo. Realmente estaba dispuesto a sacrificar su salud por la empresa, y esa actitud acaba permeando en toda la organización». Pero que un líder sea un desequilibrado no significa que los demás también tengan que perder el juicio. Desde esta otra perspectiva de la historia es correcto y, de hecho, bueno para la autoafirmación y para el autoconcepto de las personas, ejercer su derecho a salir de esa situación. Y al abandonar imponen a la empresa la necesidad de hacer cambios para lidiar con esa mayor rotación y sus costes asociados, así como para atraer a nuevos trabajadores que les reemplacen.

Entre estas dos versiones siempre parece haber un contraste entre el sacrificio desinteresado por la entidad y sus nobles ambiciones, y el egoísmo del individuo que antepone su salud y bienestar. Permíteme que cuente una tercera versión, una que integra las dos anteriores y que además hace más legítimo el cuidado de uno mismo: cuando estás enfermo, incapacitado o, peor, muerto, por culpa de las condiciones laborales, no eres de mucha utilidad ni para la empresa ni para ti mismo. Así que, si en tu empresa de verdad estuvieran interesados en ti porque *tú* aportas algo único y distinto, lo suyo sería que cuidaran mejor de ti, ¿no? Si la empresa de verdad se preocupa de tu productividad y desempeño, entonces tendrán que adoptar medidas que favorezcan tu bienestar y rendimiento, y a su vez evitar aquellos elementos del entorno laboral que socavan el bienestar de ambos, empleado y empresa. Sobre todo, esas empresas a las que tanto les gusta enseñar sus credenciales verdes y sociales son las que deberían empeñarse más para asegurar que sus propios sistemas humanos, su propio ambiente, sea sostenible.

8. CASOS EN LOS QUE LA GENTE SÍ ACABA MARCHÁNDOSE

Pese a los muchos procesos psicológicos que retienen a las personas en trabajos tóxicos, muchas sí toman la decisión de abandonar. De hecho, prácticamente todas las personas a las que entrevisté para este libro habían dejado algún trabajo tóxico. Suele ocurrir principalmente en alguno de estos tres casos.

En primer lugar, si ocurre algún acontecimiento que les empuje a ello, la gota que colma el vaso, algo tan indignante que sea como una bofetada que les haga ver la realidad. Una persona me comentó, por ejemplo, el caso de una conocida suya a quien llamaron en medio del funeral de un amigo porque tenía que coger un vuelo para volver al trabajo. Y cuando llegó a la oficina al día siguiente resulta que el asunto ya estaba solucionado, «ya nos ocupamos nosotros», le dijeron. Fue en ese momento cuando decidió que no quería pasar su vida en un sitio en el que la trataran así.

Un segundo caso es cuando la familia y, con mayor frecuencia, los amigos ayudan a romper la reticencia psicológica a abandonar y ya no admiten justificaciones de ningún tipo. Una mujer cuyo trabajo era muy estresante y en el cual había aprendido mucho y adquirido mucha experiencia (por eso aguantaba), señalaba: «El colmo fue que me hicieran trabajar estando gravemente enferma. Mi marido me hizo ver que no podía seguir así. Me marché nada más encontrar otro trabajo».

Aquel gerente de GE que durante días iba al trabajo con la intención de dimitir volvía a casa aún con el cargo porque «era lo suficientemente bueno como para ser un líder en GE». Su mujer le dijo que sí, que puede que lo fuera, pero que si seguía así lo que dejaría era de ser su marido. Aquello fue lo que le liberó de esa situación.

Y, en tercer lugar, la gente acaba dejando su trabajo cuando han enfermado tanto física y psicológicamente que, simplemente, ya no aguantan más. Una persona me contaba: «Seguí en Wall Street porque no creía tener otra opción, porque mis aptitudes son demasiado concretas como para cambiar, y porque Wall Street es una burbuja y todo lo de fuera se ve como "otra cosa". Al final me fui porque no podía soportar ese ambiente tan desmoralizante ni un minuto más y me estaba volviendo loca. Lo hice por mi salud mental».

Una persona se marchó de una compañía eléctrica al obtener la incapacidad por TEPT. Kim abandonó Amazon porque estaba tan agotada y deprimida que no aguantaba más. En ese sentido, sí, las personas toman la decisión de marcharse de sus trabajos tóxicos. Pero suelen hacerlo cuando ya lo han pagado caro con su salud.

9. DEJAR DE ACEPTAR LO INACEPTABLE

La capacidad del ser humano para justificarse –«tampoco es para tanto, solo será un tiempo»– y poner excusas –«es por una buena causa, formo parte de una iniciativa que podría cambiar el mundo de verdad, ayudamos a la gente a conectar más fácilmente, a borrar sus fotos, a comprar más cosas y más rápidamente»– es colosal. Abandonar se vuelve muy difícil una vez que las personas eligen dónde trabajar, una vez que están rodeados de otras personas dispuestas a soportar los mismos atropellos y que incluso parecen tolerarlo, y una vez están expuestos al discurso que les hace creer que aguantar les convierte en empleados leales, trabajadores y exitosos, de lo contrario no son lo suficientemente buenos. Es así. Incluso aunque la gente sea consciente de que ese trabajo los lleva a automedicarse, o pone en riesgo sus relaciones familiares y sus amistades, o está deteriorando su salud física y mental.

Así que aquí dejo algunos consejos prácticos. Primero, dado que la influencia de los demás nos afecta, encuentra a personas que no se pasen todo el día trabajando, que mantengan una relación con su familia y amigos que vaya más allá de verlos en fotos de fondos de pantalla, y en cuyos trabajos gocen de cierta autonomía y control. Crea lazos con esas personas y pasa tiempo con ellos. Te aportarán la información social y la influencia que necesitas para tomar mejores decisiones.

Segundo, reconoce cuándo apelan a tu ego y no sucumbas (¿es que acaso no eres lo suficientemente bueno?). Debes estar dispuesto a admitir que, al elegir un trabajo, como en toda decisión, cabe la posibilidad de que te equivoques. Así que, una vez reconocido el error, haz lo que tengas que hacer para remediarlo.

Tercero, entiende que, al igual que les pasó a muchas de las personas con las que he hablado, aunque hayas salido de aquel ambiente difícil e insalubre, los efectos no desaparecen de inmediato. Una mujer que trabajó como programadora y luego también como consultora describía el estrés que generaba la política interna de Hulu. Aunque entró en una nueva empresa, seguía experimentando una especie de estrés residual, por lo que aún le duraron un tiempo los efectos del trabajo anterior. Comentaba: «descubrí que, en lo que concierne al trabajo, cargamos con una especie de mochila. Es curioso lo que nos llevamos del anterior trabajo al nuevo y que, aunque cambiemos a mejor, las malas experiencias del pasado nos siguen acompañando».

Y, lo más importante, cuando te decidas por un trabajo y evalúes a la empresa en cuestión, recuerda que es necesario que en dicha empresa den importancia a nuestra salud y bienestar entre el resto de resultados corporativos. Trabajar es algo más que ganar dinero, y el dinero no puede reparar el daño ocasionado a tus relaciones o a tu salud física y mental. Hasta que no nos responsabilicemos de trabajar solo ahí donde podamos crecer y progresar, no podemos esperar que sean las empresas las que se preocupen por nuestra salud.

QUÉ PODRÍA (Y DEBERÍA) CAMBIAR

CAPÍTULO 8

Bob Chapman, consejero delegado del fabricante mundial Barry-Wehmiller (y nombrado el tercero mejor del mundo en un artículo de la revista *Inc.*)[1], tiene razón: «El otro día estuve ante 1000 consejeros delegados en San Antonio, Texas, y les dije "vosotros sois la causa de la crisis porque el 74 % de las enfermedades son crónicas. La principal causa de las enfermedades crónicas es el estrés, y la principal causa de estrés es el trabajo"».

Como diría la famosa frase de la tira cómica estadounidense *Pogo*, «hemos encontrado al enemigo. Y somos nosotros». Las empresas hacen enfermar a sus empleados, los gobiernos no hacen gran cosa al respecto y el precio lo pagamos todos.

Pero esto no tiene por qué seguir así. Es perfectamente posible salvar decenas de miles de vidas y ahorrar miles de millones de dólares en sanidad y gastos varios al año, y a la vez lograr que las empresas sean más productivas y eficaces. Lo que hace falta es que tanto empresas, como gobiernos y empleados entiendan lo que he expuesto en este libro (los aspectos del entorno laboral que son más perjudiciales) y se decidan a hacer algo al respecto tomando ejemplo de algunos de los casos de los que he hablado.

Como bien ilustran los casos como el de Barry-Wehmiller, Patagonia, Zillow, Collective Health, Google y DaVita, entre otras, es factible e imperativo construir empresas en las que sea agradable y sano trabajar. Es posible y, de hecho, necesario crear ambientes de trabajo que fomenten la sostenibilidad humana en lugar de menoscabarla. Es hasta bueno para el negocio.

Muchas organizaciones ya están en ello, aunque son muchas más las que aún tendrían que subirse al carro.

Supongamos que fuéramos más allá del término «trabajo» y que el entorno laboral no fuera un peligro para la salud mental y física de las personas. El gasto sanitario sería más bajo, tanto para el empleado en particular como para la sociedad en general, y la productividad y el desempeño serían más elevados. No tendría que hacer falta argumentar con datos algo que es de sentido común, y es que una persona afligida y dolorida no puede dar el 100 % en el trabajo. Pero ya en el capítulo 2, sobre el precio el coste que supone un entorno laboral tóxico, expuse pruebas y anécdotas que, en efecto, lo demuestran. Si cambiáramos ciertas medidas y prácticas con el fin de minimizar las causas del estrés laboral, las empresas no seguirían dañando, e incluso matando, a sus empleados. Estos empleados no se morirían por trabajar.

No pretendía hacer un listado exhaustivo de todas las formas en las que el trabajo afecta al estrés y, por ende, a la salud de las personas. Por eso, no me cabe duda de que mis cálculos del coste económico, en salud y en pérdida de productividad que conllevan las desafortunadas decisiones de estructuración corporativa se han quedado cortos.

Otros aspectos importantes del entorno laboral

Otro factor que también tiene consecuencias es el acoso laboral, un problema muy extendido y estresante que repercute a nivel psicológico y físico[2] y, por sorprendente que parezca, es bastante común. Un estudio en el que participaron enfermeros del National Health Service (Servicio Nacional de Sanidad) de Reino Unido reveló que el 44 % de los enfermeros había sufrido acoso en los 12 meses previos[3]. Otro estudio de más de 1100 participantes concluyó que más del 50 % había sido víctima de acoso laboral en algún momento de su carrera[4]. El acoso tiene grandes consecuencias en el bienestar de las personas. Por ejemplo, los enfermeros que lo habían experimentado manifestaron niveles de ansiedad y depresión psicológica significativamente mayores[5]. Un estudio de panel de 2 años sobre más de 54 000 empleados de hospital en Finlandia, y cuyas variables estaban ajustadas por edad, sexo y nivel adquisitivo, reveló que los empleados que habían sufrido acoso tenían el doble de probabilidades de contraer enfermedades cardiovasculares y el cuádruple de caer en depresión[6]. Aunque la conducta abusiva de jefes o compañeros a veces se considera un comportamiento personal que escapa al control de la organización, las empresas y sus líderes pueden decidir, y de hecho lo hacen, si toleran o no un mal ambiente, tal y como expone claramente mi colega Robert Sutton en su libro *Estúpidos no, gracias*[7].

Otro aspecto es el impacto negativo que tiene la discriminación hacia la mujer, las minorías étnicas y otros grupos, que no solo afecta a sus perspectivas laborales o a su seguridad económica, sino también a su sensación de control sobre su entorno y, por tanto, a su nivel de estrés. Un estudio en el que participaron 215 adultos de origen mexicano reveló que la discriminación percibida guardaba relación con la depresión y con un peor estado de salud general[8]. Un estudio de 197 afroamericanos, en Atlanta, demostró la relación que existe entre la discriminación racial en el trabajo y la hipertensión, con pruebas de que el estrés derivado de sufrir racismo elevaba los niveles de la presión arterial sistólica y diastólica[9]. Un metaanálisis de 134 pruebas reveló que la «discriminación percibida tenía un impacto negativo significativo tanto en la salud mental como en la física»[10].

Pensemos también en lo que concierne a la seguridad y el entorno físico, como la temperatura, la iluminación o el ruido, que también afectan a la salud[11], así como en el resto de factores que originalmente fueron objeto de las normativas de prevención de riesgos laborales. Por ejemplo, un estudio de trabajadores de una fábrica de automóviles reveló que llevar protección auditiva reducía los efectos nocivos que provoca el ruido en la tensión y en el ritmo cardiaco[12].

Sencillamente, importa dónde trabajamos. Investigaciones de hace años ya daban cuenta de los efectos del entorno laboral en la salud –se pueden consultar, por ejemplo, en artículos publicados en *The Journal of Occupational Health Psychology, The Journal of Occupational and Environmental Medicine* y en multitud de revistas científicas y médicas. Aun así, es increíble la poca importancia que se da a las condiciones laborales cuando se trata de gestión y de medidas públicas. En una encuesta se preguntó a los participantes qué medidas adoptaron en sus empresas para aliviar el estrés que había en la oficina. El 66 %, casi dos terceras partes, respondieron que «nada»[13].

1. SOLUCIONAR EL PROBLEMA

Algunas empresas han tomado la iniciativa de incluir la salud y bienestar de sus empleados en su estrategia corporativa y también de integrarlos entre sus valores y su cultura. Pero siguen siendo demasiadas las que, de manera rutinaria, toman decisiones que acaban por matar a su gente o causarles daños físicos y mentales innecesarios. Pese a la multitud de artículos epidemiológicos que hablan sobre la repercusión de las condiciones laborales tóxicas en la salud y el gasto sanitario, estas decisiones y sus consecuencias a menudo pasan desapercibidas, como si fueran invisibles en la política interna de la empresa y hasta para los responsables que la establecen. Si pretendemos ahorrar costes a la sociedad y las empresas y evitar muertes innecesarias derivadas de una mala gestión corporativa, tienen que ocurrir cinco cosas.

En primer lugar, tenemos que medir los niveles de salud y bienestar al igual que medimos la contaminación y el impacto medioambiental. En segundo lugar, debemos denunciar públicamente las medidas y trabajos tóxicos de los «contaminadores sociales» de la misma forma que señalamos a las empresas que dañan el medioambiente. Es más, habría que empezar a rendir homenaje a las que sí están tomando medidas por el bien de sus empleados. La amonestación pública y la presión social serían buenas medidas para conseguir entornos laborales más saludables. En tercer lugar, necesitamos políticas que ponderen los verdaderos costes y consecuencias que acarrean las decisiones de las empresas. Lo cual implica hacer pagar a las empresas la parte que les corresponde de los costes sanitarios que provocan, costes con los que corre actualmente la sociedad en general.

En cuarto lugar, habría que refutar las excusas y falsas disyuntivas, por ejemplo, que cuidar la salud del empleado no implica en absoluto tener que sacrificar beneficios de la empresa. Como ya hemos visto a lo largo del libro, lo que es bueno para la salud y bienestar del empleado contribuye a la productividad y la rentabilidad, a veces de forma significativa. Ambos objetivos, reducir el coste sanitario/mejorar la salud del empleado y conseguir mejores resultados en la empresa son perfectamente compatibles.

Por último, debemos insistir para que la sostenibilidad humana se convierta en una prioridad para los líderes corporativos y políticos, y no permitir que esta sea sacrificada al primer atisbo de dificultades económicas, ni mermada para procurar mayores beneficios económicos a pesar de sus costes sociales. En una sociedad civilizada deberían imponerse ciertos límites a lo que una empresa puede hacer con sus trabajadores. En fin, no veo que a día de hoy nadie abogue por la esclavitud o la explotación infantil solo porque serían buenas para los beneficios. Así como ahora es inaceptable que las empresas dañen el medioambiente, deberíamos prohibir también que «degraden el medio humano» y creen contaminación social. En resumidas cuentas, ciertas dimensiones del bienestar humano deberían ser sagradas. Creo que alguna de las siguientes recomendaciones ayudaría.

2. MEDIR LA SALUD Y EL BIENESTAR DEL EMPLEADO

Si algo he aprendido durante mi investigación es que no hay una atención sistemática ni no sistemática por parte de empresas por medir la salud y bienestar del empleado se refiere. Las grandes empresas que ofrecen seguros a sus trabajadores pueden recibir (y a menudo reciben) de los administradores de las pólizas, información sobre las reclamaciones que han sido abonadas, pero esos datos no dicen gran cosa sobre qué les pasó a quienes solicitaron los servicios médicos o las recetas para los medicamentos. Algunas empresas, como Patagonia, toman la rotación como indicador para detectar si hay problemas con algún gerente en concreto o con su capacidad para retener el talento. Patagonia y otras empresas también recurren a las entrevistas de salida de empleados para saber si hay problemas de bienestar. Algunas compañías como Barry-Wehmiller, DaVita y Patagonia miden, ya sea con métodos formales o informales, si se respetan o no los valores de la compañía. Y en muchísimos sitios se mide el compromiso y la satisfacción del empleado con su trabajo. Muy pocas empresas se pueden permitir ignorar lo que se dice de ellas y de su entorno laboral en internet, por ejemplo, en portales de empleo como Glassdoor. Los profesionales de recursos humanos, encargados de garantizar una cultura corporativa sana y de atraer y retener personas con talento, dedican tiempo a hablar con el personal de sus organizaciones y se preocupan de si mantienen un buen equilibrio entre su vida laboral y personal, cuántas horas trabajan y si se encuentran bien. De modo que, el problema no es que nadie se preocupe del empleado. Su salud y bienestar importa, y mucho, al menos en algunas empresas. La cuestión es que no se disponen de suficientes datos sistemáticos que se puedan aplicar al respecto.

Nos fijamos en lo que medimos, y lo que no se mide se ignora. El aforismo de que «lo que no se mide no se puede mejorar» es cierto en gran parte. De modo que, si nos vamos a tomar en serio el objetivo de conseguir que las condiciones laborales mejoren a favor de la salud y el bienestar del empleado, necesitamos hacer las mediciones oportunas.

Y aquí las buenas noticias: muchas de esas mediciones ya están disponibles. Algunas son imprecisas, pero gran cantidad de ellas han sido exhaustivamente investigadas para ratificar su validez y fiabilidad. Y son mediciones sobre salud y bienestar, así como sobre las dimensiones del entorno laboral que les afectan, y que pueden aplicarse sin apenas coste o esfuerzo.

La salud del empleado es crucial como indicador del funcionamiento del sistema social y también porque tiene consecuencias económicas. Empecemos por la medición de un único parámetro de salud autopercibida: «¿Qué tal es tu salud en general?». Las escalas de respuestas podrían ser «Excelente, muy buena, buena, justa o mala» o «Muy buena, buena, justa, mala o muy mala». Este único parámetro de medición es extremadamente fiable y con un valor predictivo muy sólido.

El Manitoba Longitudinal Study of Aging (Estudio Longitudinal de Envejecimiento de Manitoba) estudió a 3128 ancianos residentes de la citada provincia canadiense en 1971 y empleó tanto la medición de salud autopercibida como indicadores objetivos, por ejemplo, si necesitaron servicios médicos y las enfermedades que les diagnosticaron. El estudio hizo seguimiento de estos participantes, midiendo durante los 6 años posteriores los fallecimientos y la fecha en que se producían. El riesgo de mortalidad era casi tres veces mayor en quienes afirmaban tener una mala salud en comparación con quienes la percibían excelente. Además, la salud autopercibida permitía establecer un mejor pronóstico del riesgo de mortalidad y su inminencia que los indicadores objetivos[14]. Un estudio en el que participaron más de 2800 personas en Finlandia descubrió que la salud autopercibida se mantenía estable (y por tanto fiable) durante un año y era válida para predecir la necesidad de recurrir a los servicios médicos durante ese mismo periodo, así como la forma física autopercibida y la mortalidad en los siguientes diez años[15]. Según otro estudio de unas 700 000 personas, las que afirmaban tener una salud de justa a mala presentaban el doble de riesgo de mortalidad. El valor predictivo de las medidas de salud autopercibida era válido por igual para ambos sexos e independientemente de la raza[16]. Además, las investigaciones empiezan a arrojar luz sobre el porqué –es decir, los mecanismos subyacentes que hacen que la salud autopercibida sea un parámetro tan bueno para predecir el riesgo de mortalidad[17].

Otros estudios han demostrado que la salud autopercibida permite predecir las bajas por enfermedad[18]. Y otros que estas medidas son asimismo válidas para predecir la mortalidad en varios subgrupos de población, como los nativos americanos, isleños del Pacífico e hispanos[19], así como en grupos de bajo nivel adquisitivo[20]. Los estudios sobre el valor predictivo de la salud autopercibida abarca numerosos países. Un análisis de más de dos docenas de estudios que demostraban la correlación entre la salud autopercibida y los resultados en salud, incluida la mortalidad, concluyó que «la salud autoevaluada global funciona como un pronosticador de mortalidad independiente en prácticamente todos los estudios, a pesar de que se incluyan numerosos indicadores específicos del estado de salud, así como otras variables relevantes para predecir la mortalidad»[21].

La OCDE utiliza los datos de las encuestas nacionales sobre salud autopercibida para medir del estado de salud de una nación[22]. Y, por cierto, los indicadores de salud que emplea la OCDE para evaluar el nivel de salud de los países se podrían adaptar y aplicar, en muchos casos, a grupos de población más pequeños, como una empresa.

Medir el bienestar es algo más complicado, pero no imposible. Hay más escalas para medir el bienestar y la salud mental de las personas en el trabajo que para medir la salud física, y esas escalas requieren preguntas en las encuestas que vayan más allá de un solo ítem[23]. No obstante, hay investigaciones muy bien formuladas que evalúan el bienestar laboral y que arrojan mediciones fiables correlacionadas con resultados del ámbito laboral muy relevantes, como la rotación, y con valor predictivo.

Muchas, si no todas, de las dimensiones del entorno laboral que afectan a la salud también pueden medirse fácilmente. En cuanto a la cantidad de horas, basta con preguntar a las personas cuántas horas trabajan a la semana y cuán a menudo trabajan fuera de su horario habitual (por ejemplo, noches, fines de semana o cambios de turnos). Para conocer el uso que se hace de los servicios médicos es muy útil preguntar si han tenido que posponer alguna visita, tratamiento o adquisición de medicamentos por motivos económicos. También hay mediciones muy bien formuladas sobre el estrés laboral[24], la falta de conciliación[25] y del control sobre el trabajo[26], que incluyen la percepción de la autoridad decisora y la libertad para tomar decisiones. La inseguridad económica se puede valorar a partir de indicadores ecológicos, como el nivel de desempleo local, así como por indicadores personales como haber perdido el trabajo, o tener amigos a los que han despedido, o vivir con el temor de poder perder el trabajo en cualquier momento[27].

En el ámbito de la psicología organizacional, industrial y ocupacional se han desarrollado buenas mediciones del entorno laboral que las organizaciones deberían utilizar –para evaluar la salubridad de su ambiente laboral y también para hacer seguimiento de los cambios a lo largo del tiempo, conforme vayan tomando medidas por el bienestar y la salud de sus empleados.

3. IDENTIFICAR A LOS «CONTAMINADORES SOCIALES»

Una vez recabados los datos de las empresas saludables y no saludables, estaría bien hacerlos públicos. En lo relativo a la sostenibilidad medioambiental y combatir la contaminación, en general se entiende que delatar a las entidades que contaminan contribuirá a que estas tomen medidas al respecto para proteger su imagen de marca ante empleados, clientes y proveedores. Y proclamar quiénes son las empresas más «verdes» y respetuosas con el medioambiente motiva a otras a emular sus modelos y así obtener un reconocimiento similar.

Por ejemplo, el Gobierno de Canadá no solo se limita a publicar qué empresas y entidades contaminan, sino que el ciudadano puede buscar activamente esta información en una base de datos. Asimismo, los premios y listas creados por publicaciones como la revista *Working Mother*[28] y el reconocimiento de organizaciones como el Centro Internacional de Trabajo y Familia, de la IESE Business School de Barcelona, están pensados para incentivar a las empresas a adoptar políticas que faciliten a sus trabajadores la conciliación de sus responsabilidades laborales y familiares. Los premios por un lado y las malas puntuaciones por otro motivan a las organizaciones y a sus líderes, cuya competitividad es consustancial, a tratar de hacer las cosas mejor. No hay razón para creer que estas mismas iniciativas no surtirían efecto en lo que concierne a la sostenibilidad del empleado. ¿Qué organización querría figurar en la lista de empresas menos saludables en las que trabajar? Y, al contrario, estoy seguro de que a la mayoría de empresas les gustaría obtener reconocimiento por sus efectos positivos en el bienestar de su gente.

Pero a la hora de poner esta idea en práctica surgen dos obstáculos interrelacionados. El primero es que muchas de las organizaciones que se dedican a calificar empresas y elaborar listados son entidades comerciales cuyos clientes son precisamente esas organizaciones a las que están calificando y clasificando. Como la entidad lucrativa Great Place to Work Institute, por ejemplo, que vende servicios de consultoría a empresas y las incluye en sus consabidos listados de mejores empresas en las que trabajar. También ocurre en el caso de Glassdoor que, además de ser portal de empleo y de selección de personal, también es un agregador de valoraciones de trabajadores sobre las empresas y sus consejeros delegados. Glassdoor vende sus servicios de publicación de vacantes y selección de personal a muchas de las empresas que se clasifican en su sitio web. Glassdoor además se enfrenta a otra dificultad, y es que las reseñas que muestra son aportaciones voluntarias, como puedan ser las de Google o TripAdvisor, por ejemplo. Es decir, que Glassdoor, al igual que otros portales, debe aplicar algoritmos (que no da a conocer) para detectar cualquier intento de engañar al sistema. Pocas o casi ninguna organización, y Gallup es una excepción, utilizan muestreos aleatorios para ofrecer valoraciones objetivas e imparciales sobre entornos laborales, y Gallup no publica los datos de cada empresa particular.

El segundo obstáculo es que, al contrario que con la contaminación medioambiental, por la que los gobiernos recaban datos razonablemente objetivos como los vertidos, el uso de la energía y el reciclaje, muy pocas entidades «independientes» recopilan información sobre la salud y el bienestar. Por lo general, las mediciones sobre el ambiente laboral las aportan voluntariamente las empresas cuando participan en concursos de «mejores empresas», lo que da pie a dudar de la fiabilidad y objetividad de dichas mediciones.

Pero estos no son obstáculos insalvables. El Sustainability Accounting Standards Board (Consejo de Normas Contables para la Sostenibilidad estadounidense, SASB por sus siglas en inglés), fundado en 2011, ha trabajado asiduamente en el desarrollo de normas auditables y objetivas para que en sus informes a inversores las empresas den parte de su impacto medioambiental, social y de gestión. Por desgracia, SASB se ha enfocado más en los aspectos relacionados con el impacto medioambiental en detrimento de la sostenibilidad humana. Pero provee un modelo de lo que se podría intentar a la hora de informar sobre el entorno laboral, si hubiese suficiente interés en conocer el impacto que tienen las empresas en las vidas y en el riesgo de mortalidad de sus trabajadores. Mientras, las listas de buenas empresas para madres trabajadoras y las reseñas sobre empresas, aunque no son recursos perfectos para proclamar a los mejores y denunciar a los peores, al menos son mejor que no tener nada.

4. TOMAR CONCIENCIA DE LAS EXTERNALIDADES

Necesitamos políticas que reflejen la magnitud de los costes que se externalizan, para que todas las partes estén en posición de tomar mejores decisiones. Es decir, sería moralmente incorrecto y económicamente ineficiente que me estuviera permitido deshacerme de mi basura tirándola al patio de mis vecinos (aunque en principio a mí me viene bien por lo fácil que me resultaría) porque en ese caso estoy cargando a otro con un coste real, un coste que yo he pasado –externalizado– a otra persona para ahorrármelo yo. Además, no me sentiría incentivado a hacer un uso más eficiente de mis recursos, ni a reducir la cantidad de basura que genero, ni a pensar formas más eficientes de deshacerme de ella, porque esta forma de actuar me supone un gasto «cero» y me es indiferente quién o cómo gestione después mi basura.

Como bien saben los economistas y otros expertos, el mercado y los precios son excelentes mecanismos para garantizar el uso eficiente de los recursos. Pero los precios de mercado solo funcionan en la medida en que reflejen íntegramente toda la información y costes reales. Los precios distorsionados generan incentivos distorsionados que, a su vez, derivan en decisiones distorsionadas e ineficientes.

En el caso de los costes sanitarios, el problema de que se externalicen los gastos privados a la sociedad no es ni mucho menos hipotético. Por ejemplo, las empresas que no ofrecen seguro médico a sus empleados los dejan a su suerte, y es raro que por su cuenta se busquen un seguro. Así, cuando el no asegurado se pone enfermo se va a urgencias. Urgencias es sumamente ineficiente, económicamente hablando, para dar atención primaria y, normalmente, para cuando el paciente llega a urgencias, su salud se ha deteriorado tanto que tratarlo resulta más costoso que si hubiese recibido un diagnóstico y un tratamiento previamente. Cuando el sistema sanitario presta servicios por los que ninguna aseguradora va a responder después, la carga recae en las clínicas. Así, estos tratan de compensar los costes elevando los precios a empresas y empleados que forman parte del sistema de seguros de salud, o bien solicitando fondos públicos para financiar los cuidados de los pacientes que no tienen seguro. En cualquiera de los casos, son otros los que tienen que hacerse cargo de los costes sanitarios que han generado las empresas al eludir su obligación de cuidar a su plantilla. Por ejemplo, un estudio realizado en 2005 por Families USA estimó que «la prima del seguro médico había aumentado una media anual de 341 dólares para coberturas individuales y 922 dólares para coberturas familiares debido a los costes de los servicios no retribuidos»[29].

Asimismo, una vez que se despide a un empleado este ya no es problema de la empresa, sino de la sociedad. Quienes cobran sueldos demasiado bajos solo pueden recurrir a la asistencia pública. De modo que las empresas salen beneficiadas porque pagan menos y reducen gastos mientras que cargan a la sociedad con el coste de proveer asistencia médica a sus trabajadores. Es difícil calcular la magnitud y el coste de este problema de traspaso de responsabilidades, pero las investigaciones apuntan a que son bastante significativos. Un estudio de California estimaba que dos millones de familias trabajadoras (familias en las que al menos uno de sus miembros trabaja) recibían asistencia pública en 2002, lo que le costaba al Estado unos 10 000 millones de dólares. Además, casi el 46 % de las familias que recibieron servicios médicos financiados por Medi-Cal eran familias trabajadoras[30]. El coste de proveer estos servicios para los gobiernos estatal y federal fue de más de 5700 millones[31]. Además, los estudios demuestran que entre estas familias trabajadoras que recibieron atención sanitaria financiada con fondos públicos no había solo trabajadores de pequeñas empresas (las cuales suelen alegar que no tienen tanta capacidad económica como para asumir los costes de un seguro médico). Unas 700 000 personas atendidas por Medi-Cal eran o bien trabajadores, o bien beneficiarios dependientes de trabajadores de empresas de más de 1000 empleados, y otras 440 000 trabajaban en empresas de entre 100 y 1000 empleados[32].

Walmart, la empresa privada con más trabajadores de Estados Unidos, ha llamado considerablemente la atención de los estudios porque aun comparándola con otras grandes cadenas, paga los sueldos más bajos y también ofrece seguros médicos a un menor porcentaje de su plantilla. Varios pleitos contra la compañía han hecho que mucha de esta información salga a la luz. Walmart «gastó en la sanidad de su plantilla un 38 % menos que otras cadenas de venta al por mayor/al por menor» y «sus planes de salud cubren a un menor porcentaje de sus trabajadores (del 48 al 61 %) en comparación con otros grandes almacenes de California»[33]. No es de extrañar que, según los propios datos de Walmart, «el 24 % de su plantilla y el 46 % de niños dependientes o bien no tienen seguro o bien están adscritos a un programa de salud pública»[34], cifras más altas en comparación con las de otros grandes almacenes. Cabe destacar que los trabajadores del sector minorista ganan comparativamente menos que la media en el empleo privado, tienen más probabilidades de trabajar a tiempo parcial y, por lo tanto, están en mayor desventaja que la mayoría de empleados, lo cual hace que la comparación de Walmart con otros grandes almacenes sea particularmente relevante.

El estado de Georgia divulgó datos sobre el uso de Medicaid por trabajadores de varias empresas. «De los 166 000 niños beneficiarios de PeachCare (el programa estatal de atención sanitaria para niños sin seguro) en 2003, 10 000 correspondían a empleados de Walmart». A partir de los datos sobre la magnitud de la cobertura y el importe de los gastos sanitarios correspondientes a Walmart, Ken Jacobs, presidente del Centro de Investigación Laboral (Center for Labor Research) de la UC Berkeley, calculó «que los empleados de Walmart y los niños que tienen a su cargo cuestan a Medicaid 455 millones de dólares al año» y que esos servicios prestados y no retribuidos a empleados de Walmart incrementa en 220 millones de dólares el traspaso de costes a los recursos públicos y privados[35].

Tal y como sugiere el ejemplo de Walmart y los datos de múltiples fuentes, métodos y áreas geográficas, la externalización de costes –es decir, que el sector privado transfiera al público los gastos que le corresponden– en sanidad, así como en otros aspectos de la relación laboral (como los bajos salarios, que hacen que la gente sea más dependiente de las ayudas públicas), es un problema muy significativo económicamente.

Aunque el traspaso de costes se refiere a los correspondientes a la sanidad, otros sistemas de seguros sociales están empezando a aplicar políticas que impidan a las empresas externalizar otros costes varios derivados de sus prácticas, y así incentivarles de alguna manera a que adopten un enfoque más responsable. Dos buenos ejemplos son el sistema de prestación por desempleo y los seguros de compensación a los trabajadores. En ambos casos, las tasas que las empresas pagan por empleado al gobierno estatal o las primas que pagan a las aseguradoras se ajustan de acuerdo con el historial del empleador.

Al igual que con otro tipo de seguros (como los seguros de automóvil), las primas del seguro de compensación dependen del historial de siniestros cubiertos para la empresa en cuestión –es decir, cuantos más trabajadores hayan dado partes y cuanto más cuantiosas sean esas coberturas, más caras serán las primas. Este criterio supone un incentivo económico para las empresas para mantener un entorno laboral más saludable y evitar dicho aumento de primas, de la misma manera que los conductores intentan evitar accidentes o multas de tráfico para que su seguro de automóvil no les salga más caro después.

Las tasas para el sistema de desempleo también dependen de la frecuencia con la que una empresa despide a sus empleados, los cuales estarán cobrando la prestación mientras sigan sin trabajo. Así, las empresas con mayor número de despidos en su haber abonarán tasas más altas al gobierno para compensar, al menos en parte, esta práctica negativa y la carga que con ella imponen al erario.

Por lo que respecta a la salud física y mental del empleado, hasta que no sea un problema que perjudique económicamente a las empresas, no se molestarán en recopilar datos, ni se sentirán incentivadas a tomar decisiones óptimas u orientadas a procurar el bienestar de su plantilla.

Un ejemplo de cómo reducir el traspaso de costes

Al igual que en todas las ciudades de Estados Unidos, en San Francisco también había trabajadores sin seguro. La ciudad disponía de numerosas clínicas, así como de un departamento de salud pública y un hospital, el San Francisco General Hospital, al que recurrían las personas sin seguro, ya que estaba financiado con dinero público. En 2007, el entonces alcalde Gavin Newsom y la Junta de Supervisores aprobaron el programa Healthy San Francisco. Por un lado, el programa exigía a las empresas pagar por el coste sanitario correspondiente a sus empleados un mínimo de 1.37 dólares por hora y empleado. Podían hacerlo de cualquiera de las siguientes maneras: adquiriendo un seguro médico privado para su plantilla, contribuyendo al programa Healthy San Francisco o pagando en una cuenta de reembolso médico para empleados que vivieran fuera de la ciudad (todos los servicios se daban en clínicas dentro de los límites de la ciudad) o que ganaran demasiado como para poder beneficiarse del programa. «La ordenanza de seguridad sanitaria exige que las empresas de 20 o más trabajadores y las entidades no lucrativas de 50 o más trabajadores gasten al menos 2849 dólares al año en la sanidad de cada empleado de jornada completa. 4285 dólares en el caso de las empresas más grandes»[36].

Las protestas fueron masivas ante la aprobación del programa. La Golden Gate Restaurant Association era uno de los muchos grupos de empresas que pronosticaban la catástrofe –que las empresas huirían de la ciudad por el aumento de costes que les supondría en las nóminas, que sería más difícil atraer la inversión de nuevas empresas a la ciudad y que, por lo tanto, el sistema sería un absoluto fracaso. Pero ninguna de aquellas predicciones fatalistas se cumplió. El sector de la hostelería ha seguido creciendo en San Francisco, así como el empleo. Lo que sí ha caído es el porcentaje de ciudadanos no asegurados al 3 %. Además, el programa ha «cortado radicalmente el uso de urgencias para asistencia rutinaria por parte de los beneficiarios», lo cual ha ayudado a ahorrar[37]. Algunos restaurantes añadieron un concepto aparte en sus tiques para detallar el importe que correspondía a la contribución para la sanidad de sus empleados; otros repercutieron este coste subiendo los precios sin más. Entre tanto, las compañías tecnológicas como Twitter han seguido estableciéndose en la ciudad y el clima económico sigue en plena efervescencia. Y, lo más importante, las empresas no pueden traspasar el coste médico de sus libros contables a los de las cuentas públicas.

Pero la simple y triste realidad del traspaso de costes no es solo lo intrínsecamente injusto que es, sino el encarecimiento de costes que impone a todo el sistema en general. Porque retrasar los tratamientos o las visitas médicas por carecer de seguro a menudo implica que, cuando el paciente acuda finalmente al hospital, llegue en un peor estado de salud, lo cual incrementa el coste del tratamiento y elimina toda posibilidad de prevención. En San Francisco «"antes nos llegaban casos increíbles de gente de aquí de toda la vida, pero que nunca habían ido al médico", decía el doctor Hali Hammer [director médico del centro de salud familiar del Hospital General de San Francisco]. Gente que no sabía que tenía diabetes, o con la tensión alta o hasta con metástasis. Algunas mujeres no se habían hecho una citología en toda su vida»[38]. De ahí la importancia de la prevención, tanto en lo que se refiere a fomentar un estilo de vida saludable como un mejor entorno laboral. Eso y procurar tratamientos más precoces ahorra dinero y se traduce en menos hospitalizaciones y en menos gasto para clínicas y hospitales. Reducir o eliminar el traspaso de costes es lo justo porque hace que las empresas se responsabilicen de las decisiones que toman, pero también porque reduce el gasto general.

Y lo que es cierto para el seguro médico también lo es con respecto a otras malas prácticas laborales. Si las empresas se vieran perjudicadas por sus despidos, se lo pensarían más a la hora de echar a los trabajadores. Tampoco afecta a sus bolsillos el que sus empleados sobreexplotados acaben por marcharse porque, una vez se van, ya son responsabilidad de la sociedad. Así, es normal que no se vean incentivados a plantear mejores condiciones laborales o más efectivas. Esta socialización o externalización de costes privados de los entornos laborales tóxicos es un serio problema, pero tiene solución. Si las empresas se responsabilizaran del coste social que generan, tomarían mejores decisiones basándose en los verdaderos costes (y beneficios) que conllevan sus prácticas laborales.

5. ¿SALUD O BENEFICIOS? NO SON OPCIONES CONTRAPUESTAS

Como hemos visto a través de diversos ejemplos, y tal y como han demostrado las metódicas investigaciones que he expuesto a lo largo del libro, preocuparse por la salud del empleado *no* significa necesariamente comprometer la productividad, la calidad o la rentabilidad de la empresa. De hecho, las empresas saludables suelen ser las más productivas. No solo porque un empleado sano rinde más y se ausenta con menor frecuencia, sino porque representa un coste más bajo para las entidades que ofrecen seguros médicos o servicios sanitarios.

Veámoslo con el caso de Walmart, por ejemplo, que, como ya he señalado, siempre parece escatimar en beneficios médicos para sus empleados y acostumbra a hacer recortes de plantilla, lo cual eleva la inseguridad económica. Además, también paga sueldos relativamente bajos en comparación con su competencia. Como indicaba *Bloomberg Businessweek*, entre 2008 y 2013 Walmart abrió 455 nuevos establecimientos en Estados Unidos, un aumento del 13 %. Sin embargo, redujo su plantilla en unas 20 000 personas, es decir, un 1.4 %. ¿Y cuál fue el resultado? Durante seis años consecutivos, Walmart se quedó a la cola, incluso en el último puesto, de la lista de grandes almacenes del American Customer Satisfaction Index (índice estadounidense de satisfacción del cliente). Sus estanterías estaban desabastecidas, ya que la reducción de empleados por tienda, de 343 en 2008 a 301 de media en 2013, dejó sus establecimientos con poco personal, largas colas en los cajeros y sin suficientes trabajadores para reponer la mercancía[39]. Así, las ventas de aquellas tiendas se estancaron.

Ton Zeynep, profesor de administración del MIT, sostenía que pagar mejores sueldos (que dan más seguridad económica al empleado) de hecho es bueno para las empresas porque les ayuda a atraer un mejor talento y a reducir las costosas rotaciones[40]. Compañías como los supermercados Trader Joe's y Costco, competencia directa de Walmart, pagan mejor, ofrecen mejores beneficios, incluido el seguro médico, y consiguen casi el doble de ventas por empleado que Walmart. Es decir que, aun con mayores costes, su tasa de beneficio por empleado es más elevada.

Pero si procurar un entorno laboral más saludable es beneficioso para empleados y empresas, ¿por qué no se dan más casos? Baste decir, en primer lugar, que las empresas no siempre ponen en práctica lo que saben, lo que mi colega Bob Sutton y yo llamamos la brecha entre el saber y el hacer[41]. En segundo lugar, la inercia de lo tradicional es muy poderosa, y muy pocas empresas se atreven a ser diferentes. Hace años, comentaba la paradoja de que uno pretenda obtener ingresos extraordinarios haciendo lo mismo que todo el mundo, y eso es poco probable que funcione[42].

En tercer lugar, faltaría salvar una discontinuidad temporal. Y es que, para obtener retorno de una inversión, por definición, hay que hacer esa inversión primero. Uno no puede esperar resultados de algo que no ha hecho. El tiempo que pasa entre que se aplican los cambios para mejorar la salud y el bienestar del empleado hasta que esos cambios empiezan a dar frutos en realidad no es tanto. Pero hoy en día, cualquier resultado que se haga esperar más de un trimestre o dos es inaceptable, y la incertidumbre en cuanto a cómo serán los resultados y cuánto tardarán en llegar hace que muchos líderes opten por estrategias supuestamente menos arriesgadas, como las adquisiciones –aunque estas opciones raramente den resultado– o los socorridos recortes de gastos.

No obstante, animar a las empresas a adoptar medidas para mejorar la salud de sus empleados es casi con seguridad la forma más eficiente de ahorrar cientos de miles de millones de dólares y de evitar las muertes relacionadas con el trabajo. Las empresas lo tienen más fácil que los gobiernos para dar soluciones rentables a los problemas de salud de sus empleados, porque son ellas las que tienen la información y los incentivos para ello. Walmart, irónicamente, ya está introduciendo algunos servicios de atención médica, no solo a través de sus farmacias, sino también de clínicas que vacunan contra la gripe y proveen otro tipo de servicios preventivos en sus establecimientos. No cabe duda de que Walmart y otras empresas podrían cambiar sus prácticas para no deteriorar la salud de sus empleados, además, están en mejor posición para detectar los problemas con mayor antelación e intervenir a tiempo para evitar que empeoren y que los tratamientos resulten más costosos.

6. HACER DE LA SALUD UNA PRIORIDAD

El 3 de marzo de 1993, Scott Adams publicó una de mis tiras cómicas de *Dilbert* favoritas. En la primera viñeta, el jefe dice lo que tantas empresas predican con gran solemnidad: «Llevo años diciendo que "el empleado es nuestro activo más valioso"». En la segunda viñeta, el jefe admite que estaba equivocado y que «el dinero es nuestro activo más valioso. El empleado es el noveno». En la última viñeta, Wally le pregunta cuál es el activo que va en octavo lugar: «el papel de calco»[43].

Triste, pero cierto. Cuando se trata de dar importancia a las personas y su bienestar, al final todo queda en palabras. Hasta las empresas que supuestamente priorizan la salud, no siempre aplican políticas coherentes con la idea de mantener una mano de obra sana. Mira Aetna, por ejemplo. A pesar de que, por un lado, su consejero delegado es un gran valedor de la salud y en la compañía se aplican iniciativas de meditación y de promoción de un estilo de vida saludable, por otro lado, recortan la plantilla prácticamente cada año, ya sea en forma de jubilaciones anticipadas o de despidos[44]. Y, como sabemos, los despidos tienen consecuencias en la salud. Es más, a causa de estas rondas de recortes, su consejero delegado, Mark Bertolini, comentó que, «de los 50 000 empleados que tenemos, probablemente menos de 1600 llevarán con nosotros más de 20 años».

Las empresas operan bajo la presión de generar beneficios y de aumentar su cotización en bolsa, y las medidas más favorables para el empleado suelen percibirse como algo incompatible con esos objetivos. Whole Foods Market, bajo el liderazgo de John Mackey, hizo hincapié en valores alineados con el cuidado del personal. Durante la recesión de 2008, la compañía no llegó a despedir ni a 100 empleados, según señalaba un líder de Whole Foods del área de la Bahía de San Francisco. La confianza de la compañía en la autogestión de equipos para la toma de decisiones redundó en una mayor sensación de control entre el personal, y gracias a su política de ascensos internos, hasta los empleados sin estudios universitarios tenían posibilidades de aspirar a puestos más altos. La compañía ofrecía beneficios bastante generosos, como «un descuento de al menos el 20 % en artículos de la tienda, un plan médico de bajo coste, y el derecho a votar sobre beneficios importantes»[45]. Pero cuando su valor en bolsa se estancó, Whole Foods se vio asediada por los inversores, quienes finalmente forzaron la venta de la empresa a Amazon. Durante una asamblea de la compañía con los empleados, después de que se anunciara la transacción, Mackey, un líder del movimiento del capitalismo consciente, comentó que quizá habían estado «un poco demasiado»[46] enfocados en el equipo y que reducirían la estructura de costes de la sociedad en 300 millones de dólares.

El PIB o la renta per cápita, a nivel nacional, o los beneficios y el valor de las acciones, a nivel de empresa, se están quedando demasiado cortos como indicadores de desempeño. Por eso, están proliferando otro tipo de indicadores para medir el rendimiento del sistema social. Desde 2012, a instancias de las Naciones Unidas, existe el Informe Mundial de la Felicidad[47]. El Índice de Desarrollo Inclusivo del Foro Económico Mundial (así como su correspondiente informe) reconoce la necesidad de medir el crecimiento económico en cuanto a su alcance de participación y sus beneficios –es decir, cuán repartida está la riqueza[48]. El Índice para una Vida Mejor que lanzó la OCDE en 2011 busca aunar medidas de reconocimiento internacional para el bienestar, concebido en un sentido más amplio. Las dimensiones del bienestar incluyen la vivienda, el nivel adquisitivo, el trabajo, la comunidad (la calidad de la red de asistencia social), la educación, la calidad medioambiental, el compromiso cívico, la salud, la satisfacción con la vida, la seguridad y el equilibrio entre la vida laboral y personal[49]. A nivel de empresa, el debate se orienta a la triple cuenta de resultados, un marco contable que busca ir más allá de los indicadores puramente económicos, como los beneficios o el retorno de la inversión, para considerar también aspectos del rendimiento medioambiental y social[50]. Si bien todas estas iniciativas (y tantas otras) para abarcar más dimensiones e indicadores de rendimiento son bienintencionadas, ninguna o casi ninguna termina de quitarle el protagonismo a los indicadores puramente económicos. Tal y como alguien dijo con relación al movimiento del cuadro de mandos integral, aunque incluye múltiples indicadores, casi no hay equilibrio entre esas medidas contables de beneficios, y es el flujo de caja el que acapara la atención e impera en la toma de decisiones.

Esto tiene que cambiar. Claramente tienen que imponerse límites morales sobre lo que una sociedad civilizada puede o debería permitir. Algunas de esas restricciones limitan lo que las empresas pueden hacer con sus trabajadores. Por ejemplo, la Carta de las Naciones Unidas prohíbe la esclavitud, aunque es algo que contribuiría a incrementar los beneficios, ya que reduciría drásticamente el coste de la mano de obra. Las directrices de la ONU también prohíben la explotación infantil, y prácticamente todos los países de la OCDE tienen leyes en contra, incluido Estados Unidos. La idea que subyace es que invertir en el bienestar de los niños es bueno para toda la sociedad, y que educarles, en lugar de tenerles todo el día trabajando, ayuda a construir el capital humano de un país. Aunque las empresas quisieran aprovechar la mano de obra infantil, el interés colectivo del país dicta que conviene impedirlo. Lo mismo ocurre con la seguridad en el trabajo. Aunque obviamente cada profesión tiene sus riesgos inherentes –trabajar en una mina de carbón es más peligroso que ser profesor de universidad, por poner un ejemplo claro–, hasta para las profesiones más peligrosas se imponen normativas que buscan minimizar esos peligros. Valoramos la vida humana e intentamos protegerla. Al menos dentro de lo normal.

Las investigaciones sobre psicología social demuestran que, para la mayoría de la gente, hay ciertas decisiones en las que no deberían entrar en juego los precios de mercado, ni deberían ser negociables. Philip Tetlock, psicólogo social de la Universidad de Pensilvania, lo resumía de la siguiente manera:

> «Por un lado, los economistas siempre nos están recordando que vivimos en un mundo de recursos escasos en el que, nos guste o no, todos acaban teniendo un precio, implícito o explícito [...]. Por otro lado, los sociólogos señalan que la gente insiste con aparente gran convicción de que ciertos compromisos y relaciones son sagrados y que la sola idea de sacrificarlos por algo tan mundano como el dinero o las comodidades es un anatema[51]».

Un estudio demostró que, ante el planteamiento de intercambios comerciales tabú o dilemas de dudosa ética, las personas reaccionaban con indignación moral y actos de intención purificadora[52]. Por supuesto, que algo se considere sagrado o innegociable depende de los contextos histórico y cultural particulares de cada momento. No obstante, y en parte debido a que la mayoría de las religiones consideran la vida humana y, por extensión, también su bienestar, valiosos y sagrados, no son algo que pueda comprarse o venderse. La idea de vender partes del cuerpo a cambio de dinero es inconcebible para la mayoría de las personas, así como unas condiciones que degraden la dignidad humana.

Visto así, el coste de perder 120 000 vidas humanas por culpa de condiciones laborales de las cuales se tiene conocimiento y son hasta cierto punto evitables resulta incongruente con estos valores y preceptos morales fundamentales. Dejando a un lado el coste sanitario que conlleva esta forma de operar en las empresas, resulta inaceptable e intolerable favorecer el ahorro de gastos y la eficiencia de las empresas a costa de vidas humanas. Si esto es cierto, la salud y bienestar humanos deberían tener mucho más peso en las decisiones y debates organizacionales y gubernamentales.

7. ¿QUÉ ES LO QUE VALORAMOS?

En muchos sentidos, documentados a lo largo de este libro, hemos visto que las empresas tienen elección: crear entornos y aplicar medidas que deterioran la salud física y mental de su personal, los mata, literalmente, y de paso encarecen los costes sanitarios, o bien tomar decisiones diferentes que den resultados exactamente opuestos. Si la sociedad creyera que la vida humana es importante, sagrada, entonces no ignoraría la cantidad de investigaciones que he resumido aquí sobre los efectos del trabajo en la salud, ni permitiría que siguieran produciéndose tantas muertes innecesarias. Nos preocuparía la forma en que nuestra actividad económica afecta a la vida humana tanto como nos preocupan las especies en peligro de extinción y la contaminación del aire y del agua.

Implícitamente, los empleados tienen también cierto margen de elección. Podemos elegir dónde trabajar. Y a la hora de tomar esa decisión, debemos considerar cómo va a afectar a nuestra salud y bienestar –y hasta en nuestra esperanza de vida– el trabajar para esta u otra empresa y bajo según qué condiciones. Trabajar demasiadas horas, no tener control, no poder conciliar con la vida personal, no poder paliar el estrés con apoyo social, la inestabilidad que inspiran los despidos y el carecer de seguro médico son algo más que inconvenientes o contrariedades. Estas condiciones son, literalmente, una amenaza para las vidas de los empleados, como ya han demostrado y documentado sobradamente décadas de investigaciones empíricas. Por tanto, a la hora de aceptar un trabajo, conviene considerar en qué clase de entorno vamos a pasar nuestro día a día, y no quedarnos solo con el dato de cuánto vamos a cobrar o si el trabajo es más o menos interesante. Al fin y al cabo, el dinero no puede devolvernos la salud –o, en el peor de los casos, la vida– que nos quita un mal entorno laboral.

Si este libro estimula el análisis y la toma de acción para mejorar la salud humana y reducir el coste sanitario, lo daré por bien servido. Si incita a que se debatan en mayor profundidad las diferentes posibilidades que tienen las empresas para modificar sus condiciones en aras de un menor perjuicio para su plantilla, todo el esfuerzo que he puesto en mis investigaciones habrá merecido la pena. Y si incluso altera el debate político para centrarlo sobre una dimensión crucial, aunque ignorada, de la salud y el bienestar, lo consideraré un gran logro. Y quizás, solo quizás, algunos disfrutarán de vidas más largas y sanas.

Pero soy realista en cuanto a los obstáculos. Porque recuerdo como si fuera ahora mismo una conversación que tuve con una líder religiosa que se dedicaba a prestar atención sanitaria y a la defensa de la salud humana.

En julio de 1999, en un resort de Cayos de la Florida, dirigí el retiro de un consejo de administración en el hospital Holy Cross de Fort Lauderdale, Florida, para hacerles más proclives a los deseos de su consejero delegado, John Johnson, e implantaran una serie de medidas laborales de elevado compromiso. Una noche, durante la cena, me senté a la derecha de una monja que, en aquel entonces, dirigía las operaciones sanitarias de las Hermanas de la Misericordia, la orden católica fundadora de Holy Cross, y que pertenecía a la junta directiva del hospital. Por entablar conversación, le pregunté cómo se las arreglaba para competir en el ruedo político de Washington D. C. contra compañías de seguros y farmacéuticas, y sus copiosas contribuciones para campañas de difusión. No recuerdo el nombre de la hermana, pero jamás olvidaré su respuesta y nuestra conversación:

> «Yo digo a los senadores o representantes que, aunque nadie sabe con certeza qué nos aguarda después de la muerte, ante la posibilidad de estar en presencia del creador y de ser juzgados, deberían tener en cuenta las secuelas que sus decisiones ocasionan en las vidas y bienestar de los demás».
>
> «¿Y funciona?», le pregunté.
>
> «Jeffrey, ¿puedo llamarte Jeffrey?», prosiguió. «Cuando nuestros representantes electos tienen que escoger entre el dinero para sus campañas y sus propias almas inmortales, la victoria es del dinero, por desgracia».

Quienes dirigen empresas a menudo tendrán que tomar decisiones de este estilo y decidir, a la hora de establecer las condiciones laborales en las que trabajará su plantilla, cuánta importancia darán a las vidas y salud humanas y cuánta al dinero. Quiero pensar que acabará imponiéndose la santidad de la vida humana y su protección. Sin embargo, no dejo de leer en las noticias cómo empresas como 3G Capital, la renombrada sociedad de inversión, despiden a decenas de miles de personas, lo que equivaldría a una quinta parte de la actual plantilla de Kraft Heinz, la compañía resultante de la adquisición de Kraft por parte de Heinz[53] –y que eso les granjea más alabanzas que oprobios entre la comunidad de inversores.

Siempre que reflexiono sobre nuestra conversación de aquella larga noche en Florida, me pregunto qué será de las almas de esos empresarios que desdeñan el bienestar y la vida del prójimo. La monja no se lo pregunta. Lo sabe.

EPÍLOGO

Es posible que, tras la lectura del libro que ahora tiene en sus manos, pueda surgir perplejidad ante los datos que maneja y sentimiento de paradoja al constatar que, a mayor bienestar material, mayor malestar emocional. Resuena de nuevo la portada del *Newsweek* de hace años cuando en los años dorados del «fin de la historia» nos interpelaba: *«¿Si todo nos va tan bien, por qué nos sentimos tan mal?»*.

Entre los diversos factores de ansiedad que el profesor Jeffrey Pfeffer señala en este libro, apunta al entorno de trabajo como principal fuente de estrés, enfermedad que causa unas 850 000 muertes al año en todo el mundo, cerca de 120 000 muertes en Estados Unidos, una pérdida de 24 millones de años de vida y es la causa del 60 % de las bajas laborales por enfermedad. Y, lo más importante, Pfeffer considera que el 50 % de todo este coste humano es evitable. Según la Organización Mundial de la Salud, 615 millones de personas en el mundo sufren estrés y ansiedad, con una pérdida de productividad equivalente a un 1 trillón de dólares.

Quizá también pueda tener la idea de que es un libro que habla demasiado de Estados Unidos, y que la salud y el sistema privado hace que las cuestiones que se debaten y se plantean no son aplicables a nuestro país. Nada más lejos de la realidad, España tiene una situación perfectamente comparable y, en algunos casos, incluso peor, pues está enmascarada por nuestro sistema público de salud. Los norteamericanos, en el pasado y precisamente por su tendencia a monetizarlo todo, han conseguido realizar cambios transcendentales que han afectado a la mejora de la vida y de la salud de los ciudadanos gracias a las decisiones que tomaron. Por ejemplo, redujeron el límite de velocidad durante la crisis del petróleo de los años setenta para ahorrar combustible y, con ello, disminuyó el número de accidentes y, por ende, de fallecimientos y heridos. Otro ejemplo es el relacionado con el tabaco y los ingresos del negocio del tabaco contra los gastos sanitarios que las enfermedades generaban. Cuando los ingresos que generaba este sector eran menores que los gastos sanitarios que provocaban las enfermedades y fallecimientos directamente relacionadas con el tabaquismo, empezó la cruzada contra el consumo de tabaco.

Destacamos en el libro, además de los datos aportados por la profesora Chinchilla, los gráficos del estudio de la OCDE que aparecen en las páginas 73 y 74, donde se recogen el número de fallecimientos por cada 100 000 habitantes y los gastos sanitarios directamente atribuibles a la exposición laboral. Estos datos nos indican que, claramente, tenemos un problema de grandes dimensiones con el bienestar laboral.

Si hablamos de España, según un amplio estudio en torno al estrés publicado por Cinfa Salud en 2017, 12 millones de españoles, es decir, 4 de cada 10, afirmaron padecer estrés habitual o frecuentemente, identificando de nuevo al trabajo como la principal fuente de estrés. Por lo tanto, el trabajo en sí mismo es un factor crítico en la mala o buena salud de las personas.

Según este estudio, uno de los factores que más estrés genera está relacionado con el estilo de mando, siendo los directores los que fundamentalmente tienen en su mano la capacidad de crear entornos saludables o tóxicos. El profesor Pfeffer apunta en este libro a un aspecto del estilo de mando como un factor devastador para la salud: la falta de control o autonomía sobre el propio trabajo. Aquellas personas con bajo control sobre su propio trabajo tienen un 50 % más de posibilidades de padecer un problema coronario, siendo este un factor de mayor riesgo que el tabaquismo.

Cuando somos niños todo el mundo decide por nosotros. A medida que crecemos, vamos asumiendo mayores responsabilidades y vamos tomando importantes decisiones para nuestra vida: estudios, pareja, hijos, hipoteca, etc. Hasta que un día nos encontramos en el trabajo con un jefe que invade todas nuestras decisiones, perdemos toda la autonomía y nos devuelve a nuestra etapa infantil. Cuando el *micromanagement* entra por la puerta, la salud mental sale por la ventana. Por este motivo, la mitad de los españoles que sufren estrés por su relación con sus jefes desarrolla algún tipo de enfermedad física o emocional.

Una encuesta reciente llevada a cabo por la firma Gallup, identificó las cinco razones que provocan estrés y ansiedad en el trabajo, que reafirman la realidad de este libro:

- Falta de trato equitativo
- Carga de trabajo inmanejable
- Falta de claridad sobre el rol (qué se espera del puesto)
- Ausencia de comunicación y apoyo del jefe directo
- Cumplimiento de plazos irracionales

El concepto de empresa saludable es un gran avance. Está muy bien contar con gimnasios, nutricionistas, yoga, *mindfulness* y fruta en la oficina, todo bienvenido y recomendable, pero todas estas ayudas puestas a disposición de los empleados no nos pueden llevar erróneamente a la conclusión de que la gente padece estrés o ansiedad porque no ha sabido manejar personalmente la situación, atribuyéndole responsabilidad sobre ello. Tengamos muy presente que las causas y las soluciones recaen del lado de quien organiza y dirige, pero no olvidemos que el jefe es el primer factor de salud o de enfermedad. Todas las iniciativas anteriormente mencionadas ayudan, pero son inútiles o incluso contraproducentes si no atacamos de verdad la causa de raíz, pues sería como enmascarar una enfermedad centrándonos en los síntomas y no en el origen real.

Paradójicamente, las organizaciones hemos desarrollado indicadores para medir el progreso en sostenibilidad medioambiental, pero hemos dejado la sostenibilidad humana en un segundo término. Nuestra verdad incómoda, no es tanto la destrucción de nuestro medioambiente físico como la degradación de nuestro entorno social, dado el aumento actual de los índices de estrés y ansiedad en el trabajo.

Vivimos una época en la que aumentará la incertidumbre y necesitamos trabajar con mayor flexibilidad, adaptabilidad, y agilidad. Inevitablemente, estas exigencias nos hacen más vulnerables mentalmente al incrementar la inseguridad y la ambigüedad. Si bien no podemos actuar sobre la incertidumbre externa, sí que podemos minimizar la incertidumbre interna con respecto a las personas de nuestra organización. Por ello, necesitamos modelos de mayor humanización de las organizaciones y mejores líderes. Podría sonar al mantra habitual si no fuera por los datos crecientes de insalubridad mental que estamos constatando día a día. Es tan urgente como importante encontrar fórmulas de gestión que permitan integrar la calidad humana con la eficacia empresarial.

En definitiva, y como decía Peter Drucker, «las personas tenemos la tendencia perversa de comportarnos como seres humanos».

Tomás Pereda Riaza
Secretario Patronato Fundipe

Jorge Cagigas Villalba
Presidente Patronato Fundipe

NOTAS

NOTAS

Prólogo

1 Guggenheim, D. (2006), *An Inconvenient Truth*. Disponible en vimeo.com/36522029.

Introducción

1 Occupational Safety and Health Administration Commonly Used Statistics, www.osha.gov/oshstats/commonstats.html.
2 «Causes of Stress» *WebMD*, www.webmd.com/balance/guide/causes-of-stress.
3 «Stress in America», *American Psychological Association*. 4 de febrero de 2015 www.apa.org/news/press/releases/stress/2014/stress-report.pdf.
4 Labier, Douglas (2014), «Another Survey Shows the Continuing Toll of Workplace Stress», *Psychology Today*, www.psychologytoday.com/blog/the-new-resilience/201404/another-survey-shows-the-continuing-toll-work place-stress.
5 Rita Pyrillis, «Employers Missing the Point of Rising Employee Stress», *Workforce*, marzo/abril 2017, 18.
6 Labier, «Another Survey».
7 Véase, por ejemplo: J. Combs, Y. Liu, A. Hall, D. Ketchen, (2006) «How Much Do High-Performance Work Practices Matter? A Meta-Analysis of Their Effects on Organizational Performance», *Personnel Psychology,* 59: 501–28; y Jody Hoffer Gittell, Rob Seidner, Julian Wimbush, (2009) «A Relational Model of How High-Performance Work Systems Work», *Organization Science,* 21: 490–506.
8 Pfeffer, Jeffrey (1994), *Competitive Advantage Through People.* Harvard Business School Press, Boston. Y Pfeffer, Jeffrey (1998), *The Human Equation: Building Profits by Putting People First.* Harvard Business School Press, Boston.
9 Pfeffer, Jeffrey (2015), *Leadership BS: Fixing Workplaces and Careers One Truth at a Time*, HarperCollins, Nueva York. Introducción.
10 Lederman, Doug (2009), «412 Stanford Layoffs», *Inside Higher Ed,* www.insidehighered.com/quicktakes/2009/09/03/412-stanford-layoffs.
11 Stanford University Report (2003). Carta de Provost John Etchemendy. http://news.stanford.edu/news/2003/march5/freezeletter-35.html.
12 «Mausoleum's Heritage Oak Tree to Be Removed in March» (1993), Stanford University News Service, News Release, http://news.stanford.edu/pr/93/930223Arc3393.html.
13 Van Susteren, Eric (2013), «Stanford Cuts Down Oak Tree at Soccer Stadium», www.paloaltoonline.com/news/2013/08/07/stanford-cuts-down-oak-tree-at-soccer-stadium.
14 Pfeffer, Jeffrey, *The Human Equation*, Introducción.

15 «Una verdad incómoda», Wikipedia, https://es.wikipedia.org/wiki/Una_verdad_inc%C3%B3moda.
16 Pfeffer, Jeffrey (2010), «Building Sustainable Organizations: The Human Factor», *Academy of Management Perspectives, 24*: 34–45.

Capítulo 1

1 Said, Carolyn (2017), «Suicide of an Uber Engineer: Widow Blames Job Stress», San *Francisco Chronicle*, www.sfchronicle.com/business/article/Suicide-of-an-Uber-engineer-widow-blames-job-11095807.php.
2 O'DonovaN, Caroline y Anand, Priya (2017) «How Uber's Hard-Charging Corporate Culture Left Employees Drained», *BuzzFeed*. www.buzzfeed.com/carolineodonovan/how-ubers-hard-charging-corporate-culture-left-employees.
3 Jolly, David (2010), «Critics Exploit Telecom Suicides, Ex-Executive Says» *New York Times*.
4 Barboza, David (2010), «String of Suicides Continues at Electronics Supplier in China», *New York Times*.
5 Sykes, Tom (2013), «Did Bank of America Merrill Lynch Intern Moritz Erhardt Die of Stress?» *Daily Beast*, www.thedailybeast.com/did-bank-of-america-merrill-lynch-intern-moritz-erhardt-die-of-stress.
6 Clegg, Cara (2013) «Five Things that Keep Japanese People Chained to Their Jobs», *SoraNews24*, http://rocketnews24.com/2013/08/26/five-things-that-keep-japanese-people-chained-to-their-jobs.
7 Kapur, Akash (2010), «Letter from India: Agriculture Left to Die at India's Peril», *New York Times*.
8 Tahmincioglu, Eve (2010), «Workplace Suicides in the U.S. on the Rise», *NBCNews.com*, www/nbcnews.com/id/37402529/ns/buisness-careers/t/workplace-suicides-us-rise/.
9 Véase, por ejemplo los estudios resumidos en Leigh, J. Paul (2016) «Raising the Mini- mum Wage Could Improve Public Health» *Economic Policy Institute*, www.epi.org/blog/raising-the-minimum-wage-could-improve-public-health/.
10 Ansink, Jeroen (2013), «C-Suite Suicides: When Exec Life Becomes a Nightmare», *Fortune*, http://fortune.com/2013/09/10/c-suite-suicides-when-exec-life-becomes-a-nightmare/.
11 Hauser, Christine (2017), «Five Killed in Orlando Workplace Shooting, Officials Say», https://nyti.ms/2rL70pX.
12 «Workplace Violence» *Wikipedia*, https://en.wikipedia.org/wiki/Workplace_violence.
13 Íbid.
14 Covert, Bryce (2015), «Getting Murdered at Work Is Incredibly Common in the U.S.», *ThinkProgress*, http://thinkprogress.org/getting-murdered-at-work-is-incredibly-common-in-the-u-s-4caf76dfe4cb.
15 Tsoi, L. H.; Ip, S. Y.; y Poon, L. K. (2011), «Monday Syndrome: Using Statistical and Mathematical Models to Fine-tune Services in an Emergency Department», *Hong Kong Journal of Emergency Medicine, 18*: 150 –54.
16 «Workplace Stress» *American Institute of Stress*, www.stress.org/work place-stress/.
17 Jayson, Sharon (2012), «Bad Bosses Can Be Bad for Your Health», *USA Today*.
18 La Sociedad Psicológica Australiana (Australian Psychological Society) lleva a cabo estudios anuales sobre el estrés en Australia. Véase, por

ejemplo: «Australians' Stress Levels Remain High, Survey Reveals», https://www.psychology.org/au/inpsych/2014/deceember/npw.

19 COTTRILL, JEFF (2015), «Putting Stress on Stress», *OHS Canada*, www.ohscanada.com/features/putting-stress-on-stress/.

20 www.workstress.net/sites/default/files/stress.pdf.

21 FIDLER, DEVIN (2016), «Work, Interrupted: The New Labor Economics of Platforms», *Institute for the Future*, pág. 4.

22 FRY, ERIKA y RAPP NICOLAS (2017) «Sharing Economy: This Is the Average Pay at Lyft, Uber, Airbnb and More», *Fortune*, http://fortune.com/2017/06/27/average-pay-lyft-uber-airbnb/.

23 TOLENTINO, JIA (2017), «The Gig Economy Celebrates Working Yourself to Death», *NewYorker*, www.newyorker.com/culture/jia-tolentino/the-gig-economy-celebrates-working-yourself-to-death.

24 QUINLAN, MICHAEL; MAYHEW, CLAIRE; y BOHLE, PHILIP (2001), «The Global Expansion of Precarious Employment, Work Disorganization, and Consequences for Occupational Health: A Review of Recent Research», *Globalization and Occupational Health,* 31: 335–414. Cita de la pág. 335.

25 GOH, JOE; PFEFFER, JEFFREY; y ZENIOS, STEFANOS A. (2015) «Workplace Practices and Health Outcomes: Focusing Health Policy on the Workplace», *Behavioral Science and Policy,* 1, 43-52.

26 Email personal con el Profesor Dame Carol Black, 4 de mayo de 2015.

27 STOVER, DOUGLAS R.: y WOOD, JADE (2015), «Most Company Wellness Programs Are a Bust» *Gallup Business Journal*, www.gallup.com/businessjournal/181481/company-wellness-programs-bust.aspx.

28 «Aetna's 'Social Compact' Continues to Support Employees» *Aetna News*, https://news.aetna.com/2017/01/aetnas-social-compact-continues-support-employees/.

29 GELLES, DAVID (2015), «At Aetna, A CEO's Management by Mantra», *New York Times*, https://nyti.ms/1JVrksM.

30 30. CHAPMAN, BOB; y SISODIA, RAJ (2015). *Everybody Matters: The Extraordinary Power of Caring for Your People Like Family.* Portfolio, Nueva York.

31 Véase, por ejemplo: MACKEY, JOHN y SISODIA, RAJENDRA (2013) *Conscious Capitalism: Liberating the Heroic Spirit of Business.* Harvard Business Review Press, Boston; y SISODIA, RAJENDRA; SHETH, JAGDISH N.; y WOLFE, DAVID (2014), *Firms of Endearment: How World-Class Companies Profit from Passion and Purpose, 2nd Ed.* Pearson FT Press, Nueva York.

32 Esta disputa tuvo una gran repercusión mediática porque Estados Unidos y países asiáticos como China se opusieron completamente. Para ver uno de los artículos correspondientes, véase SCHAPIRO, MARK (2011), «Green War in the Skies: Can Europe Make U.S. Planes Pay for Pollution?», *Atlantic.*

33 http://gmsustainability.com; consultado el 21 de octubre de 2014.

34 «Sustainability: Enhancing Sustainability of Operations and Global Value Chains», *Walmart*, http://corporate.walmart.com/global-responsibility/environmental-sustainability.

35 Íbid.

36 BEEFERMAN, LARRY W. (2008). «Memo RE: Incorporating Labor

and Human Rights and Human Capital Risks into Investment Decisions: Conference and Research/ Action Agenda». Director del Proyecto de Administración de Pensiones y Capital, Escuela de Derecho Harvard.

37 www.btplc.com/Responsiblebusiness/ourstory/sustainabilityreport/ report/Bbus/G2W/health.aspx.

38 O'Keefe, Louise C.; Brown, Kathleen C.; y Christian, Becky J. (2014), «Policy Perspectives on Occupational Stress» *Workplace Health and Safety,* 62: 432–38.

39 Para ver un análisis, véase Sauter, Steven L., Murphy, Lawrence R., y Hurrell, Joseph J. JR. (1990), «Prevention of Work-Related Psychological Disorders: A National Strategy Proposed by the National Institute for Occupational Safety and Health (Niosh*)», American Psychologist,* 45: 1146–58.

40 «What Is Total Worker Health?» *National Institute for Occupational Safety and Health*, www.cdc.gov/ niosh/twh/totalhealth.html.

41 O'Keefe, *et al.,* «Policy Perspectives», pág. 432.

42 Comunicación personal del Profesor Dame Carol Black, 4 de mayo de 2015.

43 Kerr, Robert; Mchugh, Marie; y Mccrory, Mark (2009), «HSE Management Standards and Stress-Related Work Outcomes» *Occupational Medicine,* 59: 574 –79.

44 Health and Safety Executive, *Annual Statistics Report for Great Britain*, 2012-2013.

45 Hilgert, Jeff (2009), «A New Frontier for Industrial Relations: Workplace Health and Safety as a Human Right» en Gross, James A.; y Compa, Lance, eds. *Human Rights in Labor and Employment Relations: International and Domestic Perspectives.* Labor and Employment Relations Association, Champaign, 43–71.

46 Marmot, Michael (2004). *The Status Syndrome: How Social Standing Affects Our Health and Longevity*. Bloomsbury Publishing, Londres, pág. 247.

47 SEN, Amartya (1999), *Development as Freedom*. Knopf, Nueva York.

48 Íbid. Véase el capítulo 8 para un debate interesante sobre este fenómeno.

49 Marmot, *The Status Syndrome,* pág. 191.

50 Véase, por ejemplo: Diener, Ed (2000) «Subjective Well-Being: The Science of Happiness and a Proposal for a National Index» *American Psychologist,* 55: 34–43.

51 Mahon, Noreen E.; Yarcheski, Adela; y Yarcheski, Thomas J., (2005). «Happiness as Related to Gender and Health in Early Adolescents» *Clinical Nursing Research,* 14: 175–90.

52 Ray, Midge N.; Saag, Kenneth G.; y Allison, Jeroan J., (2009), «Health and Happiness Among Older Adults: A Community-Based Study», *Journal of Health Psychology,* 14: 503–12.

53 Helliwell, J. F. (2003), «How's Life? Combining Individual and National Variations to Explain Subjective Wellbeing» *Economic Modelling,* 20: 331–60.

54 World Database of Happiness: Archive of Research Findings on Subjective Enjoyment of Life. Erasmus University, Róterdam, http://worlddatabaseof happiness.eur.nl.

55 Cottini, Elena; y Lucifora, Claudio (2014) «Mental Health and Working Conditions in Europe» *Industrial and Labor Relations Review,* 66: 958–82. Cita de la pág. 958.

56 El Foro Económico Mundial, *Working Towards Wellness: The Business Rationale.*

57 S. Mattke, S.; Liu, H.; Caloyeras, J. P.; Huang, C. Y.; Van Busum, K. R.; Khodyakov, D.; y Shier, V. (2013), «Workplace Wellness Programs Study: Final Report». Rand Corporation, Santa Mónica.

58 Thomas, Katie (2013), «Companies Get Strict on Health of Workers» New York Times.

59 Bensinger, G. (2009), «Corporate Wellness, Safeway Style», *San Francisco Chronicle.*

60 Hay una gran cantidad de artículos que hablan sobre los efectos de las condiciones laborales en las conductas relacionadas con la salud de las personas. Véase, por ejemplo: Harris, M y Fennell, M. (1988), «A Multivariate Model of Job Stress and Alcohol Consumption» *Sociological Quarterly, 29*: 391–406; Kouvonen, A.; Kivimaki, M.; Virtanen, M.; Pentti, J.; Y Vahtera, J. (2005), «Work Stress, Smoking Status, and Smoking Intensity: An Observational Study of 46,190 Employees», *Journal of Epidemiology and Community Health,* 59: 63–69; y Nishitani N. Y Sakakibara, H. (2006), «Relationship of Obesity to Job Stress and Eating Behavior in Male Japanese Workers», *International Journal of Obesity,* 30: 528–33.

61 Zimmerman, Eilene (2017), «The Lawyer, the Addict» *New York Times,* www.nytimes.com/2017/07/15/business/lawyers-addiction-mental-health.html.

62 Friedman, Richard A. (2017), «What Cookies and Meth Have in Common» *New York Times,* https://nyti.ms/2usEBTH.

63 Watson Wyatt Worldwide, «Building an Effective Health and Productivity Framework: 2007/2008», *Staying@ Work Report.*

64 Berry, Leonard L.; Mirabito, Ann M.; Y Baun, William B. (2010), «What's the Hard Return on Employee Wellness Programs?» *Harvard Business Review, 88, no. 12*: 104–12.

65 Stover, Douglas R.; Y Wood, Jade (2015), «Most Company Wellness Programs Are a Bust», *Gallup Business Journal,* www.gallup.com/businessjournal/181481/company-wellness-programs-bust.aspx.

66 Baicker, Katherine; Cutler, David y Song, Zirui, (2010), «Workplace Wellness Programs Can Generate Savings» *Health Affairs, 29*: 304–11. Cita de la pág. 304.

67 Lewis, Al; Khanna, Vik; y Montrose, Shana, «Workplace Wellness Produces No Savings» http://healthaffairs.org/blog/2014/11/25/workplace-wellness-produces-no-savings/.

68 Caloyeras, John P.; Liu, Hangsheng; Exum, Ellen; Broderick, Megan; Y Mattke, Soeren (2014), «Managing Manifest Diseases, But Not Health Risks, Saved PepsiCo Money over Seven Years», *Health Affairs,* 33: 124–31. Cita de la pág. 124.

69 Mattke, *et al.,* «Workplace Wellness Programs Study».

70 Keeney, Ralph L. (2008), «Personal Decisions Are the Leading Cause of Death», *Operations Research,* 56: 1335–47.

71 La OCDE publica mucha información que se actualiza anualmente y hace tablas de estadísticas así como datos en bruto que están disponibles en su página web, www.oecd.org, Health at a Glance.

72 Véase, por ejemplo: WOOLHANDLER, S. Y HIMMELSTEIN, D. (1991) «The Deteriorating Administrative Efficiency of the US Health Care System», *New England Journal of Medicine,* 324: 1253–58.

73 Véase, por ejemplo: WENNBERG, J.; FISHER, E.; BAKER, L,; SHARP, S. Y BRONNER, K. (2005) «Evaluating the Efficiency of California Providers in Caring for Patients with Chronic Illness», *Health Affairs,* 24: 526 –43; y OZCAN, Y. y LUKE, R. (1993), «A National Study of the Efficiency of Hospitals in Urban Markets», *Health Services Research,* 27 : 719–39.

74 PAUL LEIGH, J. Y DU, JUAN (2012), «Are Low Wages Risk Factors for Hypertension?», *European Journal of Public Health,* 22: 854–59.

Capítulo 2

1 LEIGH, J. PAUL (2011), «Economic Burdens of Occupational Injury and Illness in the United States», *Millbank Quarterly, 89:* 728–72. Cita de la pág. 729.

2 STEENLAND, KYLE; BURNETT, CAROL; LALICH, NINA; WARD, ELIZABETH; Y HURRELL, JOSEPH (2009) «Dying for Work: The Magnitude of US Mortality from Selected Causes of Death Associated with Occupation», *American Journal of Industrial Medicine,* 43: 461–82.

3 «Psychological Wellbeing Boosts Productivity» (2014), *Occupational Health News (Thomson Reuters), Issue 1088.*

4 «Demedicalize Disgruntled Worker Claims or They'll Get Worse», (2014), *Occupational Health News (Thomson Reuters), Issue 1089.*

5 MATTKE, SOEREN; BALAKRISHNAN, ARUNA; BERGAMO, GIACOMO; Y NEWBERRY, SYDNE J. (2007), «A Review of Methods to Measure Health-related Productivity Loss», *American Journal of Management Care,* 13: 211–17. Cita de la pág. 211.

6 «Death from Overwork in China» (2006), *China Labour Bulletin,* www.clb.org/hk/en/content/death-overwork-china.

7 NELSON, DEBORAH; CONCHA-BARRIENTOS, MARISOL; DRISCOLL, TIMOTHY; STEENLAND, KYLE; FINGERHUT, MARILYN; PUNNETT, LAURA; PRUSSUSTUN, ANNETTE; LEIGH, JAMES; Y CORVALAN, CARLOS (2005) «The Global Burden of Selected Occupational Diseases and Injury Risks: Methodology and Summary», *American Journal of Industrial Medicine,* 48: 400 –418.

8 DALY, JOHN (2015), «Stress Accounts for 60% of All Lost Days in the Workplace», *Irish Examiner*, www.irishexaminer.com/business/stress-accounts-for-60-of-all-lost-days-in-the-workplace-358497.html.

9 LITMAN, THEODORE J. (1974) «The Family as a Basic Unit in Health and Medical Care: A Social Behavioral Overview», *Social Science and Medicine,* 8: 495–519.

10 BIRCH, STEPHEN; JERRETT, MICHAEL; WILSON, KATHI; LAW, MICHAEL; ELLIOTT, SUSAN; y EYLERS, JOHN (2005), «Heterogeneities in the Production of Health: Smoking, Health Status, and Place» *Health Policy,* 72: 301–10.

11 BROWNING, CHRISTOPHER R. y CAGNEY, KATHLEEN A. (2002), «Neighborhood Structural Disadvantage, Collective Efficacy, and Self-Rated Physical Health in an Urban Setting», *Journal of Health and Social Behavior,* 43: 383–99.

12 CHRISTAKIS, NICHOLAS A. y H. FOWLER, JAMES (2007), «The Spread

of Obesity in a Large Social Network Over 12 Years», *New England Journal of Medicine,* 357: 370 –79.

13 BORSARI, BRIAN y CAREY, KATE B. (2001), «Peer Influences on College Drinking: A Review of the Research», *Journal of Substance Abuse,* 13: 391–424.

14 STRICKLAND, JUSTIN C. y SMITH, MARK A. (2014), «The Effects of Social Contact on Drug Use: Behavioral Mechanisms Controlling Drug Intake», *Experimental and Clinical Psychopharmacology,* 22: 23–34. Cita de la pág. 23.

15 CLAYTON, ELLEN WRIGHT (2003), «Ethical, Legal, and Social Implications of Genomic Medicine», *New England Journal of Medicine, 349*: 562–69.

16 Para un análisis más reciente de estos estudios, véase GANSTER, DANIEL C. y ROSEN, CHRISTOPHER C. (2013), «Work Stress and Employee Health: A Multidisciplinary Review», *Journal of Management,* 39: 1085–122.

17 Hay resultados de estudios relacionados con el tema. Véase, por ejemplo: CHANDOLA, T.; BRUNNER, E. y MARMOT, M. (2006), «Chronic Stress at Work and the Metabolic Syndrome: Prospective Study», *British Medical Journal,* 332: 521–525; y KIVIMAKI, M.; LEINO-ARJAS, P.; LUUKKONEN, R.; RIIHIMAI, H.; VAHTERA, J.; y KIRJONEN, J. (2002), «Work Stress and Risk of Cardiovascular Mortality: Prospective Cohort Study of Industrial Employees», *British Medical Journal,* 325: 857–60.

18 Véase GOH, JOEL; PFEFFER, JEFFREY; y ZENIOS, STEFANOS A. (2016), «The Relationship Between Workplace Stressors and Mortality and Health Costs in the United States», *Management Science,* 62: 608-628.

19 19. Los resultados del meta-análisis que se describen en este capítulo también se han publicado como GOH, JOEL; PFEFFER, JEFFREY; y ZENIOS, STEFANOS A. (2015), «Workplace Practices and Health Outcomes: Focusing Health Policy on the Workplace», *Behavioral Science and Policy,* 1: 43-52.

20 20. Véase, por ejemplo: SVERKE, M.; HELLGREN, J. y NASWALL, K. (2002), «No Security: A Meta-Analysis and Review of Job Insecurity and Its Consequences», *Journal of Occupational Health Psychology,* 7: 242–64.

21 Véase BANNAI, A. y TAMAKOSHI, A. (2014), «The Association Between Long Working Hours and Health: A Systematic Review of the Epidemiological Evidence», *Scandinavian Journal of Work and Environmental Health,* 40: 5–18; SPARKS, K.; COOPER, C.; FRIED, Y. y SHIROM, A. (1997), «The Effects of Hours of Work on Health: A Meta-Analytic Review» *Journal of Occupational and Organizational Psychology,* 70: 391–408.

22 VISWESVARAN, C.; SANCHEZ, J.; y FISHER, J.(1999), «The Role of Social Support in the Process of Work Stress: A Meta-Analysis», *Journal of Vocational Behavior,* 54: 314–34.

23 Véase, por ejemplo: , KIVIMAKI, M.; NYBERG, S. T.; BATTY, G. D.; FRANSSON, E. I.; HEIKKILA, K.; ALFREDSSON, I.; y THEORELL, T. (2012), «Job Strain as a Risk Factor for Coronary Heart Disease: A Collaborative Meta-Analysis of Individual Participant Data», *Lancet,* 380: 1491–97.

24 IDLER, E. L.; y BENYAMINI, Y. (1997), «Self-Rated Health and Mortality: A Review of Twenty-seven Community Studies», *Journal of Health and Social Behavior,* 38: 21–37.

25 Por ejemplo, véase: MIILUNPALO, S.; VUON, I.; OJA, P.; PASANEN, M.; y URPONEN, H. (1997), «Self-Rated Health Status as a Health Measure: The Predictive Value of Self- reported Health Status on the Use of Physician Services and on Mortality in the Working-Age Population», *Journal of Clinical Epidemiology,* 50: 517–28; y MCGEE, D. L.; LIAO, Y.; CAO, G. y COOPER, R. S. (1999), «Self-Reported Health Status and Mortality in a Multiethnic US Cohort», *American Journal of Epidemiology,* 149: 41–46.

26 Para una explicación sobre los cálculos y la interpretación de los *odds ratio,* véase: www.biochemia-medica.com/content/odds-ratio-calculation-usage-and-interpretation.

27 GOH, JOEL; PFEFFER, JEFFREY; y ZENIOS, STEFANOS A. (2015), «Workplace Stressors and Health Outcomes: Health Policy for the Workplace», *Behavioral Science and Policy, 1*: 33–42.

28 «Deaths and Mortality», *Centers for Disease Control and Prevention*, www.cdc.gov/nchs/fastats/deaths.htm.

29 La mayoría de esta investigación se encuentra resumida Marmot, Michael (2004), *The Status Syndrome: How Social Standing Affects Our Health and Longevity*. Bloomsbury Publishing, Londres.

30 WILPER, A.; WOOLHANDLER, S.; LASSER, K.; MCCORMICH, D.; BOR, D.; y Himmelstein, D. (2009), «Health Insurance and Mortality in U.S. Adults», *American Journal of Public Health,* 99: 2289–95.

31 KEENEY, RALPH L. (2008), «Personal Decisions Are the Leading Cause of Death», *Operations Research,* 56: 1335–47.

32 SCHULTE, PAUL A.; WAGNER, GREGORY R.; OSTRY, ALECK; BLANCIFORTI, LAURA A.; CUTLIP, ROBERT G.; KRAJNAK, KRISTINE M.; LUSTER, MICHAEL; MUNSON, ALBERT E.; O'CALLAGHAN, JAMES P.; PARKS, CHRISTINE G.; SIMEONOVA, PETIA P.; y MILLER, DIANE B. (2007) «Work, Obesity, and Occupational Safety and Health», *American Journal of Public Health,* 97: 428–36.

33 FRONE, MICHAEL R. (1999), «Work Stress and Alcohol Use», *Alcohol Research and Health,* 23: 284–91.

34 KOUVONEN, ANNE; KIVIMAKI, MIKA; VIRTANEN, MARIANNA; PENTTI, JAANA; y VAHTERA, JUSSI (2008), «Work Stress, Smoking Status, and Smoking Intensity: An Observational Study of 46, 190 Employees», *Journal of Epidemiology and Community Health,* 59: 63–69.

35 SINHA, RAJITA (2008), «Chronic Stress, Drug Use, and Vulnerability to Addiction», *Annuals of the New York Academy of Sciences,* 1141: 105–30.

36 «Prolonged Exposure to Work-Related Stress Thought to Be Related to Certain Cancers» (2017), *ScienceDaily,* www.sciencedaily.com/releases/2017/01/170117105044.htm.

37 PFEFFER, JEFFREY y CARNEY, DANA (n.d) «The Economic Evaluation of Time May Cause Stress», *Academy of Management Discoveries* (en prensa).

38 Véase, por ejemplo: DICKERSON, S. S. y KEMENY, M. E. (2004), «Acute Stressors and Cortisol Responses: A Theoretical Integration and Synthesis of Laboratory Research», *Psychological Bulletin,* 130: 355–91; REED, R. G. y RAISON, C. L. (2016), «Stress and the Immune System» en in ESSER, C. ed., *Environmental Influences on the Immune System.*

Springer, Nueva York, 97–126; y Segerstrom, S. E. y Miller, G. E. (2004), «Psychological Stress and the Human Immune System: A Meta-Analytic Study of 30 Years of Inquiry», *Psychological Bulletin,* 130: 601–30.

39 Marmot, *The Status Syndrome.*

40 Olshansky, S. Jay; Antonucci, Toni; Berkman, Lisa; Binstock, Robert H.; Boersch-Supan, Axel; Cacioppo, John T.; Carnes, Bruce A.; Carstensen, Laura L.; Fried, Linda P.; Goldman, Dana P.; Jackson, James; Kohli, Martin; Rother, John; Zheng, Yuhui y Rowe, John (2012), «Differences in Life Expectancy Due to Race and Educational Differences are Widening, and Many May Not Catch Up», *Health Affairs,* 8: 1803–13.

41 Marmot, Michael (2005), «Social Determinants of Health Inequalities» *Lancet,* 365: 1099–104.

42 Marmot, *The Status Syndrome.*

43 Anand, S. (2002), «The Concern for Equity in Health», *Journal of Epidemiological and Community Health,* 56: 485–87.

44 Gakidou, E. E.; Murray, C. J. L.; y Frenk, J. (2000), «Defining and Measuring Health Inequality: An Approach Based on the Distribution of Health Expectancy», *Bulletin of the World Health Organization,* 78: 42–54. Cita de la pág. 42.

45 Véase, por ejemplo: Christie, Amy M. y Barling, Julian (2009), «Disentangling the Indirect Links Between Socioeconomic Status and Health: The Dynamic Roles of Work Stressors and Personal Control», *Journal of Applied Psychology,* 94: 1466 –78.

46 Clougherty, Jane C.; Souza, Kerry y Cullen, Mark R. (2010), «Work and Its Role in Shaping the Social Gradient in Health», *Annals of the New York Academy of Sciences,* 1186: 102-24. Cita de la pág. 102.

47 Goh, Joel; Pfeffer, Jeffrey; y Zenios, Stefanos A. (2015), «How Differences in Work Environments Help Account for Inequality in Lifespans», *Health Affairs, 34* (2015): 1761–68.

48 Yen, L. T.; Edington, D. W. y Witting, P. (1991), «Associations Between Health Risk Appraisal Scores and Employee Medical Claims Costs in a Manufacturing Company», *American Journal of Health Promotion,* 6: 46 –54.

49 Edington, Dee (2014), «Helping Employees Stay Healthy Is a Good Investment», *Society for Human Resource Management*, www.shrm.org/resourcesandtools/hr-topics/benefits/pages/dee-edington.aspx.

50 Grandey, Alicia A. y Cropanzano, Russell (1999), «The Conservation of Resources Model Applied to Work-Family Conflict and Strain», *Journal of Vocational Behavior,* 54: 350 –70.

51 Chirumbolo, Antonio y Hellgren, Johnny (2003), «Individual and Organizational Consequences of Job Insecurity: A European Study» *Economic and Industrial Democracy,* 24: 217–40.

52 Musich, Shirley; Napier, Deborah; y Edington, D. W. (2001), «The Association of Health Risks with Workers' Compensation Costs», *Journal of Occupational and Environmental Medicine,* 43: 534–41.

53 Burton, W. N.; Conti, D. J.; Chen, C. Y.; Schultz, A. B.; y Edington, D. W. (2004), «The Role of Health Risk

Factors and Disease on Worker Productivity» *Journal of Occupational and Environmental Medicine,* 41: 863–77.

54 Burton, Wayne N.; Pransky, Glenn; Conti, Daniel J.; Chen, Cin-Yu y Edington, Dee W. (2004), «The Association of Medical Conditions and Presenteeism», *Journal of Occupational and Environmental Medicine,* 46: S38–S45.

55 Schultz, Alyssa B. y Edington, Dee W. (2007), «Employee Health and Presenteeism: A Systematic Review», *Journal of Occupational Rehabilitation,* 17: 547–79.

Capítulo 3

1 Luo, Michael (2010), «For Workers at Closing Plant, Ordeal Included Heart Attacks», *New York Times.*

2 Winerip, Michael (2013), «Set Back by Recession, and Shut Out of Rebound, Older Workers Find Age Bias at Each Turn», *New York Times.*

3 Evans, James A.; Kunda, Gideon y Barley, Stephen R. (2004), «Beach Time, Bridge Time, and Billable Hours: The Temporal Structure of Technical Contracting», *Administrative Science Quarterly,* 49: 1–38.

4 Katz, Lawrence F. y Krueger, Alan B. (2016), «The Rise and Nature of Alternative Work Arrangements in the United States, 1995–2015», documento número #603 (Princeton University, Industrial Relations Section). Cita de la pág. 7.

5 Covert, Bryce (2014), «How Unpredictable Hours Are Screwing Up People's Lives», *ThinkProgress,* https://thinkprogress.org/how-unpredictable-hours-are-screwing-up-peoples-lives-6ebd2d393662.

6 Rauch, Jonathan (2017) «The Conservative Case for Unions», *Atlantic.*

7 DePillis, Lydia (2015), «The Next Labor Fight Is over When You Work, Not How Much You Make», *Washington Post.*

8 Nohe, Christopher; Michel, Alexandra y Sonntag, Karlheinz (2014), «Family-Work Conflict and Job Performance: A Diary Study of Boundary Conditions and Mechanisms», *Journal of Organizational Behavior,* 35: 339–57. Cita de la pág. 339.

9 Goh, Joe; Pfeffer, Jeffrey; y Zenios, Stefanos A. (2016), «The Relationship Between Workplace Stressors and Mortality and Health Costs in the United States», *Management Science,* 62: 608–28.

10 Kalleberg, Arne L. (2011), *Good Jobs, Bad Jobs.* Russell Sage Foundation, Nueva York. Cita de la pág. 85.

11 Íbid., 100.

12 Uchitelle, Louis (2006), *The Disposable American: Layoffs and Their Consequences.* Knopf, Nueva York.

13 Datta, Deepak K.; Guthrie, James P.; Basuil, Dynah y Pandey, Alankrita (2010), «Causes and Effects of Employee Downsizing: A Review and Synthesis», *Journal of Management,* 36: 281–348.

14 Cappelli, Peter (1999), *The New Deal at Work: Managing the Market-Driven Workforce.* Harvard Business School Press, Boston.

15 www.wecglobal.org/.

16 World Employment Confederation, (2016), *The Future of Work: White Paper from the Employment Industry.* Bruselas.

17 Virtanen, P.; Janiert, U.; y Hammarstrom, A. (2011), «Exposure to Temporary Employment and Job

Insecurity: A Longitudinal Study of Health Effects», Occupational and Environmental Medicine, 68: 570 –74. Cita de la pág. 570.

18 Waenerlund, Anna-Karin; Virtanen, Pekke y Hammarstrom, Anne (2011), «Is Temporary Employment Related to Health Status? Analysis of the Northern Swedish Cohort», *Scandinavian Journal of Public Health,* 39: 533–39.

19 Jung, Minsoo (2013), «Health Disparities Among Wage Workers Driven by Employment Instability in the Republic of Korea» *International Journal of Health Services,* 43: 483–98.

20 Sverke, Magnus; Hellgren, Johnny; y Naswall, Katharina (2002), «No Security: A Meta-Analysis and Review of Job Insecurity and Its Consequences», *Journal of Occupational Health Psychology,* 7: 242–64.

21 Bartley, Mel (2005), «Job Insecurity and Its Effect on Health», *Journal of Epidemiology and Community Health,* 59: 718–19. Cita de la pág. 719.

22 Chou, Eileen Y.; Parmar, Bidhan L. y Galinsky, Adam D. (2016) m «Economic Insecurity Increases Physical Pain», *Psychological Science,* 27: 443–54.

23 Modrek, Sepideh y Cullen, Mark R. (2013), «Job Insecurity During Recessions: Effects on Survivors' Work Stress», *BMC Public Health*, https://bmcpublichcalth.biomcdccntral.com/articles/10.1186/1471-2458-13-929.

24 Véase, por ejemplo: Alameddine, Mohamad; Baumann, Andrea; Laporte, Audrey y Deber, Raisa (2012), «A Narrative Review on the Effect of Economic Downturns on the Nursing Labour Market: Implications for Policy and Planning», *Human Resources for Health, 10,* https://human-resources-health.biomedcentral.com/articles/10.1186/1478-4491-10-23.

25 Catalano, Ralph; Goldman-Mellor, Sidra; Saxton, Katherine; Margerison-Zildo, Claire; Subbaraman, Meenakshi; LeWinn, KAJA; y Anderson, Elizabeth (2011), «The Health Effects of Economic Decline», *Annual Review of Public Health,* 32: 431–50. Cita de la pág. 432.

26 Íbid., 431.

27 Ferrie, Jane E.; Westerlund, Hugo; Virtanen, Marianna; Vahtera, Jussi; y Kivimaki, MIKA (2008), «Flexible Labor Markets and Employee Health», *Scandinavian Journal of Work, Environment, and Health,* 34: 98–110.

28 Keefe, Vera; Reid, Papaarangi; Ormsby, Clint; Robson, Bridget; Purdie, Gordon; Baxter, Joanne y Ngati Kahungunu Iwi Incorporated (2002), «Serious Health Events Following Involuntary Job Loss in New Zealand Meat Processing Workers», *International Journal of Epidemiology,* 31: 1155–61.

29 Eliason, Marcus y Storrie, Donald, (2009), «Does Job Loss Shorten Life?», *Journal of Human Resources*, 44: 277–301.

30 Kriegbaum, Margit; Christensen, Ulla; Lund, Rikke; y Osler, Merete (2009), «Job Losses and Accumulated Number of Broken Partnerships Increase Risk of Premature Mortality in Danish Men Born in 1953», *Journal of Occupational and Environmental Medicine,* 51: 708–13.

31 Sullivan, Daniel y Von Wachter, Till, (2007), «Mortality, Mass-Layoffs, and Career Outcomes: An Analysis Using Administrative Data»,

Cambridge, MA: National Bureau of Economic Research, Working Paper 13626.

32 Strully, Kate W. (2009), «Job Loss and Health in the U.S. Labor Market», *Demography,* 46: 221–46. Cita de la pág. 233.

33 Íbid., 240.

34 Dupre, Matthew E.; George, Linda K.; Liu, Guangya y Peterson, Eric D. (2012), «The Cumulative Effect of Unemployment on Risks for Acute Myocardial Infarction», *Archives of Internal Medicine,* 172: 1731–37.

35 Kivimaki, Mika; Vahtera, Jussi; Pentti, Jaana y Ferrie, Jane E. (2000), «Factors Underlying the Effect of Organisational Downsizing on Health of Employees: Longitudinal Cohort Study», *British Medical Journal,* 320: 971–75.

36 Grunberg, Leon; Moore, Sarah; y Greenberg, Edward S. (2009), «Managers' Reactions to Implementing Layoffs: Relationship to Health Problems and Withdrawal Behaviors», *Human Resource Management,* 45: 159–78.

37 Stannard, Matthew B.; y Gordon, Rachel (2008), «2 Men, Woman Slain in Mountain View» *San Francisco Chronicle.*

38 Kinney, Joseph A.; y Johnson, Dennis L. (1993), *Breaking Point: The Workplace Violence Epidemic and What to Do About It.* National Safe Workplace Institute, Charlotte.

39 «Workplace Violence-Is It Getting Worse?» www.dailyhrtips.com/2010/10/01/hr-blog-workplace-violence/.

40 Catalano, Ralph; Novaco, Raymond W.; y McConnell, William (2002), «Layoffs and Violence Revisited», *Aggressive Behavior,* 28: 233–47. Cita de la pág. 235. La cita hace referencia a una investigación anterior: Catalano, R.; Dooley, D.; Novaco, R.; Wilson, G. y Hough, R., (1993), «Using ECA Survey Data to Examine the Effect of Job Layoffs on Violent Behavior», *Hospital and Community Psychiatry,* 44: 874–78.

41 Íbid.

42 Íbid., 435.

43 Janlert, U. y Hammarstrom, A. (1992), «Alcohol Consumption Among Unemployed Youths: Results from a Prospective Study», *British Journal of Addiction,* 87: 703–14.

44 Hammarstrom, A. (1994), «Health Consequences of Youth Unemployment», *Public Health,* 108: 403–12.

45 Merline, A. C.; O'Malley, P. M.; Schulenberg, J. E.; Bachman, J. G.; y Johnston, L. D. (2004), «Substance Use Among Adults 35 Years of Age: Prevalence, Adult- hood Predictors, and Impact of Adolescent Substance Abuse», *American Journal of Public Health,* 94: 96 –102.

46 Janlert y Hammarstrom, «Alcohol Consumption».

47 Dooley, D.; y Prause, J. (1998), «Underemployment and Alcohol Misuse in the National Longitudinal Survey of Youth», *Journal of Studies of Alcohol,* 59: 669–80.

48 Cascio, Wayne F. (2002), *Responsible Restructuring.* Berrett-Koehler, San Francisco.

49 Budros, Art (1997), «The New Capitalism and Organizational Rationality: The Adoption of Downsizing Programs, 1979–1994», *Social Forces,* 76: 229–50.

50 Budros, Art (2000), «Organizational Types and Organizational Innovation: Downsizing Among Industrial, Financial and Utility Firms», *Sociological Forum,* 17: 307–42;

y Budros, Art (2004), «Causes of Early and Later Organizational Adoption: The Case of Corporate Downsizing», *Sociological Inquiry, 74*: 355–80.

51 Véase, por ejemplo: Ahmadjian, C. L. y Robinson, P. (2001), «Safety in Numbers: Downsizing and the Deinstitutionalization of Permanent Employment in Japan», *Administrative Science Quarterly,* 46: 622–54; y Tsai, C.; Wuy, S.; Wang, H. y Huang, I. (2006), «An Empirical Research on the Institutional Theory of Downsizing: Evidence from MNC's Subsidiary Companies in Taiwan», *Total Quality Management & Business Excellence,* 17: 633–54.

52 Worrell, Dan L.; Davidson III, Wallace N.; y Sharma, Varinder M. (1991), «Layoff Announcements and Stockholder Wealth», *Academy of Management Journal, 34*: 662–78.

53 Nixon, Robert D.; Hitt, Michaell A.; Lee, Ho-Uk; y Jeong, Eui (2004), «Market Reactions to Announcements of Corporate Downsizing Actions and Implementation Strategies», *Strategic Management Journal,* 25:1121–29.

54 Lee, Peggy M. (1997), «A Comparative Analysis of Layoff Announcements and Stock Price Reactions in the United States and Japan», *Strategic Management Journal,* 18: 879–94.

55 Gunderson, Morley; Verma, Anil; y Verma, Savita (1997), «Impact of Layoff Announcements on the Market Value of the Firm», *Relations Industricllles/Industrial Relations, 52*: 364–81.

56 Datta, *et al.,* «Causes and Effects of Employee Downsizing», 335.

57 Palmon, Oded; Sun, Huey-Lian y Tang, Alex P. (1997), «Layoff Announcements: Stock Market Impact and Financial Performance», *Financial Management,* 26: 54–68.

58 Guthrie, James P. y Datta, Deepak K. (2008), «Dumb and Dumber: The Impact of Downsizing on Firm Performance as Moderated by Industry Conditions», *Organization Science,* 19: 108–23.

59 *1994 AMA Survey on Downsizing: Summary of Key Findings*. American Management Association, Nueva York.

60 Íbid.

61 Baily, Martin Neil; Bartelsman, Eric J. y Haltiwanger, John (1994), *Downsizing and Productivity Growth: Myth and Reality.* Working Paper No. 4741. National Bureau of Economic Research, Cambridge.

62 Cappelli, Peter (2000), *Examining the Influence of Downsizing and Its Effect on Establishment Performance*. Working Paper No. 7742. National Bureau of Economic Research, Cambridge.

63 Citado en Uchitelle, Louis (1996), «More Downsized Workers are Returning as Rentals», *New York Times.*

64 Marques, Tania; Suarez-Gonzalez, Isabel; Pinheiro Da Cruz, Pedro; y Portugal Ferreira, Manuel (2011), «The Downsizing Effect on Survivors: A Structural Equation Modeling Analysis» *Management Research: The Journal of the Iberoamerican Academy of Management,* 9: 174–91.

65 Amabile, Teresa M. y Conti, Regina (1999), «Changes in the Work Environment for Creativity During Downsizing», *Academy of Management Journal,* 42: 630–40.

66 Datta, *et al.,* «Causes and Effects of Employee Downsizing» 309, 321.

67 Cote, David (2013), «Honeywell's CEO on How He Avoided Layoffs», *Harvard Business Review.*

68 HALLOCK, KEVIN F. (1998), «Layoffs, Top Executive Pay, and Firm Performance», *American Economic Review, 88*: 711–23.
69 GLYNN, MATT (2014), «Ex-Southwest CEO Offers Lessons in Leadership from Post-9/11 Crisis» *Buffalo News*, www.buffalonews.com/business/ex-southwest-airlines-ceo-offers-lessons-in-leadership-from-post-911-crisis-20140519.
70 SCHONFELD, ERIK (2003), «The Silicon Chameleon» *Business 2.0*, 84–85.
71 KOLLER, FRANK (2010), *Spark: How Old-Fashioned Values Drive a Twenty-First-Century Corporation*. Public Affairs Books, Nueva York.
72 Véase, por ejemplo: NICKELL, STEPHEN (1997), «Unemployment and Labor Market Rigidities: Europe versus North America», *Journal of Economic Perspectives*, 11: 55–74; y NAVARRO, VICENTE (1998) «Neoliberalism, 'Globalization,' Unemployment, Inequalities, and the Welfare State», *International Journal of Health Services*, 28: 607–82.

Capítulo 4

1 PORTER, EDUARDO (2017), «When Cutting Access to Health Care, There's a Price to Pay», *New York Times*, https://nyti.ms/2tfOWoM.
2 DUGAN, ANDREW (2015), «Cost Still Delays Healthcare for About One in Three in U.S.», *Gallup*, www.gallup.com/poll/187190/cost-delays-healthcare-one-three.aspx.
3 WILPER, ANDREW P.; WOOLHANDLER, STEFFIE; LASSER, KAREN E.; MCCORMICK, DANNY; BOR, DAVID H. y HIMMELSTEIN, DAVID U. (2009), «Health Insurance and Mortality in US Adults», *American Journal of Public Health*, 99: 2289–95.
4 Véase, por ejemplo: APPLEBY, J. y CARTY, S. (2005), «Ailing GM Looks to Scale Back Generous Health Benefits», *USA Today*; y LEVINE, D. P. (1992), «GM Orders Staff to Pay Part of Health-Care Cost», *New York Times*.
5 Todas las personas mayores de 65 años están cubiertas por Medicare. Por eso, la mayoría de análisis sobre la falta de seguro de salud y sus consecuencias se centran en aquellas personas menores de 65 años, normalmente tratados como mediana edad.
6 La Kaiser Family Foundation (fundación de la familia Kaiser) es uno de los recursos líderes de información y debates sobre seguros de salud. HOLAHAN, JOHN y CHEN, VICKI (2011), «Changes in Health Insurance Coverage in the Great Recession, 2007–2009», *Kaiser Commission on Medicaid and the Uninsured*; disponible en www.kff.org.
7 «The Uninsured: A Primer: Key Facts About Americans Without Health Insurance» (2011), *Kaiser Commission on Medicaid and the Uninsured*; disponible en www.kff.org.
8 «Key Facts about the Uninsured Population» (2016), KFF.org, http://kff.org/uninsured/fact-sheet/key-facts-about-the-uninsured-population/.
9 «2015 Employer Health Benefits Survey» (2015), *KFF.org*, http://kff.org/report-section/ehbs-2015-summary-of-findings/.
10 «Health, United States, 2015» *U.S. Department of Health and Human Services, Centers for Disease Control and Prevention*, www.cdc.gov/nchs/data/hus/hus15.pdf#063.
11 KUTTNER, ROBERT (1999), «The American Health Care System: Health Insurance Coverage», *New England Journal of Medicine*, 340: 163–68.
12 Íbid., 16.

13 LILLIE-BLANTON, MARSHA y HOFFMAN, CATHERINE (2005), «The Role of Health Insurance Coverage in Reducing Racial/Ethnic Disparities in Health Care», *Health Affairs,* 24: 398–408.

14 WALTERS, HUGH; STEINHARDT, LAURA; OLIVER, THOMAS R. y BURTON, ALICE (2007), «The Costs of Non-Insurance in Maryland», *Journal of Health Care for the Poor and Underserved,* 18: 139–51.

15 INSTITUTE OF MEDICINE CARE WITHOUT COVERAGE (2002), *Too Little, Too Late*. National Academy Press, Washington.

16 DORN, STAN (2008), *Uninsured and Dying Because of It: Updating the Institute of Medicine Analysis on the Impact of Uninsurance on Mortality*. The Urban Institute, Washington.

17 HADLEY, J. y WAIDMANN, T., (2006), «Health Insurance and Health at Age 65: Implications for Medical Care Spending on New Medicare Beneficiaries», *Health Services Research,* 41:429–51.

18 WOOLHANDLER, STEFFIE y HIMMELSTEIN, DAVID U., «The Relationship of Health Insurance and Mortality: Is Lack of Insurance Deadly?», *Annals of Internal Medicine*, http://annals.org/aim/article/2635326. Quote is from p. 6 of the online version.

19 Íbid., 5.

20 WILPER, *et al.,* «Health Insurance and Mortality in US Adults».

21 CURTIS, J. R.; BURKE, W.; KASSNER, A. W. y AITKEN, M. L. (1997), «Absence of Health Insurance Is Associated with Decreased Life Expectancy in Patients with Cystic Fibrosis», *American Journal of Respiratory and Critical Care Medicine,* 155: 1921–24.

22 BAKALAR, NICHOLAS (2017), «Canadians with Cystic Fibrosis Live 10 Years Longer than Americans with the Disease», *New York Times,* https://nyti.ms/2mJWbA2.

23 AYANIAN, JOHN Z.; KOHLER, BETSY A.; ABE, TOSHI y EPSTEIN, ARNOLD M. (1993), «The Relation Between Health Insurance Coverage and Clinical Outcomes Among Women with Breast Cancer», *New England Journal of Medicine,* 329: 326 –31.

24 FEDEWA, STACEY A.; COKKINIDES, VILMA; VIRGO, KATHERINE S.; BANDI, PRITI; SASLOW, DEBBIE y WARD, ELIZABETH M. (2012), «Association of Insurance Status and Age with Cervical Cancer Stage at Diagnosis: National Cancer Database, 2000 –2007», *American Journal of Public Health,* 102: 1782–90.

25 SHEN, J. J. y WASHINGTON, E. L. (2007), «Disparities in Outcomes Among Patients with Stroke Associated with Insurance Status», *Stroke,* 38: 1010 –16.

26 SUDANO JR., JOSEPH J. y BAKER, DAVID W. (2000), «Intermittent Lack of Health Insurance Coverage and Use of Preventive Services», *American Journal of Public Health, 93*: 130 –37, pág. 130.

27 Íbid.

28 Íbid., 11.

29 HADLEY, JACK (2007), «Insurance Coverage, Medical Care Use, and Short-Term Health Changes Following an Unintentional Injury or the Onset of a Chronic Condition», *Journal of the American Medical Association,* 297: 1073–84.

30 CARD, DAVID; DOBKIN, CARLOS; y MAESTAS, NICOLE (2009), «Does Medicare Save Lives?», *Quarterly Journal of Economics*: 124597–636.

31 SOMMERS, BEJAMIN D.; BAICKER, KATHERINE y EPSTEIN, ARNOLD M. (2012), «Mortality and Access to Care Among Adults after State Medicaid Expansions», *New England Journal of Medicine*, 367: 1025–34.

32 La Henry J. Kaise Foundation (2012), «Key Facts About the Uninsured Population», http://kff.org/uninsured/fact-sheet/key-facts-about-the-uninsured-population/.

33 Hay una gran cantidad de estudios que demuestran esta relación. Véase, por ejemplo: CHANDOLA, T.; BRUNNER, E.; y MARMOT, M. (2006), «Chronic Stress at Work and the Metabolic Syndrome: Prospective Study», *British Medical Journal,* 332: 521–25; y KIVIMAKI, M.; LEINO-ARJAS, P.; LUUKKONEN, R.; RIIHIMAI, H.; VAHTERA, J.; y KIRJONEN, J. (2002), «Work Stress and Risk of Cardiovascular Mortality: Prospective Cohort Study of Industrial Employees», *British Medical Journal,* 325: 857–60.

34 Véase, por ejempo: HARRIS, H. y FENNELL, M. (1988), «A Multivariate Model of Job Stress and Alcohol Consumption», *Sociological Quarterly*, 29: 391–406; KOUVONEN, A.; KIVIMAKI, M.; VIRTANEN, M.; PENTTI, J. y VAHTERA, J. (2005), «Work Stress, Smoking Status, and Smoking Intensity: An Observational Study of 46, 190 Employees», *Journal of Epidemiology and Community Health,* 59: 63–69; y PIAZZA, P. y LE MOAL, M. (1998), «The Role of Stress in Drug Self-Administration», *Trends in Pharmaceutical Science,* 19: 67–74.

35 HIMMELSTEIN, DAVID U.; WARREN, ELIZABETH; THORNE, DEBORAH y WOOLHANDLER, STEFFIE, «Illness and Injury as Contributors to Bankruptcy», *Health Affairs, 24*: W5-63–W5-73.

36 COOK, K.; DRANOVE, D. y SFEKAS, A. (2010), «Does Major Illness Cause Financial Catastrophe?», *Health Services Research,* 45: 418–36.

37 SEIFERT, ROBERT W. y RUKAVINA, MARK (2006), «Bankruptcy Is the Tip of a Medical- Debt Iceberg», *Health Affairs,* 25: W89–W92. Cita de la pág. 90.

38 BUCHMUELLER, THOMAS C. y VALLETTA, ROBERT G. (1996), «The Effects of Employer- Provided Health Insurance on Worker Mobility», *Industrial and Labor Relations Review,* 49: 439–55. Cita de la pág. 440.

39 MONHEIT, ALAN C. y COOPER, PHILIP F. (1994), «Health Insurance and Job Mobility: Theory and Evidence», *Industrial and Labor Relations Review,* 48: 68–85. Cita de la pág. 68.

40 BUCHMUELLER y VALLETTA, «The Effects of Employer-Provided Health Insurance on Worker Mobility».

41 MADRIAN, BRIGITTE C. (1994), «Employment-Based Health Insurance and Job Mobility: Is There Evidence of Job-Lock?», *Quarterly Journal of Economics,* 109: 27–54.

42 STROUPE, KEVIN T.; KINNEY, ELEANOR D. y KNEISNER, THOMAS J. J. (2001), «Chronic Illness and Health-Insurance-Related Job Lock», *Journal of Policy Analysis and Management,* 20: 525–44.

43 GRUBER, JONATHAN y MADRIAN, BRIGITTE C. (1994), «Health Insurance and Job Mobility: The Effects of Public Policy on Job-Lock», *Industrial and Labor Relations Review,* 48: 86 –102.

44 HAINES III, VICTOR Y.; JALETTE, PATRICE y LAROSE, KARINE (2010), «The Influence of Human Resource Management Practices on Employee Voluntary Turnover Rates in the Canadian Non-Governmental Sector»,

Industrial and Labor Relations Review, 63: 228–46.

45 WOOLHANDLER, STEFFIE y HIMMELSTEIN, DAVID U. (1991), «The Deteriorating Administrative Efficiency of the US Health Care System», *New England Journal of Medicine,* 324: 1253–58.

46 Véase, por ejemplo: YEN, LOUIS TZE-CHING; EDINGTON, DEE W. y WITTING, PAM (1991), «Associations Between Health Risk Appraisal Scores and Employee Medical Claims Costs in a Manufacturing Company», *American Journal of Health Promotion,* 6: 46 –54.

47 CARROLL, JOHN «Companies Switching to On-Site Medical Clinics», www.louisianamedicalnews.com/companies-switching-to-on-site-medical-clinics.

48 ON-SITE HEALTH CENTERS, (2011), *Policies to Preserve and Promote an Effective Employer solution.* National Business Group on Health, Washington D. C.

49 SEARS, CHRISTOPHER (2008), «Is There a Doctor in the House?», www.lorman.com/resources/is-there-a-doctor-in-the-house-15257.

50 BLACK, SAM (2011), «Smaller Firms Now Offering On-Site Medical Clinics», *Minneapolis/ St. Paul Business Journal.*

Capítulo 5

1 MAKINO, CATHERINE (2009), «Death from Overwork Persists Amid Economic Crunch», *Inter Press Service,* www.ipsnews.net/2009/10/japan-death-from-overwork-persists-amid-economic-crunch/.

2 SOBLE, JONATHAN (2016), «Chief of Dentsu, Japanese Ad Agency, to Resign Over Employee's Suicide» *New York Times,* http://nyti.ms/2iEMLCA.

3 «In China, Office Work Can Be Deadly» (2014), *Bloomberg Businessweek.*

4 GORVETT, ZARIA (2016), «Can You Work Yourself to Death?», *BBC online,* www.bbc.com/capital/story/20160912-is-there-such-thing-as-death-from-overwork.

5 SOBLE, «Chief of Dentsu, Japanese Ad Agency, to Resign».

6 NISHIYAMA, KATSUO y JOHNSON, JEFFREY V. (1997), «Karoshi-Death from Overwork: Occupational Health Consequences of Japanese Production Management», *International Journal of Health Services,* 27: 625–41.

7 «In China, Office Work Can Be Deadly.»

8 Íbid.

9 GALLAGHER, PAUL (2013), «Slavery in the City: Death of a 21-year-old Intern Moritz Erhardt at Merrill Lynch Sparks Furor over Long Hours and Macho Culture at Banks», *Independent,* www.independent.co.uk/news/uk/home-news/slavery-in-the-city-death-of-21-year-old-intern-moritz-erhardt-at-merrill-lynch-sparks-furor-over-8775917.html.

10 ZIMMERMAN, EILENE (2017), «The Lawyer, the Addict» *New York Times,* https://nyti.ms/2voimyC.

11 O'Brien, Jeffrey M. (2015), «Is Silicon Valley Bad for Your Health?» *Fortune,* 156.

12 Íbid.

13 Íbid., 157.

14 KIVIMAKI, MIKE; BATTY, G. DAVID; HAMER, MARK; FERRIE, JANE E.; VAHTERA, JUSSI; VIRTANEN, MARIANNA; MARMOT, MICHAEL G.; SINGH-MANOUX, ARCHANA y SHIPLEY, MARTIN J. (2011), «Using Additional Information on Working Hours to Predict Coronary Heart Disease», *Annals of Internal Medicine,* 154: 457–63.

15 SCHULTE, BRIGID (2016), «Beyond Inbox Zero: The Science of Work-Life Balance», *New American Weekly, Edition,* 144, www.newamerica.org/weekly/edition-144/beyond-inbox-zero/.

16 HAMERMESH, DANIEL S. y STANCANELLI, ELENA (2014), «Long Workweeks and Strange Hours», *National Bureau of Economic Research, Working Paper* No. 20449, www.nber.org/papers/w20449.

17 KELLEHER, DAVID (2013), «Survey: 81% of U.S. Employees Check Their Work Mail out- side Work Hours», *TechTalk*, https://techtalk.gfi.com/survey-81-of-u-s-employees-check-their-work-mail-outside-work-hours/.

18 ZIMMERMAN, «The Lawyer, the Addict».

19 O'DONOVAN, CAROLINE y ANAND, PRIYA (2017), «How Uber's Hard-Charging Corporate Culture Left Employees Drained», *BuzzFeed*, www.buzzfeed.com/carolineodonovan/how-ubers-hard-charging-corporate-culture-left-employees.

20 Rubin, Alissa J. (2017), «Right to Disconnect' from Work Email and Other Laws Go into Effect in France», *New York Times*, A6.

21 «After-Hours Email Expectations Negatively Impact Employee Well-Being» (2016), *ScienceDaily*, www.sciencedaily.com/releases/2016/07/160727110906.htm.

22 McCARTHY, JUSTIN y BROWN, ALYSSA (2015), «Getting More Sleep Linked to Higher Well-Being», *Gallup*, www.gallup.com/poll/181583/getting-sleep-liniked-higher.aspx.

23 TUGEND, ALINA (2008), «Vacations Are Good for You, Medically Speaking», *New York Times*, www.nytimes.com/2008/06/07/business/yourmoney/07shortcuts.html.

24 VASEL, KATHRYN (2016), «Half of American Workers Aren't Using All Their Vacation Days», *CNN Money*, http://moneyi.cnn.com/2016/12/19/pf/employees-unused-paid-vacation-dyas/index.html.

25 RAY, REBECCA y SCHMITT, JOHN (2007), «No-Vacation Nation», *Washington, DC: Center for Economic and Policy Research*, http://cepr.net/publications/reports/no-vacation-nation.

26 WHEELER, BRIAN (2016), «Why Americans Don't Take Sick Days», *BBC News*, www.bbc.com/news/world-us-canada-37353742.

27 «Survey Shows Workers Often Go to Work Sick» (2016), *Cision PR Newswire*, 2016, www.prnewswire.com/news-releases/survey-shows-workers-often-go-to-work-sick-300202979.html.

28 WHEELER, «Why Americans Don't Take Sick Days».

29 KNUTSSON, ANDERS; JONSSON, BJORN G.; AKERSTEDT, TORBJOM y ORTH-GOMER, KRISTINA (1986), «Increased Risk of Ischaemic Heart Disease in Shift Workers», *Lancet, 338*: 89–92.

30 BRYAN, MARK L. (2007), «Workers, Workplaces, and Working Hours», *British Journal of Industrial Relations,* 45: 735–59. Cita de la pág. 735.

31 NEWTON, RICHARD (2015), «Dublin Goes Dark: Google's Experiments with Employee Wellbeing», www.virgin.com/disruptors/dublin-goes-dark-googles-experiments-employee-wellbeing.

32 SCHULTE, «Beyond Inbox Zero»

33 HEWLETT, SYLVIA ANN y LUCE, CAROLYN BUCK (2006), «Extreme Jobs: The Dangerous Allure of the 70-Hour Workweek», *Harvard Business Review,* 84: 49–59.

34 BAER, DRAKE (2017), «When Did Busy Become Cool?», *Thrive*

Global, https://journal.thriveglobal.com/when-did-busy-become-cool-8ca13f5f54f9.

35 O'Neill, Olivia A. y O'Reilly, Charles A. (2010), «Careers as Tournaments: The Impact of Sex and Gendered Organizational Culture Preferences on MBA's Income Attainment», *Journal of Organizational Behavior,* 31: 856 –76.

36 Belson, Ken (2007), «At I.B.M., a Vacation Anytime, or Maybe None», *New York Times*, 2007.

37 Chaput, J-P.; Sjodin, A. M.; Astrup, A.; Despres, J-P.; Bouchard, C. y Tremblay, A. (2010), «Risk Factors for Adult Overweight and Obesity: The Importance of Looking Beyond the 'Big Two'», *Obesity Facts,* 3: 320 –27.

38 Copinschi, G. (2005), «Metabolic and Endocrine Effects of Sleep Deprivation», *Essential Pharmacology,* 6: 341–47.

39 www.drugabuse.gov/publications/drugfacts/cocaine.

40 Schwarz, Alan (2015), «Workers Seeking Productivity in a Pill are Abusing A.D.H.D. Drugs», *New York Times*, https://nytimes.com/2015/04/19/us/workers-seeking-productivity-in-a-pill-are-abusing-adhd-drugs.html.

41 Buell, P. y Breslow, L. (1960), «Mortality from Coronary Heart Disease in California Men Who Work Long Hours», *Journal of Chronic Diseases,* 11: 615–26.

42 Yang, Haiou; Schnall, Peter L.; Jauregui, Maritza; Su, Tai-Chen y Baker, Dean (2006), «Work Hours and Self-Reported Hypertension among Working People in California», *Hypertension,* 48: 744–50.

43 Shimazu, A. y Schaufeli, B. (2009), «Is Workaholism Good or Bad for Employee Well-Being? The Disincentiveness of Workaholism and Work Engagement Among Japanese Employees», *Industrial Health,* 47: 495–502.

44 Sparks, Kate; Cooper, Carry; Fried, Yitzhad y Shirom, Arie (1997), «The Effects of Hours of Work on Health: A Meta-Analytic Review», *Journal of Occupational and Organizational Psychology,* 70: 391–408.

45 Caruso, Claire C.; Hitchcock, Edward M.; Dick, Robert B.; Russo, John M. y Schmit, Jennifer M., (2004) *Overtime and Extended Work Shifts: Recent Findings on Illnesses, Injuries, and Health Behaviors.* National Institute for Occupational Safety and Health, Washington.

46 Geiger-Brown, Jeanne; Muntaner, Carles; Lipscomb, Jane y Trinkoff, Alison (2004), «Demanding Work Schedules and Mental Health in Nursing Assistants Working in Nursing Homes», *Work and Stress,* 18: 292–304.

47 Kleppa, Elizabeth; Sanne, Bjarte y Tell, Grethe S. (2008), «Working Overtime Is Associated with Anxiety and Depression: The Hordaland Health Study» *Journal of Occupational and Environmental Medicine,* 50: 658–66.

48 O'Donovan y Anand, «Uber's Hard-Charging Corporate Culture».

49 Luxton, Emma (2016), «Does Working Fewer Hours Make You More Productive?», *World Economic Forum,* www.weforum.org/agenda/2016/03/does-working-fewer-hours-make-you-more-productive.

50 Íbid.

51 Golden, Lonnie (2012). *The Effects of Working Time on Productivity and Firm Performance: A Research Synthesis Paper*. International Labour Organization, Ginebra.

52 SHEPARD, E. y CLIFTON, T. (2000), «Are Longer Hours Reducing Productivity in Manu- facturing?» *International Journal of Manpower,* 21: 540 –53.

53 CETTE, G.; CHANGE, S. y KONTE, M. (2011), «The Decreasing Returns on Working Time: An Empirical Analysis on Panel Country Data», *Applied Economics Letters,* 18: 1677–82.

54 WHITE, M. (1987), *Working Hours: Assessing the Potential for Reduction.* International Labour Organization, Ginebra.

55 KOSSEK, E. E. y LEE, M. D. (2008), «Implementing a Reduced-Workload Arrangement to Retain High Talent: A Case Study» *Psychologist-Manager Journal,* 43: 49–64.

56 VON THIELE SCHWARZ, ULRICA y HASSON, HENNA (2011), «Employee Self-Rated Productivity and Objective Organizational Production Levels: Effects of Worksite Health Interventions Involving Reduced Work Hours and Physical Exercise», *Journal of Occupational and Environmental Medicine,* 53: 838–44.

57 Véase, por ejemplo: GREENHAUS, JEFFREY H. y BEUTELL, NICHOLAS J. (1985), «Sources of Conflict Between Work and Family Roles» *Academy of Management Review,* 10: 76 –88; y ALLEN, TAMMY D.; HERST, DAVID E. L.; BRUCK, CARLY S. y SUTTON, MARTHA (2000), «Consequences Associated with Work-to-Family Conflict: A Review and Agenda for Future Research», *Journal of Occupational Health Psychology,* 5: 278–308.

58 FRONE, MICHAEL H.; RUSSELL, MARCIA y BARNES, GRACE M. (1996), «Work-Family Conflict, Gender, and Health-Related Outcomes: A Study of Employed Parents in Two Community Samples» *Journal of Occupational Health Psychology,* 1: 57–69.

59 FRONE, MICHAEL H., (2000), «Work-Family Conflict and Employee Psychiatric Disorders: The National Comorbidity Survey», *Journal of Applied Psychology,* 85: 888–95.

60 FRONE, MICHAEL H.; RUSSELL, MARCIA y COOPER, M. LYNNE (1997), «Relation of Work-Family Conflict to Health Outcomes: A Four-Year Longitudinal Study of Employed Parents», *Journal of Occupational and Organizational Psychology,* 70: 325–35.

61 MACEWEN, KARYL E.; BARLING, JULIAN y KELLOWAY, E. KEVIN (1992), «Effects of Short- Term Role Overload on Marital Interactions», *Work and Stress,* 6: 117–26.

62 COVERMAN, SHELLY (1989), «Role Overload, Role Conflict, and Stress: Addressing Con- sequences of Multiple Role Demands», *Social Forces,* 67: 965–82.

63 GROVER, STEVEN L. y HUI, CHUN (1994), «The Influence of Role Conflict and Self- Interest on Lying in Organizations», *Journal of Business Ethics,* 13: 295–303.

64 JANSEN, N. W. H.; KANT, I. J.; VAN AMELSVAART, L. G. P. M.; KRISTENSEN, T. S.; SWAEN, G. M. H. y NIJHUIS, F. J. N. (2006), «Work-Family Conflict as a Risk Factor for Sickness Absence», *Occupational and Environmental Medicine,* 63: 488–94.

65 PATERSON, JENNIFER (2011), «Employee Benefits Live: Google Focuses on Emotional Well- being to Make Staff Healthiest on the Planet», www.employeebenefits.co.uk/issues/september-2011-online/employee-benefits-life-google-focuses-on-emotional-wellbeing-to-make-staff-healthiest-on-the-planet/.

66 http://reviews.greatplacetowork.com/whole-foods-market.

67 HEGEWISCH, ARIANE y GORNICK, JANET C. (2008), *Statutory Routes to Workplace Flexibility in Cross-National Perspective*. Institute for Women's Policy Research, Washington.

68 Íbid., 2.

Capítulo 6

1 «Does Silicon Valley Have a Perks Problem?» (2016), *Rocketrip*, http://blog.rocketrip.com/silicon-valley-have-a-perks-problem.

2 VARTIA, MAARIT A-L (2011), «Consequences of Workplace Bullying with Respect to the Well-Being of Its Targets and the Observers of Bullying», *Scandinavian Journal of Work, Environment & Health,* 27: 63–69.

3 GAMBERALE, FRANCESCO; KJELLBERG, ANDERS; AKERSTEDT, TORBJOM y JOHANSSON, GUNN (1990), «Behavioral and Psychophysiological Effects of the Physical Work Environment: Research Strategies and Measurement Methods» *Scandinavian Journal of Work, Environment & Health,* 16, Supplement 1: 5–16.

4 MARMOT, M. G.; ROSE, G.; SHIPLEY, M. y HAMILTON, P. J. S. (1978), «Employment Grade and Coronary Heart Disease in British Civil Servants», *Journal of Epidemiology and Community Health,* 32: 244–49.

5 MARMOT, M. G., BOSMA, H.; HEMINGWAY, H.; BRUNNER, E. y STANSFELD, S. (1997), «Contribution of Job Control and Other Risk Factors to Social Variations in Coronary Heart Disease Incidence», *Lancet,* 350: 235–39. Cita de la pág. 235.

6 MARMOT, MICHAEL; FEENEY, AMANDA; SHIPLEY, MARTIN; NORTH, FIONA y SYME, S. I. (1995), «Sickness Absence as a Measure of Health Status and Functioning from the UK Whitehall II Study» *Journal of Epidemiology and Community Health,* 49: 124–30.

7 CHANDOLA, TARANI; BRUNNER, ERIC y MARMOT, MICHAEL (2005), «Chronic Stress at Work and the Metabolic Syndrome: Prospective Study» *British Medical Journal,* 332: 521–25.

8 WARREN, JOHN ROBERT; CARAYON, PASCALE y HOONAKKER, PETER (2008), «Changes in Health Between Ages 54 and 65: The Role of Job Characteristics and Socioeconomic Status», *Research on Aging,* 30: 672–700.

9 PISIJAR, TJASA; VAN DER LIPPE, TANJA y DEN DULK, LAURA (2011), «Health Among Hospital Employees in Europe: A Cross-National Study of the Impact of Work Stress and Work Control», *Social Science and Medicine,* 72: 899–906.

10 KARASEK, ROBERT (1990), «Lower Health Risk with Increased Job Control among White Collar Workers», *Journal of Organizational Behaviour,* 11: 171–85.

11 «Worked to Death? IU Study Says Lack of Control over High-stress Jobs Leads to Early Grave» *EurekAlert!,* https://www.eurekalert.org/pub_releases/2016-10/iu-wtd101416.php.

12 SPELL, CHESTER S. y ARNOLD, TODD (2007), «An Appraisal of Justice, Structure, and Job Control as Antecedents of Psychological Distress», *Journal of Organizational Behavior,* 28: 729–51.

13 SELIGMAN, MARTIN E. P. (1972), «Learned Helplessness», *Annual Review of Medicine,* 23: 407.

14 MAIER, STEVEN F. y SELIGMAN, MARTIN E. P. (1976), «Learned Helplessness: Theory and Evidence», *Journal of Experimental Psychology: General,* 105: 3–46.

15 Íbid., 13.

16 Boffey, Philip M. (1985), «Satisfaction on the Job: Autonomy Ranks First», *New York Times-*

17 Morgeson, Frederick P.; Delaney-Klinger, Kelly y Hemingway, Monica A. (2005), «The Importance of Job Autonomy, Cognitive Ability, and Job-Related Skill for Predicting Role Breadth and Job Performance», *Journal of Applied Psychology,* 90: 399–406.

18 «Netherlands: Steady Decline in Job Autonomy», (2015), *European Foundation for the Improvement of Living and Working Conditions (Eurofound).* El informe explica que «la autonomía en el trabajo lleva muchas décadas en declive en Europa». Esta página web tiene buena información sobre las condiciones en el lugar de trabajo y sus efectos.

19 Langer, Ellen J. (1975), «The Illusion of Control», *Journal of Personality and Social Psychology,* 32: 311–28.

20 Pfeffer, Jeffrey; Cialdini, Robert B.; Hanna, Benjamin Knopoff, Kathleen (1998), «Faith in Supervision and the Self-Enhancement Bias: Why Managers Don't Empower Workers», *Basic and Applied Social Psychology,* 20: 313–21.

21 Broadhead, W. Eugene; Kaplan, Berton H.; James, Sherman A.; Wagner, Edward H.; Schoenbach, Victor J.; Grimson, Roger; Heyden, Siegfried; Tibblin, Gosta y Gehrlach, Stephen H. (1983), «The Epidemiological Evidence for a Relationship Between Social Support and Health», *American Journal of Epidemiology,* 117 (1983): 521–37.

22 Heid, Markham (2015), «You Asked: How Many Friends Do I Need?», *Time Health,* http://time.com/3748090/friends-social-health/.

23 Uchino, Bert N. (2006), «Social Support and Health: A Review of Physiological Processes Potentially Underlying Links to Disease Outcomes», *Journal of Behavioral Medicine,* 29: 377–87. Citas de la pág. 377.

24 Crabtree, Steve (2012), «Social Support Linked to Health Satisfaction Worldwide», *Gallup,* www.gallup.com/poll/152738/social-support-linked-health-satisfaction-worldwide.aspx.

25 Larocco, James M.; House, James S. y French JR., John R. P. (1980), «Social Support, Occupational Stress, and Health», *Journal of Health and Social Behavior,* 21:202–18.

26 Viswesvaran, Chockalingam; Sanchez, Juan I. y Fisher, Jeffrey (1999), «The Role of Social Support in the Process of Work Stress: A Meta-Analysis», *Journal of Vocational Behavior,* 54: 314–34.

27 Cohen, Sheldon y Wills, Thomas Ashby (1985), «Stress, Social Support, and the Buffering Hypothesis», *Psychological Bulletin,* 98: 310 –57.

28 Uchino, «Social Support and Health», 377.

29 Baumeister, Roy F. y Leary, Mark R. «The Need to Belong: Desire for Interpersonal Attachments as a Fundamental Human Motivation», *Psychological Bulletin,* 117: 497–529. Cita de la pág. 497.

30 Hill, Andrew (2012), «Forced Ranking Is a Relic of an HR Tool», *Financial Times,* www.ft.com/content/0243818e-cd09-11e1-92c1-00144feabdc0.

31 «It's Official: Forced Ranking Is Dead», *Wall Street Journal,* http://deloitte.wsj.com/cio/2014/06/10/its-official-forced-ranking-is-dead/.

32 Griswold, Alison (2017), «Uber Is Designed So That for One Employee

to Get Ahead, Another Must Fail», *Quartz*, https://qz.com/918582/uber-is-designed-so-that-for-one-employee-to-succeed-another-must-fail.

33 «SAS Institute (B): The Decision to Go Public» (2003). Graduate School of Business Case #HR-6B, Stanford.

34 «Gary's Greeting: Taking Care of Each Other» https:.//issuu.com/southwest mag/docs/02_february_2016/18.

35 Informes de DaVita (2015) sobre política RSE e Innovación, *Bridge of Life*, www.bridgeoflifeinternational.org/davita-reports-on-2015-corporate-social-responsibility-and-innovation/.

36 «Trilogy of Care II: A Day in the Life of a Dialysis Healthcare Administrator» (2014), http://careers.davita.com/our-story/blogs/trilogy-care-ii.

37 BOCK, LASZLO (2015), *Work Rules!* Hachette Group, Nueva York, 278.

38 Íbid.

39 Íbid., 279.

40 Íbid., 263.

41 BYRNE, D. (1961), «Interpersonal Attraction and Attitude Similarity», *Journal of Abnormal and Social Psychology,* 62: 713–15.

42 BURGER, JERRY M.; MESSIAN, NICOLE; PATEL, SHEBANI; DEL PRADO, ALICIA y ANDERSON, CARMEN (2004), «What a Coincidence! The Effects of Incidental Similarity on Compliance», *Personality and Social Psychology Bulletin,* 30: 35–43.

43 UNITEDHEALTH GROUP, (2013), *Doing Good Is Good for You: 2013 Health and Volunteering Study.* UnitedHealth Group, Minnetonka.

44 www.southwest.com/html/about-southwest/careers/benefits.html.

Capítulo 7

1 KANTOR, JODI y STREITFELD, DAVID (2015), «Inside Amazon: Wrestling Big Ideas in a Bruising Workplace», *New York Times*, http://nyti.ms/1TFqcOG.

2 PARE, MIKE (2010) , «Inside the Deal that Lured Amazon to Chattanooga», *Chattanooga Times Free Press*, www.timesfreepress.com/news/news/story/2010/dec/26/inside-the-deal-that-lured-amazon/37827/.

3 GIGERICH, LARRY (2012), «Siting a Contact Center or Data Center Requires Supreme Diligence», *Trade and Industry Development.*

4 ZIMMERMAN, EILENE (2017), «The Lawyer, the Addict», *New York Times*, https://nyti.ms/2voimyC.

5 SAMUELSON, PAUL A. (1948), «Consumption Theory in Terms of Revealed Preference», *Economica,* 15: 243–53.

6 SEN, AMARTYA K. (1977), «Rational Fools: A Critique of the Behavioral Foundation of Economic Theory», *Philosophy and Public Affairs,* 6 (1977): 322.

7 ROSEN, SHERWIN (1986), «The Theory of Equalizing Differentials», *Handbook of Labor Economics,* 1: 641–92.

8 Véase, por ejemplo: EBERTS, RANDALL W. y STONE, JOE A. (1985), «Wages, Fringe Benefits, and Working Conditions: An Analysis of Compensating Differentials», *Southern Economic Journal,* 52: 274–80; y BONHOMME, STEPHANIE (2009), «The Pervasive Absence of Compensating Differentials», *Journal of Applied Econometrics,* 24: 763–95.

9 Véase, por ejemplo: ARIELY, DAN (2008), *Predictably Irrational: The Hidden Forces That Shape Our Decisions.* HarperCollins, Nueva York.

10 KANTOR y STREITFELD, «Inside Amazon».

11 Íbid.

12 Íbid.

13 Hoorens, Vera (1993), «Self-Enhancement and Superiority Biases in Social Comparison», *European Review of Social Psychology, 4*: 113–39.

14 Krizan, Zlartan y Suls, Jerry (2008), «Losing Sight of Oneself in the Above-Average Effect: When Egocentrism, Focalism, and Group Diffuseness Collide», *Journal of Experimental Social Psychology,* 44: 929–42.

15 Van Boven, Leaf; Dunning, David y Loewenstein, George (2000), «Egocentric Empathy Gaps between Owners and Buyers: Misperceptions of the Endowment Effect», *Journal of Personality and Social Psychology,* 79: 66 –76.

16 Kantor y Streitfeld, «Inside Amazon».

17 Hay muchas publicaciones sobre el compromiso. Véase, por ejemplo: Cialdini, Robert B. y Goldstein, Noah J. (2004), «Social Influence: Compliance and Conformity», *Annual Review of Psychology,* 55: 591–621; y Salancik, Gerald R. (1977), «Commitment Is Too Easy!», *Organizational Dynamics,* 6: 62–80.

18 Véase, por ejemplo: Festinger, Leon (1954), «A Theory of Social Comparison Processes», *Human Relations,* 7: 117–40; y Deutsch, Morton y Gerard, Harold B. (1955), «A Study of Normative and Informational Social Influences Upon Individual Judgment», *Journal of Abnormal and Social Psychology,* 5: 629–36.

19 Cialdini, Robert B. (2009), *Influence: The Psychology of Persuasion. HarperCollins*, Nueva York.

20 Krackhardt, David y Porter, Lyman W. (1986), «The Snowball Effect: Turnover Embedded in Communications Networks», *Journal of Applied Psychology,* 71: 50–55.

21 Salancik, Gerald R. y Pfeffer, Jeffrey (1978), «A Social Information Processing Approach to Job Attitudes and Task Design», *Administrative Science Quarterly,* 23: 224–53.

22 Taylor, Harriet (2017), «Travis Kalanick Will Be 'Legendary' Like Bill Gates, Says Uber Investor», *CNBC,* www.cnbc.com/2017/03/01/uber-ceo-travis-kalanick-needs-to-stop-self-inflicted-wounds-jason-calacanis.html.

Capítulo 8

1 Barry-Wehmiller, www.barrywehmiller.com/our-business/leadership-team/bob-chapman.

2 Véase, por ejemplo: Sutton, Robert I. (2007), *The No Asshole Rule: Building a Civilized Work- place and Surviving One That Isn't.* Hachette, Nueva York.

3 Quine, Lyn (2001), «Workplace Bullying in Nurses», *Journal of Health Psychology,* 6: 73–84.

4 Rayner, Charlotte (1997), «The Incidence of Workplace Bullying», *Journal of Community and Applied Social Psychology,* 7: 199–208.

5 Quine, «Workplace Bullying in Nurses».

6 Kivimaki, M.; Virtanen, M.; Vartia, M.; Elovainio, M.; Vahtera, J. y Keltikangas-Jarvinen, L. (2003), «Workplace Bullying and the Risk of Cardiovascular Disease and Depression», *Occupational and Environmental Medicine,* 60: 779–83.

7 Sutton, *The No Asshole Rule.*

8 Flores, Elena; Tschann, Jeanne M.; Dimas, Juanita M.; Bachen, Elizabeth A.; Pasch, Lauri A. y De Groat, Cynthia L. (2008), «Perceived Discrimination, Perceived Stress, and Mental and Physical Health

Among Mexican-Origin Adults», *Hispanic Journal of Behavioral Sciences,* 30: 401–24.

9 DIN-DZIETHAM, REBECCA; NEMBHARD, WENDY N.; COLLINS, RAKALE y DAVIS, SHARON K. (2004), «Perceived Stress Following Race-Based Discrimination at Work Is Associated with Hypertension in African-Americans: The Metro Atlanta Heart Disease Study, 1999–2001», *Social Science and Medicine,* 58: 449–61.

10 PASCOE, ELIZABETH A. y RICHMAN, LAURA SMART (2009), «Perceived Discrimination and Health: A Meta-Analytic Review», *Psychological Bulletin,* 135: 531–554. Cita de la pág. 531.

11 HEERWAGEN, JUDITH H.; HEUBACH, JANET G.; MONTGOMERY, JOSEPH y WEIMER, WALLY C. (1995), «Environmental Design, Work, and Well-Being: Managing Occupational Stress through Changes in the Workplace Environment», *AAOHN Journal,* 43: 458–68.

12 LUSK, SALLY L.; HAGERTY, BONNIE M.; GILLESPIE, BRENDA y CARUSO, CLAIRE C. (2002), «Chronic Effects of Workplace Noise on Blood Pressure and Heart Rate», *Archives of Environmental Health: An International Journal,* 57: 273–81.

13 LABIER, DOUGLAS (2014), «Another Survey Shows the Continuing Toll of Workplace Stress», *Psychology Today*, www.psychologytoday.com/blog/the-new-resilience/201404/another-survey-shows-the-continuing-toll-workplace-stress.

14 MOSSEY, J. M. y SHAPIRO, E. (1982), «Self-Rated Health: A Predictor of Mortality Among the Elderly», *American Journal of Public Health,* 72: 800 –808.

15 MIILUNPALO, SEPPO; VUORI, ILKKA; OJA, PEKKA; PASANEN, MATTI y URPONEN, HELKA (1997), «Self-Rated Health Status as a Health Measure: The Predictive Value of Self- Reported Health Status on the Use of Physician Services and on Mortality in the Working-Age Population», *Journal of Clinical Epidemiology,* 50: 517–28.

16 MCGEE, DANIEL L.; LIAO, YOULIAN; CAO, GUICHAN y COOPER, RICHARD S. (1999), «Self- Reported Health Status and Mortality in a Multiethnic US Cohort», *American Journal of Epidemiology,* 149: 41–46.

17 JYLHA, MARJA (2009), «What Is Self-Rated Health and Why Does It Predict Mortality? Towards a Unified Conceptual Model», *Social Science and Medicine,* 69: 307–16.

18 MARMOT, M.; FEENEY, A.; SHIPLEY, M.; NORTH, F. and SYME, S. L. (1995), «Sickness Absence as a Measure of Health Status and Functioning: From the UK Whitehall II Study», *Journal of Epidemiology and Community Health,* 49: 124–30.

19 MCGEE, DANIEL L.; LIAO, YOULIAN; CAO, GUICHAN y COOPER, RICHARD S. (1999), «Self- Reported Health Status and Mortality in a Multiethnic US Cohort» *American Journal of Epidemiology,* 149: 41–46.

20 FRANKENBERG, ELIZABETH y JONES, NATHAN R. (2004), «Self-Rated Health and Mortality: Does the Relationship Extend to a Low Income Setting?», Jo*urnal of Health and Social Behavior,* 45: 441–52.

21 IDLER, ELLEN L. y BENYAMINI, YAEL (1997), «Self-Rated Health and Mortality: A Review of Twenty-Seven Community Studies», *Journal of Health and Social Behavior,* 38: 21–37. Cita de la pág. 21.

22 Estadísticas de la salud de la OCDE 2017, www.oecd.org/els/health-systems/health-data.htm.

23 Véase, por ejemplo: DANIELS, KEVIN (2000), «Measures of Five Aspects of Affective Well-Being at Work», *Human Relations,* 53: 275–94; y WARR, PETER (1990), «The Measurement of Well-being and Other Aspects of Mental Health», *Journal of Occupational and Organizational Psychology,* 63: 193–210.

24 VAGG, PETER R. y SPIELBERGER, CHARLES D. (1998), «Occupational Stress: Measuring Job Pressure and Organizational Support in the Workplace», *Journal of Occupational Health Psychology,* 3: 294 –305; y SPECTOR, PAUL E. y JEX, STEVE M. (1998), «Development of Four Self-Report Measures of Job Stressors and Strain: Interpersonal Conflict at Work Scale, Organizational Constraints Scale, Quantitative Workload Inventory, and Physical Symptoms Inventory», *Journal of Occupational Health Psychology,* 3: 356 –67.

25 CARLSON, DAWN S.; KACMAR, K. MICHELE y WILLIAMS, LARRY J. (2000), «Construction and Validation of a Multidimensional Measure of Work-Family Conflict», *Journal of Vocational Behavior,* 56: 249–76.

26 MARMOT, M. G.; BOSMA, H.; HEMINGWAY, H.; BRUNNER, E. y STANSFELD, S. (1997), «Contribution of Job Control and Other Risk Factors to Social Variations in Coronary Heart Disease Incidence», *Lancet,* 350: 235–39.

27 CATALANO, RALPH (1991), «The Health Effects of Economic Insecurity», *American Journal of Public Health,* 81: 1148–52.

28 *2016 Working Mother 100 Best Companies*, www.workingmother.com/2016-Working-Mother-100-Best-Companies.

29 JACOBS, KEN (2007), «The Hidden Cost of Jobs Without Health Care Benefits», *Perspectives on Work,* 11: 14.

30 ZABIN, CAROL; DUBE, ARINDRAJIT y JACOBS, KEN (2004), *The Hidden Public Costs of Low-Wage Jobs in California*. University of California Institute for Labor and Employment, Berkeley, http://escholarship.org/uc/item/9hb1k75c.

31 JACOBS, «The Hidden Cost», 15.

32 Íbid.

33 DUBE, ARINDRAJIT y WERTHEIM, STEVE (2005*),* «Wal-Mart and Job Quality-What Do We Know, and Should We Care». *Institute of Industrial Relations, University of California,* Berkeley. Artículo elaborado para la presentación en el Center for American Progress.

34 Íbid.

35 JACOBS, «The Hidden Cost», 16.

36 GRADY, BARBARA (2011), «Healthy San Francisco, City's Universal Health Plan, Rests on Unstable Funding», *Huffington Post San Francisco*, www.huffingtonpost.com/2011/11/19/healthy-san-francisco_n_1102978.html.

37 Íbid.

38 «Aspiring to Universal Access: Healthy San Francisco Opens Up Care» http://www.amednews.com/article/10530/government/305309949/4/.

39 DUDLEY, RENEE (2013), «Walmart Faces the Cost of Cost-Cutting: Empty Shelves», *BusinessWeek*, www.bloomberg.com/news/articles/2013-03-28/walmartfaces-the-cost-of-cost-cutting-empty-shelves.

40 TON, ZEYNEP (2012), «Why 'Good Jobs' are Good for Retailers», *Harvard Business Review*, http://hbr.org/2012

/01/why-good-jobs-are-good-for-retailers.

41 Pfeffer, Jeffrey y Sutton, Robert I. (2000), *The Knowing-Doing Gap: How Smart Companies Turn Knowledge into Action*. Harvard Business School Press, Boston.

42 Pfeffer, Jeffrey (1998), The Human Equation: Building Profits by Putting People First Harvard Business School Press, Boston. Capítulo 5.

43 Adams, Scott (2017). *Dilbert cartoon*, http://dilbert.com/strip/1993– 03-03.

44 Lee, Mara (2016), «Aetna to Cut Workforce, Reduce Work-at-Home Policy», *Hartford Courant*, www.courant.com/business/hc-aetna-work-at-home-20161010-story.html.

45 McGregor, Jena (2017), «Five Telling Things the Whole Foods CEO Said About the Amazon Deal in an Employee Town Hall», *Washington Post*.

46 Wartzman, Rick (2017), «Amazon and Whole Foods Are Headed for a Culture Clash», *Fortune*, http://fortune.com/2017/06/26/amazon-whole-foods-corporate-culture-clash-jeff-bezos-john-mackey/.

47 «Índice global de felicidad», *Wikipedia*, https://en.wikipedia.org/wiki/World_Happiness_Report.

48 www.weforum.org/reports/the-inclusive-growth-and-development-report-2017.

49 «OECD Better-Life Index», *Wikipedia*, https://en.wikipedia.org/wiki/OECD_Better-Life_Index.

50 Slaper, Timothy F. y Hall, Tanya J. (2011), «The Triple Bottom Line: What Is It and How Does It Work?», *Indiana Business Review,* 86: 4–8. www.ibrc.indiana.edu/ibr/2011/spring/article2.html.

51 Tetlock, Philip E. (2003), «Thinking the Unthinkable: Sacred Values and Taboo Cognitions», *Trends in Cognitive Sciences,* 7: 320 –24. Cita de la pág. 320.

52 Véase, por ejemplo: Tetlock, Philip E., Kristel, Orie V.; Elson, S. Beth; Green, Melanie C. y Lerner, Jennifer S. (2000), «The Psychology of the Unthinkable: Taboo Trade-offs, Forbidden Base Rates, and Heretical Counterfactuals», *Journal of Personality and Social Psychology,* 78: 853–70.

53 Daneshkhu, Scheherazade; Whipp, Lindsay y Fontanella-Kahn, James (2017), «The Lean and Mean Approach of 3G Capital», *Financial Times*.